JN425837

역발상 SI제안서 작성 실무

김상하 저

홍릉과학출판사

머리말

SI(시스템통합, System Integration) 사업은, 시스템 개발과 함께 관련된 시스템을 도입하여 설치하는 대규모의 사업을 의미하며 대부분 발주의 투명성을 확보하고 자격을 갖춘 업체를 확인하기 위하여 공개입찰을 하는 경우가 대부분이다.

SI 사업을 수행하기 이전에 ISP(Information Strategic Planning, 정보전략계획) 사업을 하는데 일반적으로 컨설팅이라고 하는 사업으로서 기업/기관의 경영전략 및 경영환경, 정보화환경을 분석하여 문제점 및 개선사항을 도출하고 목표시스템 설계를 수행한다.

목표시스템과 현행 시스템과의 차이를 줄이거나 없애기 위하여 이행과제가 정의되는데, 이러한 이행과제들이 대부분의 SI 사업에 해당한다.

컨설팅과 SI 사업은 대부분 발주사로부터 공개입찰이 되고, 발주사는 제안사들에게 제안요청을 통한 사업 수주를 요청하는데, 정부나 대다수 공공기관은 조달청의 나라장터를 통하여 공개입찰을 하고, 일반 기업들은 전문 업체들을 대상으로 제안서를 제출할 것을 요청한다.

지금 이순간에도 정부 기관이나 민간 기업으로부터 수많은 제안요청서가 쏟아지고 있으며, 제안서 작성 작업을 위해 수많은 전문가들이 모여서 제한된 시간 내에 품질이 우수한 결과물을 작성하기 위하여 많은 노력을 경주하고 있다.

그렇다면 제안서 작업이 쉬운 것일까?

대다수 시스템 분석가나 개발자, 컨설턴트까지도 제안서 작업을 매우 귀찮고 힘든 작업이라고 생각하고 있다. 그만큼 생각을 짜내기도 쉽지 않고, 짜낸 생각을 문장이나 도식으로 표현한다는 것이 결코 만만한 작업이 아니기 때문이다.

국내 유수의 SI 대기업들에서도 규모가 있는 사업이라면, 사업을 수주하기 위하여 1달 이상을 10여 명 이상의 전문가들이 꼬박 매달려 제안서를 작성하기도 한다.

필자도 국내 유수의 SI 대기업 전문가들과 제안서 작업을 여러 번 수행했으며, 그들로부터 많은 노하우와 지식을 습득했음을 인정하지 않을 수 없다.

중견 SI 업체나 작은 규모의 중소기업들은 제안서 작성 기회를 많이 갖지 못했고, SI 대기업과 같이 제안서 작성을 했다고 하더라도 부분적인 내용만을 작성했으므로 제안서 작성 지식이나 경험이 미흡하여 제안서를 작성할 때마다 많은 애로사항을 가지게 되고, 직접 사업 수주에 난관이 있음을 많은 사람들은 얘기하고 있다.

SI나 관련 컨설팅 사업은 필수적으로 제안서를 작성하고 제안발표를 통하여 사업을 수주하는 것이 필수불가결한 절차인데, 시중에 SI제안서를 작성하기 위한 실무 기법들을 소개하는 책자도 거의 없는 것이 작금의 현실이다.

대부분의 제안서 작성자들은 유사한 사업의 제안서를 구하여 일방적인 복사와 모방을 통하여 신규 사업의 제안서를 제작하고 있는데, 수주 확률도 낮지만, 수주 이후에 잘못된 제안내용으로 인하여 사업에 차질을 빚는 경우가 많다.

책을 쓰기로 마음을 먹고 자료와 그간의 경험들을 정리하면서 많은 난관에 봉착했는데, 제안서를 쓰라고 하면 작성하는 데 문제를 많이 못 느꼈지만 많은 사람들에게 전달해 줄 내용을 만들고 사례를 수집하고 정리한다는 것이 쉽지가 않았다.

그럴 때마다, 정보화 업무에 종사하는 많은 사람들이 이 책으로 인하여 제안서를 작성하는 수고를 덜고 좀 더 품질이 우수한 제안서를 만들어 사업을 수주하고 그로 인하여 즐거움을 느낄 수 있다면 좋겠다는 생각으로 계속해서 내용을 만들었다.

책을 만들면서 심적인 스트레스와 고민을 많이 했는데, 특히 사례를 제시하는 데 있어서, 해당 사례로 인하여 피해를 입을 수 있는 사람과 기업들에 대하여 많은 고민을 하였고 실제로도 많은 부분들이 삭제되고 가공되었으며, 내용은 모두 없애고 최소한의 서식 형태만 유지하되 인터넷에서 쉽게 구할 수 있고 범용적으로 제안서에 사용하고 있음을 확인한 내용만 책에 수록했다.

서식을 설명하려고 한 것이 아니라, 제안 요청된 내용을 어떻게 수집하고, 핵심을 짚고, 논리적인 사고 기반에서 전략적인 체계를 수립하고, 그것을 어떻게 형상화할 것인지 그리고 어떤 내용을 주로 작성하고 시간을 보낼 것인지가 이 책의 핵심이다.

책이란 논리가 있고, 이론도 있어야 하는데, 개인의 경험상 좋은 결과를 냈던 제안서 작성 절차와 기법들을 책에 수록하는 것이 과연 독자들에게 대하여 신뢰성을 확보할 수 있을까 하는 것도 고민이 많이 되었다.

감사하게도 국내 유수의 SI 대기업에서 펴낸 책에서 논리의 근거를 찾을 수 있었고, 인터넷이나 세미나에서 필자의 논리와 유사한 주장을 하는 글들을 다수 찾을 수 있어서 용기를 내어 책에 수록했다.

삼성SDS, LGCNS, 비투엔컨설팅, IT컨설팅그룹, 행정안전부, 서울시 등의 직원 등 프로젝트를 함께 하며 책을 저술하는 데 많은 지식과 경험을 습득하게 해준 지인들에게 감사드린다. 무엇보다도 이 책을 출간하는 데 선뜻 승낙을 해주신 우명찬 홍릉과학출판사 사장님께 감사드린다.

변변치 못하지만 이 책으로 인하여 SI 제안서 작성을 고민하는 많은 사람들에게 도움이 되었으면 좋겠고, 관련 책자도 다른 기업이나 전문가들에게서 여러 종류가 출판되어 시너지 효과를 냈으면 하는 마음이다.

2010년 7월 목동에서 김상하

차 례

II부 제안서 관련 자료 작성기법

제 I 부

제안 관련 시나리오

1. 20분 발표, 10분 질의응답

상황

- 제안발표회 진행자 : "발표할 PM을 포함하여 세 분만 들어오라고 했는데, 왜 두 분이 더 들어오셨습니까 ?"
- 제안발표회사 사장 : "회사 인사만 드리고 나갈 예정입니다."
- 제안발표회사 사장 : "안녕하십니까. 성공만해 대표이사 성공만입니다. 저희 회사에 실패하면 안돼 공사 제안발표 기회를 주신 데 대하여 감사를 드립니다. 저희에게 프로젝트를 수행할 기회를 주신다면, 저희 회사의 전체 역량을 결집시켜 프로젝트를 성공적으로 완수할 것을 약속드립니다."
- 심사위원장 : "제안발표는 20분, 질의응답은 10분을 드립니다. 시간을 엄수해 주시기 바랍니다."
- PM(Project Manager) : "안녕하십니까? 저는 본 프로젝트에서 PM역할을 수행할 버벅대입니다. 제가 설명드릴 부분은 ……. 중략 ……. (제한된 20분을 초과한데다가 매끄럽게 설명을 하지 못하고 버벅거림)……. 지금까지 말씀드린 부분이 본 프로젝트를 저희 성공만해가 수행해야 할 이유가 되겠습니다. 이상으로 발표를 마치겠습니다. 질문 있으시면 질문해 주시기 바랍니다."
- 심사위원 A : "제안서 145쪽 수행조직도에 보면 한국대학교 교수님들이 여섯 분 참여하시는 것으로 되어 있는데, '100% 투입' 이라고 되어 있습니다. 교수님들이 대학 강의는 안 하시고 프로젝트에서만 일하신다는 건데 이게 가능한 겁니까 ?"
- PM : "아 예. (머뭇머뭇 – 얼굴이 빨개진다). 제안서에 잘못 표기가 된 부분입니다. 고치겠습니다."

- 심사위원 B : "프로젝트에 참여하시는 교수님 여섯 분 중, 두 분은 외부 활동은 많이 하시지만 본 프로젝트와는 성격이 다른 전공을 가지신 분들 같은데, 잘못된 것 아닙니까?"
- PM : "전공은 아니시지만 이 분야에서 많이 활동하시고 계십니다."
- 심사위원 B : "제가 아는데 이 분은 실제로 일을 하시는 분은 아니고 외부 활동만 많이 하시는 분으로 알고 있습니다. 어떻게 생각하시는지요?"
- PM : "(머뭇머뭇 – 얼굴이 더 빨개진다). 그렇지 않습니다."
- 심사위원 C : "프로젝트에 참여하는 회사가 3개사로 이루어진 컨소시엄인데, 발표하시는 PM이 속한 주관사의 인원이 30%도 안 됩니다. 프로젝트를 책임지고 수행해 나갈 수가 있겠습니까 ?"
- PM : "(머뭇머뭇) 충분히 할 수 있습니다."
- 심사위원 D : "제안서 156쪽에서 171쪽의 리딩 메시지 부분에서 '할 수 있다' , '검토해볼 것이다' , '있을 수 있다' 라는 표현이 자주 나오는데 이러한 표현은 제안서에 할 수 없도록 되어 있는 것 같은데 그렇지 않은가요? 향후 프로젝트를 수행하실 때에 이 부분에 대해서 '검토해보겠다.' 고 하였으므로 수행하지 않아도 된다는 뜻이 됩니다. 어떻게 생각하시는지요."
- PM : "(얼굴이 빨개진다.) 잘못된 것 같습니다."
- 심사위원 E : "주관기관사 이외에 컨소시엄사인 협력해사는 몇 년 전 본 프로젝트에서 다룰 정보시스템을 잘하지못해사가 개발하다가 문제가 생겼을 때에 문제를 해결하려고 들어와서 고생하신 것으로 알고 있습니다. 맞지요?"
- 협력해사 대표 : "예. 맞습니다."
- 심사위원 E : "그때 투입된 인원이 몇 분이셨지요?"
- 협력해사 대표 : "예. 3개월 정도 되는데, 월 30명이 투입되었습니다."
- 심사위원 E : "예. 그랬지요. 그때 잘 끝내 주셔서 표창도 받으셨지요. 그런데 이번에는 그때보다 시스템 규모나 업무규모가 3배나 커졌는데 인원은 그때에 비하여 1.5배 정도밖에 안 됩니다. 그때에도 밤샘작업을 하는 등 힘드셨는데, 이런 적은 인원으로 성공적인 완수가 가능할는지요."
- 협력해사 대표 : "이번에는 경험이 많은 인원들과 기능이 한층 업그레이드된 제품이 들어가니까 가능합니다."
- 심사위원 E : "아까 인사하셨던 대표께서 프로젝트에 참여하시지 않는 것으로 되어 있고, 투입된 인원들의 이력을 검토해 봐도 경험이 많은 인력들이라는 것을 알 수가 없는데요."
- 심사위원장 : "수고하셨습니다. 질의응답시간이 10분이 넘었으므로 다른 제안발표사와의 형평성을 고려해 마치도록 하겠습니다. 수고하셨습니다."

심사위원 A씨가 다이어리를 보니 오늘 오후 2시 30분부터 실패하면안돼 공사에서 제안발표 심사가 있다는 것을 알았다. 사무실에서 공사까지는 1시간 거리였으므로 점심식사를 하고 출발하면 될 일이었다.

보통 이러한 제안발표 심사 때에는 미리 제안서들을 심사위원들에게 보내주는데, 이번에는 보내주지 않았기 때문에 어떻게 대처할지 몰라 난감했지만 많은 심사경험을 가지고 있었기에 느긋하게 제안발표 심사회장에 도착을 했다.

두꺼운 제안서와 제안요약서 및 평가시트가 주어졌다. 간단히 제안발표회 진행자의 설명이 있었고, 심사위원장인 듯한 사람의 인사와 심사방식 등에 대한 설명이 있었다.

이번에는 4개사가 제안을 했는데, 제안서만 해도 300여 쪽에 달하는 엄청난 분량이었다. '이 짧은 시간에 어떻게 분석하고 질문을 하라고……. 그렇지만 노하우가 있지 않은가? A3로 쉽게 요약하고 정리했다든가, 그림들이 알기 쉽게 디자인되었다든가, 글씨체가 예쁘다든가, 투입인원 수가 많다든가, 유명한 회사라든가 하는 것…….' 생각하면서 제안서를 최대한으로 빠르게 읽어 보았다.

심사위원 B씨가 공사에 도착한 것은 예정된 오후 2시 30분에서 15분이 지난 오후 2시 45분이었다. 심사위원장인 듯한 사람이 심사위원들과 이번 제안발표 심사에 대한 방향과 방식 등에 대한 의견을 조율하고 있었다. 심사위원장이 심사위원 B씨에게 역할을 제시했다.

늦게 도착한 것이 약간 겸연쩍었지만 안면이 있는 심사위원 2－3명도 눈에 보이고 마음을 진정시키며 근엄한 표정을 지었다. '20분은 듣고 10분 동안 질문하라니 20분 동안 제안서 등을 분석하고, 10분 동안은 중요한 것 1가지만 질문해야지. 내게 맡겨진 역할은 인원과 조직에 대하여 질문을 하라니 수고를 덜었구먼.'

교수님 신분인 심사위원 G는 한국대학교 교수님으로부터 모종의 부탁을 듣고 와 있었다. 부탁을 들은 성공만해 회사의 제안서를 면밀하게 살펴보았다.

그런데 제안서가 무성의하게 작성된 것 같아서 마음에 갈등을 느끼고 있었다. 이에 비하여 다른 열심히하려고해 회사가 제출한 제안서는 상당히 정돈되었고 노력을 많이 한 흔적이 곳곳에 나타났다.

제안발표 후기

제안발표를 마치고 :

성공만해 회사와 잘하지못해사 등의 회사 직원들 약 10여 명은 지난 28일 동안 제안 작업을 하느라 밤샘작업을 하며 프로젝트 수주를 위해서 최선을 다하였다.

성공만해 영업대표인 성공대는, 이번 프로젝트는 심사위원들 중 반이 교수님들인데 대부분 한국대학교 교수님들과 친분이 있으므로 한국대학교 교수님만 잡으면 90%이상의 성공확률이 있다고 장담했다.

따라서 제안발표 직전만 하더라도 이 프로젝트는 99% 수주한 것이라고 모두가 생각하였다. 그러나 결과는 처참했다. 강점이라고 생각했던 한국대학교 교수님들의 프로젝트 참여가 제안발표 때에는 문제점으로 지적이 되었고, 해당 프로젝트를 수행해본 경험이 있는 잘하지못해사의 인력투입사항이 나쁜 방향으로 지적되었고, 더구나 제안서도 급작스럽게 작성하여 품질도 떨어지고, PM도 발표준비가 부족하여 결국은 자격미달이라는 나쁜 인상을 심사위원들에게 주고 말았던 것이다.

제안발표 이후 집으로 가는 자동차 안에서도 나온 얘기들은 성공대 영업대표가 심사위원들을 꽉 잡지 못했다는 불평불만만 늘어놓고 헤어지고 말았다.

상황 분석

제안발표 및 제안요청 환경 :

심사위원은 모두 아홉 분이었는데 그 중 세 분은 교수님이고, 세 분은 관련업체 전산실장들이며, 세 분은 실패하면안돼 공사의 담당부서장들이었다. 담당부서장 중 고참자가 심사위원장을 맡았으며, 그날 제안발표에 참가한 업체 수는 4개사였다. 사업비 규모가 54억이나 되는 작지 않은 사업이었고 제안요청서가 나온 이후 17일(휴일 포함) 이내에 제안서를 제출하고, 제안서가 제출된 후 3일 후에 제안발표를 해야 하는 일정이 수립되어 있었다.

제안요청서를 받아 쥔 성공만해 영업대표는 자사의 공공기관 수주실적과 해당 공사 및 프로젝트와 밀접한 관계를 맺고 있는 한국대학교 교수님들 및 해당 프로젝트를 수행해 본 경험이 있는 잘하지못해사와의 컨소시엄 구성이면 필승전략이라고 결론을 짓고 즉각 실행에 옮겼다. 다행히 한국대학교 교수님들과 잘하지못해사 대표와의 협의가 잘 되어 제안서 작성에 들어가게 되었다.

성공만해 회사는 PM을 선정하고, 각 컨소시엄 사에서 파견된 제안서작성 인원들과 함께 제안서 작성에 들어갔다.

제안서 작성 :

프로젝트는 하드웨어, 네트워크 장비 등을 구입하여 설치, 기존 정보시스템을 웹 기반으로 새로이 구축, 관련 기관과의 시스템 연계 및 통계를 위시한 관련 자료의 변환이 주된 내용이었다.

몇 가지 최신 기술들이 필요했는데, 이러한 최신기술에 대한 검토 작업에 많은 시간이 소요되었으며, 각 컨소시엄사에서 작성된 내용들을 통합하는 데 많은 시간이 소요되어, 제안서를 마무리하고 제안요약서를 작성하는 시간이 매우 촉박하여 충분히 검토를 하지 못하고 제출하게 되었다.

물론 기술적으로는 X－인터넷을 사용하고 최신의 개발방법론과 성공만해 회사의 풍부한 프로젝트 수행 실적을 제안서에 나타내게 되어 기술적으로 우수한 강점을 나타내주는 제안서라는 생각이 들었다.

제안발표 전날 :

제안발표를 앞둔 PM은 성공대 영업대표가 90%는 수주한 프로젝트라는 얘기를 들었지만 제안서 및 제안요약서를 완성하느라 발표준비를 제대로 하지 못했으며, 제안발표자료 또한 제안서를 요약한 정도밖에 안 되는 무성의한 자료였다.

더욱이 컨소시엄사가 관련된 내용에 대해서는 완전히 이해되지 않는 부분이 많았다.

제안발표를 위한 리허설을 하는 과정에서도 많은 지적이 있었다.

미리 작성된 스크립트를 주로 읽으며 발표를 하곤 했던 경험을 가진 PM은 54억이나 되는 규모의 프로젝트 제안발표를 한 경험이 없어서 내심 긴장이 많이 되어 뜬 눈으로 밤을 지새웠다.

기본적으로 발표를 하는 과정에서 버벅대거나 소극적이라는 인상을 주는 인물을 발표자로 내세운다는 것은 수주를 안 하겠다고 하는 것과 같다.

제안발표를 듣고 평가하려는 심사위원들 :

심사위원들은 저마다 다양한 평가기준을 가지고 있어서 심사위원들의 성향을 파악하는 것이 중요하다.

그런데 놓치기 쉬운 가장 중요한 것은 심사위원들도 저마다의 생업을 가지고 그날 골똘히 생각하는 것이 있기 때문에 제안사의 PM이 온 마음으로 제안심사를 생각하고 있는 것처럼 중요하게 생각하지 않을 수가 있다. 오히려 빨리 끝내고 자신의 일을 하고 싶은 마음이 더 간절할 것이다.

제안발표 20분 :

35장의 제안발표자료를 20분 동안 설명하되, 심사위원들에게 전달하고자 하는 내용을 제대로 전달하기 위해서는 발표할 내용을 줄줄 외워 자신감 있게 발표를 해야 한다. 이럴 때 심사위원들도 신뢰감을 가지고 관심을 기울여 준다.

유명 강사들은 강의할 자료를 제작하고 설명하기 위해서 일백 번 정도 리허설을 가진다고 한다. 스톱워치를 가지고 첫 번째 페이지부터 마지막 35페이지까지 20분 내에 자연스럽게 설명을 해가며 발표를 하기 위해서는 약 30번 이상의 리허설을 할 필요가 있다. 자신감은 수많은 연습에서만 나올 수 있다.

질의응답 10분 :

10분 동안에 심사위원 아홉 분이 1분 동안만 질문을 해도 9분이 되는데, 그 질문은 형식적인 질문이 되기 쉽다.

심사위원들은 대부분 해당 프로젝트에 대해서 이해가 충분하지 않은 상태이고 제안서나 제안요약서를 심사가 열리는 장소에 와서 살펴본 경우가 대부분이다. 따라서 기술적으로 깊지 않은 이해를 바탕으로 상식적인 질문을 할 경우가 대부분이다.

기술적으로 확실하지 않은 부분은 질문을 거의 안 하는데 기술적으로 질문을 할 때에는 상식적인 질문보다 답변을 하기 쉬워진다. 이러한 경우를 예측하여 상식적인 질문에 대처해야 한다.

프로젝트를 수주하기 위하여 마지막 질의응답 10분이 가장 중요한데 대부분의 제안서 제작일정 중 이 부분은 맨 마지막 부분으로 시간에 쫓겨서 충분한 준비를 못하는 경우가 대부분인데, 참으로 어리석다고 아니할 수 없다.

날밤 새고 준비한 부분은 심사위원들이 읽을 시간이 없이 지나가고 별로 신경 안 쓴 부분은 심사위원들이 쉽게 이해할 수 있는 부분이어서 주된 질문이 나온다는 상식적인 진실을 대부분 놓치고 있는 것이다.

PM이 확실하게 숙지하지 못하고 있는 부분에 대하여 질문이 나올 때는 PM과 같이 동행한 컨소시엄사에서는 PM의 자연스런(?) 눈짓에 따라, 보충 답변을 하면 되는데 이때에도 철저하게 준비된 시나리오에 따라 임해야 한다. 그러나 PM이 모든 질문에 대한 답변을 하겠다는 자세로 질의응답에 임해야 한다.

역발상 제언

제안요청서와 고객의 중요한 요청 파악 :

제안요청 내용이 저렴한 가격요구나 단순한 데이터 전환 요청, 장비 관련 제안 등이라면 제안서에 포함될 내용은 기술적으로 수준이 낮고, 제안서의 페이지 분량도 얼마 되지 않을 것이다. 또한 수주하지 못할 것이라고 판단하면서도 향후 사업을 위해 어쩔 수없이 제안서를 작성하여 제안을 해야 하는 경우도 있다. 이런 경우에 작성되는 제안서는 단기간에 최소의 비용으로 제안서를 작성하는 것이 옳다.

만약 제안서 작성을 심도 있게 하고 고객이 요청하는 이외의 서비스를 제공하겠다고 하여 수주를 한 경우에도 정해진 프로젝트 기간을 초과하거나 비용이 초과되어 결과적으로 프로젝트가 실패하는 일이 발생한다면 차라리 수주를 안 하는 것이 옳은 일일 것이다.

비용, 시간측면에서 가장 효과적으로 제안서를 작성함 :

매년 수많은 제안요청이 이루어지고, 이에 따라 약 3~4배 정도나 되는 제안서 작성이 이루어진다.

제안서를 작성한다는 것은 참으로 긴장되고 힘들고 어려운 작업 중의 하나이다. 이 정도만 하면 된다는 기준도 존재하지 않는다.

가상의 경쟁사를 상대로 정해진 기간 내에 1등을 해야 하는 '무한도전, 무한경쟁, 무한작업'이기 때문이다. 따라서 단시간에 고객이 요청하는 사항들에 대해 답안을 효과적으로 어떤 방식으로 작성하여 발표하고, 고객과 심사위원들을 설득할 것인지 심사숙고 하여야 한다.

쓸데없는 일에 시간과 비용을 지불하였음 :

1등이 되지 않아 프로젝트를 수주하지 못했다면 제안서를 작성하는 2~3주 기간과 소요된 비용은 헛되이 버린 것이라고 해도 과언이 아니다. 차라리 제안을 하지 않았다면 비용과 시간을 쓸데없이 낭비하지 않았을 것이다.

수주를 하지 못한 원인을 따져보면 무모한 판단과 상상에 의한 제안 시도가 대부분이다. 발주사 담당자와의 인간관계나 발주사 업무에 대한 아무런 경험도 없이 무작정 뛰어들 때 백발백중 실패하게 되는 것이다.

발주사 인간관계도 좋고, 발주사 업무경험도 있었는데 제안에서 탈락했다면 지나친 제안가격이나 무성의한 제안서 작성, 제안발표자의 발표기술과 내용이 평가에 부정적인 영향을 미쳤을 가능성이 높다.

정작 가장 중요한 일에 소홀히 하였음 :

제안활동에서 가장 중요한 것은 심사를 하는 심사위원들에게 평가를 받는 자리라고 해야 할 것이다. 제안발표를 하는 발표자가 그런 면에서 가장 중요하다. 발표를 잘하는 사람이 발표를 해야 한다.

SI(시스템통합) 프로젝트에서 제안발표를 하는 발표자는 기술적인 소양이 풍부한 PM이 발표를 주로 하는데 발표기술이 뛰어나지 않은 사람들이 대부분이다. 또한 준비도 많이 안하고 발표를 하는 경향이 많은데 가장 위험스러운 부분이라고 할 수 있다.

준비를 안 한 것이 아니라 다른 부분에 신경을 쓰느라고 정작 중요한 발표준비는 소홀히 하게 된 것이다.

편안하게 충분한 시간을 가지고 제안서를 작성함 :

대부분의 제안에서 시간에 쫓기지 않고 제안서를 작성하여 제출하는 경우는 드물다.

항상 시간에 쫓겨 허둥대다 찜찜한 상태로 제안서를 제출하게 된다.

제안서를 수정 보완할 시간, 인쇄본에서 문제가 생겼을 시에 다시 제작을 해야 하는 시간 등의 여유시간을 반드시 생각하여 제안서를 작성해야 한다.

역발상 도움 정보 :

다음 표는 '20분 발표 10분 질의응답' 의 역발상 제언에 도움을 주는 정보들이다.

표 I－1 '20분 발표 10분 질의응답' 역발상 제언 Point

No.	제언 Point	상세 내용
1	심사위원들과의 첫 만남 20분 발표에 최선을 다하자.	• 발표준비를 미리부터 해야 한다. • PM은 리허설을 수십 번 해야 한다. • 실무능력 배양 필요성 - 발표자료 제작기술 - 발표 기술
2	최후의 순간 10분 질의응답 준비에 최선을 다한다.	• 질의응답 준비를 제안서 작성 초부터 해야 한다. • 질의응답 리허설을 여러 번 해야 한다. • 실무능력 배양 필요성 - 질의응답 자료 제작방법 - 컨소시엄사간의 Role Play 기술 - 질문에 응답하는 대화기법 긍정적인 질문, 부정적인 질문
3	제안서를 요령껏 작성하자.	• 수주 확률을 제안서 작성계획에 반영한다. • 실무능력 배양 필요성 - 수주확률표 작성기법 - 수주확률표와 제안서 작성 연동기법

2. 작성된 제안서의 인상

상황

심사위원 A씨는 SI 프로젝트에 대한 심사를 많이 해 본 베테랑이다.

오늘도 실패하면안돼 공사에서 열리는 제안발표 심사위원으로 위촉되어 심사장으로 이동 중이다.

그는 심사가 끝나고 저녁때에 약속이 있어서 약속시간에 맞추려면 빨리 심사를 종료해야 할 필요가 있다.

대부분 심사를 하기 전에 심사위원장이 우선협상 가능 업체 등 넌지시 심사에 관련된 정보를 흘려주거나, 빨리 심사를 마치기 위한 절차를 제시해주기도 하나, 어떤 심사장에서는 심사위원들간에도 갑론을박 정해진 질의응답 시간을 넘기는 경우도 많아서 원칙대로 심사를 진행할 경우도 많다.

심사위원으로서 몇 가지 짚어야 하고 평가를 해야 되는 경우가 많은데, 평가시트의 많은 평가항목을 모두 평가하기에는 주어진 시간이 너무 짧아, 최적 업체를 판단하기 어려운 경우에는 난감할 때가 많다. 따라서 제안발표를 하기 전에 대략 2개 업체를 선정해 놓고 발표를 듣는 과정에서 어지간한 항목은 모두 평가를 해놓고 확인이 필요한 부분만 질의응답 시간에 질문을 하여 확인을 하는데, 나름대로는 효율적인 방법이라고 자부하고 있는 터이다.

심사장에 도착하면 제공된 제안요청서, 제안서, 제안요약서, 평가시트를 검토한다.

우선 2개 업체를 선정하기 위하여 제안서를 검토하는데, 제안서 두께를 먼저 검토한다. 회사소개, 사업관리방안, 투입인력내역 등 별로 중요하지 않는 부분이 제안서의 대부분을 차지한다면 우선대상에서 제외한다.

제안서를 검토하면서 맞춤법이 틀리거나 띄어쓰기가 잘못된 횟수도 기록해놓는데, 기분이 상할 정도인 제안서는 일단 제외시킨다.

복수 제안서를 선정하는 데 이마저도 어려울 경우에는 최선의 제안서를 선정해놓고 잘못된 점을 지적한다. 이 잘못된 점은 제안발표를 하는 업체들에 대해서 질문을 하여 비교우위를 평가하기 위한 자료로 활용하는데 질문도 날카롭다는 평가도 받고 나름대로 잘했다는 기분도 들어 효율적인 방법이라고 생각한다.

오늘도 이러한 방법으로 미리 평가준비를 했다.

성공만해 회사, 항상중간만해 회사, 열심히하려고해 회사, 일단붙어봐 회사 이렇게 4개 회사가 제안을 했는데 성공만해 회사와 항상중간만해 회사가 대기업 SI회사이고 나머지 2개 회사는 중견 SI회사이다.

대기업 SI회사들인 별들의잔치 회사와 수위넘보기 회사는 제안에 참여하지 않았다.

역시 대기업답게 성공만해 회사와 항상중간만해 회사의 제안서는 바인더부터 화려하고 제안서 두께가 두꺼웠다.

성공만해 회사의 제안서를 넘기던 중 1장. 제안개요부터 오타가 눈에 띄었다. 3장. 추진전략부분 중간쯤 읽어가고 있을 때 갑자기 크나큰 오류를 발견했다.

제안서 각 페이지의 리딩 메시지 부분에서 경어가 발견되었기 때문이다.

제안서 대부분 각 페이지의 리딩 메시지 부분의 맨 마지막 단어가 'xx함' 으로 끝났는데 데이터베이스 부분에서는 'xx합니다.' 로 끝난 부분이 5곳이나 발견되었기 때문이다. 내용을 유심히 보니까 이전과 이후 절의 문맥이 맞지 않음을 발견했다. 이른바 부실공사가 발견된 것이다.

다른 부분들도 어딘지 급조된 느낌이 들어왔다. 따라서 심사위원 A씨는 열심히하려고해 회사의 제안서를 복수 대상으로 올려놓았다. 바인더 커버라든가 종이 재질 등이 화려하지는 않았지만 성의껏 작성한 제안서라고 판단이 들었기 때문이다.

성공만해 회사 제안발표 시간에는 호기심을 가지고 PM의 발표하는 태도를 지켜보았다.

아니나 다를까 설명도 제대로 못하고 버벅대는 모습이 제안서에 나타난 그대로였다.

즉시 수준 이하로 평가해 평가시트에 기록했다.

제안발표 도중 최종 결과를 적었고 질의응답 시간에는 질문도 하지 않았다.

다른 심사위원들이 날카로운 질문을 마구 해댔고 성공만해 회사의 PM은 아니나 다를까 쩔쩔매고 있었고 빨개진 얼굴로 동문서답하다가 제한된 시간이 되자 그만두고 나가버렸다. "뭣 하러 제안서를 내었을까. 제안서는 그 회사의 얼굴인데 이 따위로 작성하여 제출하려면 아예 제출을 안 하는 것이 낫지 않을까?" 씁쓰레한 생각도 들고 안타까운 생각도 들었다.

심사위원 B씨는 그가 가르치는 제자들의 시험답안지나 논문들을 많이 평가해 본 경험이 있다.

대부분 그렇듯이 논문이나 책의 내용을 빨리 이해하기 위해서 그가 활용하는 방법은 다음과 같다. 먼저 그는 읽으려는 책을 펼치고 목차를 본다. 목차로부터 그는 어떤 내용들이 어떤 전개방식으로 씌어졌을 것이라는 예측을 한다. 그 다음은 제목과 표와 그림을 읽으며 재빨리 다음 페이지로 눈을 옮긴다. 기술서적 대부분은 표와 그림만 이해하면 거의 95%는 책의 내용을 이해할 수 있기 때문이다.

심사대상인 제안서도 논문이나 기술서적과 동일한 방법으로 읽으며 내용을 파악한다.

맞춤법, 띄어쓰기 등이 제대로 되어있지 않은 제안서는 제안요청을 해결하는 능력도 부족하다고 믿어 낮은 평가를 줄 때가 대부분이다.

빠른 시간 내에 제안서를 평가하는 방법으로서 제안서에 작성된 글의 모양이나 체계 등을 평가하는 것도 효과적인 방법이라는 생각을 하곤 한다.

심사위원 C씨는 심사를 할 때는 항상 곤혹스러운 상황에 처할 때가 있다. 우선 제안서, 제안요약서, 발표자료 등을 받았을 때 타사보다 '규모의 우위, 경제의 우위' 에 있는 제안서와 '내용의 우위, 열성의 우위' 에 있는 제안서의 차이를 어떻게 감당하느냐였다.

제안서를 감싸고 있는 바인더의 재질과 두께, 그리고 글자체, 디자인에서 출발하여 제안서 내용에 있어서도 컬러로 인쇄되어 있고, 목차를 따라 표와 그림의 내용 및 서술이 가지런한 제안서는 언제 보아도 기분이 좋기 때문이다.

'보기도 좋은 떡이 먹기도 좋다' 라는 격언을 신봉하는 편은 아니지만 대부분 제안서의 글자체, 디자인 등이 좋은 제안서는 그렇지 않은 제안서보다 내용도 좋다는 것을 A씨는 경험상 알고 있다. 따라서 다른 변수가 없는 한 짧은 시간에 제안내용을 심사해야 할 경우에는 보기 좋은 제안서를 우선순위에서 앞으로 위치시켜 놓는다.

성공만해사는 글자체, 디자인, 폰트 등이 일사분란하고 질서정연하게 되어 있다는 인상을 주고 있고 나머지 3개 사는 이보다는 떨어져 이번 심사에는 성공만해사가 1위를 차지하지 않을까 생각하고 제안발표를 느긋한 마음으로 듣기로 하였다.

상황 분석

성공만해 회사 제안서 인쇄 직전 :

성공만해 회사는 이번 사업에 참가할 컨소시엄사로부터 제안 자료를 늦게 받았을 뿐 아니라, 그들이 작성한 내용을 검토할 시간도 전혀 갖지를 못했다.

이번 사업에 한국대학교 교수님들을 참여시키기 위해 많은 시간을 할애한 결과로 제안서 작성에는 크게 신경을 쓰지 않았던 것이다. 더군다나 제안서 마감이 임박한 시간에서 제안서 인쇄를 위해 복사인쇄 제본사에 원고를 맡기고 인쇄본을 보완해야 하는 시간이 제안서 제출 전 최소 1일 이전이어야 했기 때문에 충분히 검토를 하지 못했다.

성공만해 회사 제안서 작성 전략 회의 :

제안서를 작성하는 회사는 성공만해 회사를 비롯한 컨소시엄사인 협력잘해사와 협력열심히해사였다.

제안요청서의 제안서 작성 목차에 따라 작성내용을 검토해 나가자 선진사례 벤치마킹과 자문위원회 구성, 관리기법1 방법론, 데이터웨어하우스 구축기술, 정보보안에 대한 기술적인 솔루션 준비가 가장 어려운 부분이었다. 따라서 선진사례 벤치마킹 부분과 자문위원회 구성 부분은 성공만해 회사가 담당하고, 데이터웨어하우스 구축기술은 협력잘해사, 정보보안에 대한 기술적 솔루션 부분은 협력열심히해사가 담당하였다.

관리기법1 방법론은 회사의 다른 프로젝트 개발사례를 참조하여 방법론 경험이 있다는 협력잘해사가 도움을 주기로 하였다.

제안서 작성 전략회의가 열린 시간으로부터 제안서 작성 전까지는 2주일 정도가 남아 있었다. 따라서 각 사에서 작성할 부분을 작성하여 1주일 후에 보내주기로 하고, 작성을 위한 템플릿과 가이드라인 등을 성공만해 회사가 준비하여 각 사에 보내주기로 하였다.

성공만해 회사 제안서 작성과정 :

성공만해 회사 제안PM은 한국대학교 교수님들을 찾아 나섰다.

한국대학교 교수님들과의 협업체제만 갖추면 심사 시에 유리하고, 연구기술적인 면에도 도움을 받을 수 있고, 자문위원 구성에도 유리한 면이 있기 때문이다.

한국대학교 교수님 중 학계에 많은 영향을 미치는 유명해 교수님을 찾아가서 부탁을 드렸다. 교수님은 아는 교수님들과 얘기해보고 가부를 알려주겠다고 하였다.

그 다음날 통화를 하였더니 교수님들과 얘기 중이라고 했다. 다 다음날 전화를 했더니 외국출장 중이라고 하였다. 3일 후 출장에서 돌아온 유명해 교수님은 교수 몇 분을 소개해 주었다.

심사위원들 중에 아는 사람이 몇 사람 있다는 것과 교수님 연구실과 사업 공동수행 협력계약을 맺을 것과 함께 제안서 작성을 도와줄 제자 1인을 소개해 주었다.

다른 교수님 이력서는 내일 보내준다고 하였다.

제안PM은 꺼림칙했지만 우선 경쟁에서 유리한 위치를 확보하기 위한 첫째 관문을 통과했다고 생각했다. 일주일이 지나서 각 컨소시엄사에서 약속한 부분들을 작성하여 보냈다.

오늘 저녁에 모든 컨소시엄사가 같이 만나서 검토를 하기로 했는데 협력열심히해사의 작성자가 문제가 생겨서 참석을 못하고 다른 사람이 대신 참석하였다. 대신 참석한 사람은 원래 작성하기로 한 사람이 문제가 있어서 자신이 제안서를 작성하기로 했다고 얘기를 했다.

성공만해 회사의 제안 PM이 자사를 비롯한 다른 컨소시엄사가 작성한 자료들을 검토해보니 상호 연관성이 거의 없게 작성이 되어 있으므로 상호 연관이 있게끔 통합할 필요성이 크게 있음을 느꼈다.

그러한 점을 지적하고 보완해줄 것을 요청한 다음, 회사소개라든가 하는 제안서의 일반적인 내용들에 대하여 자료를 준비하라는 요청을 하였다.

참여한 컨소시엄사의 회사소개서, 투입인력 프로파일, 투입계획서, 일정계획서, 유지보수 및 교육계획서, 실적증명서, 각종 세금납부영수증, 참여인력의 의료보험증, 졸업 및 경력증명서 등의 서류 등을 준비하는 데 1주일이 후다닥 지나가 제안서 마감시간이 3일 앞으로 다가왔다.

작성된 제안 내용이 아직도 마음에 들지 않았지만 자칫하면 제안서를 제출하지 못할 지경에 빠질 수도 있었다. 따라서 각 컨소시엄사가 맡은 부분은 해당 컨소시엄사가 책임을 지기로 하고 자신은 서류 준비상황 등을 점검하는 데 시간을 투여했다.

협력잘해사 잘써봐 차장은 성공만해 회사가 보내준 제안서 작성 템플릿과 가이드라인을 보고는 크게 실망했다. 어떻게 작성하라는 것인지 최소한 작성한 사례라도 제공받아야 내용을 쓰겠는데 그러한 것이 없었다.

성공만해 회사에 전화를 했더니 알아서 일단 써주시고 나중에 얘기하자고 하였다.

오히려 보내준 자료만 보고도 알아서 작성할 수 있는 정도가 되지 않느냐고 핀잔을 주는 것이었다. 화를 낼 수도 없고 하여 예전에 작성했던 유사한 자료를 찾아서 작성을 하였다.

첫 인상 :

심사위원 C씨는 슬슬 식곤증이 몰려왔다. 나이를 먹어가면서 찾아온 불청객인데 이렇게 중요한 자리에서 내 역할은 해야 한다는 마음으로 졸리는 눈을 비벼가며 사업자들의 제안발표를 들었다. 그런데 역시 제안서의 글자체, 디자인, 폰트 등이 질서정연하게 제안서 내용에 반영되어 있는 회사의 제안발표가 가장 잘 되었다는 인상을 지울 수가 없었다. 솔직히 제안서의 내용을 그대로 베껴서 앵무새처럼 설명하는 발표자의 얘기는 5분도 안 돼 듣기 따분해지기 시작하였다.

품질과 비용은 반비례 :

심사위원 C씨는 '같은 값이면 다홍치마' 라고 제안기술이나 사업자의 역량의 큰 차이가 느껴

지지 않을 때는 제안서를 작성하면서 쏟은 노력과 열성에 후한 점수를 주는 편이다.

신은 공평하여 노력도 안하고 대가를 바라는 사람에게는 결코 열매를 따먹을 수 없게 한다는 것을 자신도 인정하는 편이다. 더구나 심사위원을 매수한다거나, 다른 비열한 전략으로 제안에 임하는 사업자에 대해서는 본때를 보여주어야 한다는 사명감을 가지고 항상 심사에 임하는 편이다.

최소한 제안서 작성이 다른 사업자에 비하여 떨어지지는 않아야 좋은 점수를 받을 수 있다는 것이 그의 평소의 지론이다.

역발상 제언

제안서 인쇄 직전 :

제안PM은 제안서 제출 2일전에 인쇄를 맡겨야 제대로 인쇄본이 제작될 수 있음을 알아야 한다.

인쇄를 맡기고 빠르면 6시간이면 인쇄 초안이 나오는데, 인쇄 초안을 검토하여 수정하는 데 3시간, 다시 인쇄 최종 본이 나올 때까지 6시간 정도가 걸린다는 것을 알고 있기 때문이다. 이 기간 중에 휴일이 들어있다면 그 시간은 더욱 길어질 수도 있다.

이 기간에는 제안서에 작성된 내용 중에서 맞춤법, 띄어쓰기, 페이지 매김, 목차 등의 오류를 점검하는 것이 필수적인 오류를 제거하는 마지막 기회이다.

제안서 제출 당일에는 가장 먼저 접수시키고 어떤 회사가 접수하러 오는지를 살펴보는 것도 하나의 방법이고 이 정도의 여유가 있어야 한다.

대부분은 제안서 제출 하루 전에 인쇄를 맡기고 허겁지겁 제안서를 제출한다. 하루의 여유를 얻기 위한 준비를 반드시 해둬야 한다.

제안서 작성 전략 회의 :

제안서 작성은 1개 회사가 전담하여 작성하는 것이 가장 바람직하다.

최근의 SI프로젝트는 사업규모가 커서 컨소시엄사나 협력사가 참여하여 작성하는 경우가 대부분인데, 이때에도 주관사업자는 컨소시엄사가 담당하는 제안서 내용이 최소화되게 하고 대부분의 내용을 자사가 담당해서 작성해야 한다. 그렇지 않으면 제안서 자체가 질서정연 하지 않고 짜깁기했다는 평가를 피하기 힘들다. 이를 위하여 표준제안서가 필요하고, 최소한의 제안서 작성 가이드라인이 만들어져 있어야 한다.

회사는 다르더라도 제안서 작성은 같은 장소에서 얼굴을 맞대고 작성이 이루어져야 한다.

그렇지 못할 경우에는 최소한 제안서 제출 일주일 전에라도 같이 모여 많은 의사소통이 이루어져 제안서가 통일되게 작성되어야 한다.

대기업 SI사들은 제안서 작성을 위한 스토리보드를 참여사들이 작성하게 하여, 제안서 작성 전 1회, 작성도중 1회, 작성 후 초안이 나오기 전 1회로 회합을 가져 통일된 관점에서의 제안서 작성을 위한 도구로 이용하고 있다.

제안서 작성과정 :

교수님들을 제안 및 사업에 참여시키는 경우가 많은데, 우선은 심사위원에 포함되는 교수님들에게 좋은 평가를 받고, 사업수행 중에 발주기관에 영향력을 행사해주기를 바라는 마음으로 참여시키는 데 신중을 기할 필요가 있다.

교수님들을 활용하는 것은 득도 많지만 실도 있다는 것을 알아야 한다.

특히 교수님들은 연구를 하고 아이디어를 제공해주는 역할을 하지 실제로 답을 내는 역할을 기대해서는 아니 된다.

컨소시엄사나 협력사가 작성하는 내용은 극히 한정되거나 독립적으로 작성될 수 있는 부분을 담당하도록 해야 한다. 특히 서로 다른 장소에서 작성을 하고 있을 때에는 주관사업자는 참여사들이 올바른 방향으로 제안서를 작성하고 있고, 열심히 작성하고 있는지를 확인하기 위한 노력을 해야 한다.

제안서 작성도 중요하지만, 첨부하는 서류의 준비도 매우 중요하다.

제안서 작성자 이외에 이러한 서류를 준비하고 발주기관에 확인하는 역할을 담당하는 인원을 지정하여 미리 준비시켜야 한다.

첫 인상 :

요즘 직장에 입사를 원하는 졸업생들이 성형수술을 많이 받는다고 한다.

이력서 작성법을 알려주는 곳도 인터넷을 보면 굉장히 많다.

첫 인상이 매우 중요한 것이다. 학자들에 따르면 사람은 처음 만난 5분 이내에 갖게 되는 느낌이 평생을 좌우하게 된다고 한다. 마찬가지로 심사위원들에게 보이게 되는 제안서, 제안요약서, 발표자료 등은 선을 보는 자리인 심사장에서 상대방인 심사위원들에게 좋은 인상을 가지게 되도록 제작되어야 한다.

제안서 작성 시 이러한 부분만 중점적으로 담당하여 조언해주고 최종 마무리를 하는 인원의 참여가 필요하다.

제안서 파트타임으로 참여하게 하는 것도 좋지만, 중요한 것은 제안서 작성 초기부터 종료 후 제출할 때까지 참여하게 할 필요가 있다.

디자이너의 중요성 :

제안서를 작성해본 경험이 있는 사람은 누구나 자신이 작성한 글의 내용이나 형태가 디자이너에게 검토되어 수정 보완된 후에 얼마나 훌륭하게 달라져 있는가를 깨닫고 디자이너의 존재가 얼마나 필요한가를 잘 안다.

대기업 SI사들은 자체적으로 디자이너를 보유하고 있어서 모든 제안서를 제작 시에는 디자이너의 손을 거쳐 세련된 모습으로 제안서가 작성된다.

디자이너는 제안서에 담긴 글의 내용이나 기술에 대해서는 무지하다는 것을 감안하여 그림이나 표의 초안만 작성자가 작성해준다면, 그러한 글이나 표에 대해 디자인적인 감각으로 세련된 작품을 만들어내는 역할을 충분하게 소화해낸다. 중요한 것은 디자이너에게 작성된 그림이나 표의 초안이 건네져서 돌아올 때까지 1~3일 정도의 기간이 소요된다는 것을 감안하면 반드시 제안서는 디자이너의 포장작업을 거치는 것이 필요하다.

표준제안서의 중요성 :

제안서는 대부분 작성기간이 2~3주 정도밖에 주어지지 않는다.

오래 전부터 발주기관에서 제안요청서를 작성하는 데 도움을 주면서 제안서 작성을 준비한 기관을 제외하고는 모든 제안사가 당면하는 문제는 부족한 시간이다.

휴일을 제외하고 대략 12~15일 동안 내용을 작성하고 서류준비를 하고, 작성된 내용을 디자이너에게 주고 인쇄를 맡기기까지 그 시간은 매우 짧다. 따라서 표준제안서를 갖추고 있을 필요가 있다.

표준제안서는 글자체, 서체, 폰트, 템플릿, 작성 가이드라인 등의 지침들을 가지고 있어야 하는데, 제안서에 많이 들어가는 대표적인 그림 아이콘들이나 그림 예제들을 함께 갖추고 있어서, 내용만 구상이 되면 이러한 아이콘이나 그림 예제들을 이용하여 쉽게 제안서를 작성할 수 있다. 평소에 제안서를 작성하기 위한 준비들을 갖추고 있을 필요가 있다.

역발상 도움 정보 :

다음 표는 '작성된 제안서의 인상' 의 역발상 제언에 도움을 주는 정보들이다. 심사준비가 충분히 되지 않을 수밖에 없는 심사위원들에게 좋은 인상을 주는 제안서를 만드는 요소들을 정리한 표이다.

표 I-2 '작성된 제안서의 인상' 역발상 제언 Point

No.	제언 Point	상세 내용
1	덜 중요한 것에 시간을 빼앗기지 말자. 준비된 자가 웃는다.	• 주관사업자에게 제안서 작성형태, 활용 그림, 목차, 구성 체계, 서식 등이 미리 준비되어 있어야 한다. • 주관사업자는 컨소시엄사, 협력회사, 프리랜서에게 제안서의 많은 내용을 작성하게 하지 말자. • 실무능력 배양 필요성 - 표준제인시 제작 표지, 목차, 회사소개부분(안내) - 제안서 작성 가이드라인, 지침 제작 - 제안서 작성 템플릿 제작 - 표준 그림 자료 및 아이콘 준비 - 스토리보드 작성 기술 - 제안 팀 편성 및 업무분장 기술
2	집을 설계할 때부터 감리활동이 있게 하자.	• 제안서 작성 감리 및 자문역할을 맡은 인원이 계속해서 지도와 검사를 하여 시종일관 통일된 작성형태가 되어야 한다. • 외부전문가를 아웃소싱하여 활용한다. • 실무능력 배양 필요성 - 감리역할 인원 할당 - 제안서 작성일정 수립 및 계획대비실적 관리
3	PM은 집 지붕 위에만 있게 하자.	• PM은 발표와 질의응답에 전념하게 한다. • PM은 전체 일정과 문제해결에만 신경 쓰게 한다.
4	제안서의 이해도를 높이자.	• 제안서는 간단명료하게 작성되어야 한다. • 디자이너를 제안팀에 포함시킨다. • 실무능력 배양 필요성 - 표준 문구, 용어, 표기법 - 그림 표기법 - 표준 문장 작성법

3. 평가시트 평가항목

상황

심사위원 B씨는 제안심사를 요청한 기관에서 제공한 제안심사 표를 받아 들었다.

심사위원장의 심사 점수 상한점과 하한점에 관한 유의사항도 들었다.

심사위원들의 분위기가 왠지 서먹서먹하고 싸늘한 분위기가 감지되는 것은 심사위원들에게 친근한 제안사가 서로 다르다는 것을 뜻한다.

소신 있게 평가를 하자고 생각했다. B씨는 제안서의 논리적인 전개방법과 절차를 어떻게 작성했는가를 중요하게 생각하고 있었다.

각 단위업무별로 '무엇을 할 것인가?' 와 '이것을 하기 위해서 어떻게 할 것인가?' , '어떤 업무를 위해서는 어떤 기술을 어떻게 적용하여 구현할 것인가?' 에 대하여 세밀하게 관찰을 하였는데 성공만해 회사가 가장 잘 작성하였다고 생각했다.

심사위원 C씨는 제안심사 표를 받았다.

가장 배점이 큰 항목은 '사업수행 및 기술부문' 으로서 세부 평가항목이 '목표시스템 구성방안' 을 비롯하여 6개나 되었다.

기술부문에는 자신이 있었으므로 직접 제안서의 해당부분을 넘기기 시작했다.

조견표가 준비되어 있었으나 점수가 가장 크고 자신이 가장 자신 있는 부분에 대한 검토만 끝나면 제안사들의 기술적인 우위를 평가할 수 있다는 자신감이 있었다.

성공만해 회사는 비교적 상세하게 구현하려는 기술과 시스템에 대하여 많은 페이지를 할애하여 작성한 반면에 열심히하려고해 회사는 기술적인 내용들에 대하여 A3 1페이지로 요약하였다.

기술력 부분에서는 성공만해 회사가 우위에 있었지만, 열심히하려고해 회사는 전체기술의 통합적인 면, 특히 연계 부분을 마무리하는 데 있어서 우위를 가지고 있다는 생각이 들었다.

심사위원 D씨는 유사한 프로젝트를 작년에 수행한 경험이 있었다.

SI 프로젝트는 기한을 지켜 완료하는 것도 중요하지만 프로젝트 종료 이후에 얼마나 지원이 잘되는가가 프로젝트 성공에 중요한 역할을 한다는 확신을 가지고 있었다.

프로젝트가 수행되는 도중에는 주관기관이 관리/감독하는 시간이 제한적이고 결국은 프로젝트가 완료된 이후에 활용할 때 문제가 발생하기 때문이었다. '지원부문' 은 배점은 상대적으로 적었지만 이 부분에 대하여 실질적인 사후지원을 하려는 제안사에 대해 후한 점수를 주고자 생각했다.

상황 분석

심사위원장의 언질이나 심사업무의 분장 :

심사위원장은 심사의 빠른 진행과 효율적인 진행을 위하여, 여러 심사위원들에게 특별히 살펴야 할 평가항목을 알려주거나 심사위원들 각각에게 심사할 부분에 대한 업무분장을 해서 가이드 해 주기도 한다. 이때에는 특별히 지적할 사항이 있는 심사위원만 지적을 하고 나머지 심사위원들은 주관적인 생각에 의하여 제안서를 평가한다.

심사위원들의 경험에 의한 평가 :

심사에 참여한 심사위원들에게는 심사 표가 제시되어 있으며, 제안요청서에 '평가항목 및 배점기준' 표가 있어서 제안서의 각 부분에 대한 배점과 평가기준들이 마련되어 있다. 그러나 심사위원들은 자신의 경험을 바탕으로 나름대로의 평가를 하는 것이 일반적이다.

심사 표가 있다고는 하여도 제안요청서에 작성되어 있는 기술들을 전문가적 시각에서 상세하게 평가한다는 것은 불가능하기 때문이다.

분위기에 의한 평가 :

제안사들의 제안발표를 듣기 전에 심사를 하는 심사위원도 있지만, 대부분은 제안발표를 듣는 와중에 평가점수를 내리는 경우가 대부분이다.

제안발표 20분 중 약 10분이 경과하면 심사위원들이 나름대로 생각한 평가를 발표자의 발표내용을 들으며 점수를 부여한다.

이때에도 몇 개 항목에서는 점수를 부여하지 못하고 있다가 질의응답 시간에 많은 평가항목에 대하여 점수를 부여하고, 질의응답이 완료된 이후에 아직 평가하지 못한 항목에 점수를 부여한 후 평가를 완료한다.

역발상 제언

전략적 문제해결 체계의 활용 :

작성하고자 하는 내용에 대하여 도출되는 과정을 논리적이고 객관적인 체계를 사용한다.

특히 주장하고자 하는 바에 대하여 '현상분석 – 문제점도출 – 개선방안도출 – 목표시스템수립 – 이행과제도출' 의 식으로 문제를 풀어가는 형태로 제안서를 작성한다.

가장 효과적으로 사용하는 전략은 벤치마킹이다. 비교대상과의 여러 측면에서의 비교와 개선할 사항 도출은 설득력이 있다.

그림의 활용 :

구조적으로 문제를 풀어나가는 체계를 설명하는 그림이나, 기 사용되었던 그림을 활용하여 제안하려는 내용을 표현한다.

이러한 경우에 대비하여 사용되었던 제안서들에서 사례를 수집하고, 디자이너에게서 좋은 디자인 등을 준비해 놓는다.

요약서의 활용 :

원래 요약서는 제안서의 내용들을 간략하게 축약하여 짧은 시간에 제안의 내용을 파악할 수 있게 할 목적으로 발주사에서 제출을 요구한다. 따라서 제안서를 제작하는 공수만큼 요약서를 제작할 때에도 공수가 들어간다. 오히려 제안서를 작성하는 것보다도 더욱 어려운 작업이 될 수 있다.

그런데 요약서가 이렇게 제작되지 않고 제안서에서 그림이 들어간 부분이나 표가 들어간 부분을 골라서 이 부분만 요약서로 하여 제출하는 경우가 대부분이다. 심사위원들은 이 점을 잘 알고 있기 때문에 요약서를 잘 읽어보지 않는다. 오히려 제안서를 통독하는 경우가 대부분이다.

대기업 SI 프로젝트는 제안서를 10군데 제출하여 1곳에서 사업을 수주하면 잘 하는 것이라는 통념이 일반적이다.

하물며 대기업이 아닌 SI업체들은 아마도 확률이 5%를 넘지 않으리라고 본다.

영업적인 측면에서 90%이상 수주할 확률이 있다고 자신하던 프로젝트를 제안단계에서 패배하여 수주하지 못하는 경우는 많이 있다. 금액 부분에서 밀려서 그렇게 되었다는 것도 살펴보면 제안발표 단계에서 실패하여 떨어진 경우가 대부분이다.

현실적으로 제안서의 내용을 다시 요약하여 요약서를 만드는 과정은 매우 어렵고 시간이 많이 드는 과정이라고 아니할 수 없다. 그러나 그러한 과정에 대한 연습과 준비, 전략이 수립되어 있음은 수주확률을 대폭적으로 높이는 비결이 될 수 있다.

심사위원들이 일반적으로 그러할 것이라고 생각하는 요약서가 심사위원들을 위하여 준비된 요약서라는 것을 판단하게 될 때 심사위원들이 좋은 평가를 할 것은 자명한 일이다. 누구나 그럴 것이라는 생각을 뒤집어 정곡을 찌르는 구성과 내용이 체계적으로 작성되어 있어야 한다.

A3 페이지의 활용 :

제안서는 대부분 A4로 작성을 하고, 요약서는 제안서의 부문 또는 소 부문의 내용들을 A3로 제작할 수 있도록 하여 요약서에 첨부한다면 틀림없이 심사위원들에게 좋은 평가를 받을 것이 틀림없다.

시간이 부족하고 내용도 모르고 또 작성하는 기관이 서로 달라서 대부분 A3로 작성이 어려운 현실을 감안할 때 미리 준비되어 있는 전략인 A3를 활용하는 것은 분명히 성공할 수 있는 역발상 전략이 아닐 수 없다.

A3를 반으로 접으면 A4가 되므로 제안서에 삽입하기에 가장 효과적인 방법이 된다.

표 I-3 '평가시트 평가항목' 역발상 제언 Point

No.	제언 Point	상세 내용
1	경쟁우위를 가지고 있는 평가항복을 중점적으로 자랑하자.	• 배점이 크고 타사에 비해 경쟁우위가 있는 부분에 대하여 제안서에 특색 있게 표현한다. • 제안서에 표시된 부분을 조견표에 모두 표현하다. • 실무능력 배양 필요성 - 경쟁우위 분석방법(SWOT분석) - 브레인스토밍 기법 - 전략적 사고 및 표현기법
2	'무엇(What)을 할 것인가?', '이것을 하기 위해서 어떻게(How) 할 것인가?', '무슨 업무를 위해서 어떤(What) 기술을 어떻게(How) 적용하여 구현할 것인지'를 확실하게 설명하자.	• 제안서 작성이 체계적이고 구조적으로 작성되도록 한다. • 실무능력 배양 - 전략적 문제해결 방법론 - 전략적 문제해결구조도 작성 기법 - A3 페이지 활용기법 - 평가항목 및 평가요소 활용법

역발상 도움 정보 :

앞의 표는 '평가시트 평가항목' 의 역발상 제언에 도움을 주는 정보들이다. 평가시트 평가항목에 해당하는 내용을 제안서에 어떻게 표현해야 할 것인가와 심사위원들에게 어떻게 해당 부분을 보여주고 설득을 할 것인가에 초점이 맞춰져야 한다.

일반적인 평가항목 및 평가요소

다음 표는 시스템 구축 제안요청서에서 많이 보이는 평가항목 및 평가요소들이다. 심사위원들의 평가는 제안된 내용의 실현가능성과 가치성에 큰 점수를 부여한다.

고객의 환경과 문제점에 대한 대책을 제시하고, 제안 대상을 구체화하도록 한다.

표 I-4 시스템 구축 제안서의 일반적인 평가항목 및 평가요소 예

대항목	중항목	평가요소
개발계획부문	유사분야에서의 개발경험	• 개발경험의 유사성, 건수 및 시기 • 개발 분야의 규모 및 역할 • 자체개발기술 등 관련기술 보유
	개발대상사업의 이해도	• 개발목표 및 내용의 이해도 • 문제파악의 정확성 • 업무이해의 완전성 • 업무분석체계의 명확성 • 목표시스템 구성의 적정성 • 제안요청서와의 부합성
	개발전략	• 추진전략의 창의성, 타당성 • 적용기술의 혁신성, 최신성 • 제안기술의 실현가능성 • 타 시스템과의 연계방안
개발부문	기능 및 성능	• 기능요구, 성능요구, 운용요구 충족도 • 사용자편의성 • 국내/국제표준의 준수 • 시스템 내용의 명확성 • 목표의 부합성
	개발방법론	• 개발절차의 타당성 • 개발 산출물의 적정성 • 도구와 기법의 적정성과 경험 • 적용방법론의 경험
	개발환경	• 개발 장비 및 개발도구 보유현황 및 확보방안

관리부문	경영상태	• 대외인지도 및 재무구조 • 신용 평가기관의 신용도
	사업수행조직	• 조직체계 및 참여인력의 적정성 • 투입인력의 기술수준 • 사업수행팀 기술자 보유현황 • 참여인력의 관련 프로젝트 및 신기술 수행 실적 • 인적 구성의 적정성
	품질보증방안	• 품질보증계획의 적정성 • 품질보증인력의 자질 • 사업자 품질보증 능력
	관리방법론의 적정성	• 위험관리방안, 자원관리방안, 진도관리방안 • 보안관리방안, 형상관리방안, 문서관리방안 • 중간산출물 제작계획
	일정계획	• 세부 활동 도출 및 기간의 타당성 • 세부 활동 배열의 합리성 • 중간목표 정의의 타당성 • 최종목표 달성가능성 • 자원배분의 합리성 • 장비 및 소프트웨어 설치시점의 합리성
지원부문	시험운영의 적정성	• 시험운영방법, 시험운영내용 • 시험운영일정, 시험운영조직
	교육훈련의 적정성	• 교육훈련방법, 교육훈련내용 • 교육훈련일정, 교육훈련조직
	유지보수방안의 적정성	• 유지보수계획서의 유지보수조직, 유지보수절차 • 유지보수범위, 유지보수기간 • 오류 수정방안 • 기능수정 및 확장방안 • 성능향상방안 • 기술발전에 대한 고려
	기밀보안	• 기밀보안 체계의 적정성 • 기밀보안 대책의 확신성 • 저작권존중 여부
	비상대책	• 백업/복구 및 장애대응 대책
전문 업체 참여 및 상호협력부문	전문 업체 참여	• 전문 업체기술의 부합성 • 전문 업체의 자질 • 전문 업체 활용방안의 적정성
	상호협력	• 중소업체 보호/육성을 위한 법령준수 여부 • 컨소시엄 구성의 적정성 • 소프트웨어산업진흥법에 의한 공제사업 재원조성 참여 • 소프트웨어산업진흥법에 의한 소프트웨어사업자 신고 제도의 성실한 이행

4. 원가산정

상황

심사위원 D씨는 기능점수(Function Point) 산정의 전문가이다.

제안요청서와 제안서의 내용을 살피고 있노라면 이 제안이 현실적인 것인지, 비현실적인 것인지를 판단할 수 있다. 특히 시스템 구축에 대한 제안은 나름대로의 기능점수 산정을 통하여 제안된 시스템이 정해진 기한 내에, 제안된 인력으로 구축이 가능한 것인가를 알아낼 수 있다. 따라서 그는 제안서의 구축기능 목록을 살펴보고 그만이 가지고 다니는 기능점수 계산에 의한 예상금액을 산출하여 과대 또는 과소 계상된 제안을 식별하여 제안의 적정성을 판단한다.

이번 심사에도 일단붙어봐 회사의 제안은 터무니없었다. 따라서 심사위원 D씨는 투입된 인력과 인력의 경험, 회사실적 및 시스템의 기능목록 및 시스템구성도에 대하여 도출과정을 질문했고, 이에 대하여 일단붙어봐 회사 제안발표자의 시원한 답변을 듣지 못했다.

심사위원 F씨는 성공만해 회사에서 이번 프로젝트에 투입하겠다는 인력투입계획에 문제가 있음을 간파했다.

이번 프로젝트는 ISP(Information Strategic Planning)/BPR(Business Process Reengineering)과 웹 기반 정보시스템 개발이 모두 포함된 프로젝트인데 소위 컨설팅 인력이 부족함을 느꼈다. 그래서 질문을 했더니 성공만해 회사 발표자는 비슷한 경험을 가진 인력이 프로젝트에 참여할 것이고 필요 시 추가로 투입하겠다는 답변을 했다. 투입인력의 실적을 근거로 반박했더니 발표자가 답변을 제대로 하지 못했다.

심사위원 G씨는 개발인원의 부족을 근거로 항상중간만해 회사 제안발표자에게 질문을 했다.

그랬더니 제안발표자에게서 명확한 답변을 듣지 못하고 "필요 시 추가 투입하겠다."는 답변을 들었다.

심사위원 H씨도 열심히하려고해 회사 제안발표자에게 질문을 했다. 그런데 제안발표자는 예상원가의 산정과 이에 근거한 투입인력의 산정 등에 대한 답변을 근거자료와 함께 제시하였다.

다른 심사위원들의 질문에도 막힘이 없이 타당한 근거를 대며 논리 정연하게 설명을 하였다.

상황분석

제안금액 :

심사위원 D씨가 알고 있는 경험과 지식은 이렇다. 능력이 뛰어난 영업대표들은 발주자에게서 과제가 발주되면 예상가격을 알아내어 이에 맞춰 제안의 내용을 조절한다고 한다.

큰 규모의 SI프로젝트들은 대부분의 발주자들이 독자적으로 제안요청서를 작성할 수가 없다. 따라서 전부 또는 일부를 전문가들에게 요청하여 제안요청서를 작성하고, 담당자는 이를 수정/보완한다.

발주기관의 담당자는 제안요청에 대한 결제를 득하는 과정에서 예산을 확보하게 되는데 이 금액이 예정가격(예가)이 되는 것으로 대부분 공공기관의 예정가격 산정은 기능점수에 의하여 가격이 산정되게 된다.

기능점수 산정의 중요한 요소는 개발될 목표시스템을 구성하는 기능과 데이터베이스가 되므로, 이들에 대한 대략적인 내용이 파악되면 기능점수는 자연스레 산출되게 된다.

제안된 인력의 경험 :

목표 시스템의 기능과 데이터베이스가 파악되면, 이러한 기능과 데이터베이스를 구축하는 데 필요한 기술과 경험을 가진 인력이 얼마나 필요한가를 약식으로 계산할 수가 있다. 그런데 현실은 이렇게 제안요청에 부합하는 양질의 인력이 부족한 것이 사실이고 또한 양질의 인력이 있다고 하더라도 과연 제안서에서 약속한대로 100% 적시에 투입이 가능하고 또 프로젝트 기간 내내 100% 투입하여 열심히 일을 해줄 것인가이다. 특히 이점에서는 투입된 인력이 제안사에 소속된 안정된 인력이라는 것인가가 핵심사항이 된다.

실제로 확인하기 전에는 알 수가 없기 때문에 대부분 기술자 등급을 따져 투입된 인력이 양질인가를 확인하고, 중요한 역할을 담당하는 인력일 경우에는 실적과 학력 및 리더십 등을 검토하게 된다.

제안사의 실적 :

제안요청 과제와 유사한 프로젝트를 수행했느냐 그렇지 않느냐 하는 차이는 매우 크다.

유사한 프로젝트를 수행한 실적을 가지지 않은 제안사는 원천적으로 프로젝트를 수행하는 데 많은 애로사항을 가질 수밖에 없다. 따라서 심사위원들은 유사한 실적이 거의 없는 제안사들에 대하여 좋은 평가를 내릴 수가 없다.

다른 방법, 이를 테면 투입인력을 많이 가지고 가거나, 유지보수 인원이 많이 남거나 장비들을 값싸게 공급함으로써 이러한 단점을 만회하려는 방법으로 가야 하는데 심사위원들은 이러한 관계를 면밀하게 체크하게 된다.

역발상 제언

영업대표의 자신감 :

SI 프로젝트는 금액 규모에 따라 영업기간이 정해진다고 한다. 대략 10억이 넘어가면 1년 이상의 영업기간이 필요하고, 5억 전후는 6개월 정도 영업 기간이 소요된다고 한다.

발주기관의 담당자 입장에서는 전혀 모르는 회사에 자신의 책임이 걸린 프로젝트를 맡기는 일을 결코 하지 않을 것이다.

영업대표는 담당자를 만나서 담당자의 의도를 파악하고, 프로젝트를 수행할 인원도 미리 소개시키는 등의 활동을 통해 프로젝트 준비를 하게 된다. 어떤 경우에는 제안요청서를 대신 작성해주기도 한다.

생각해 보시라. 어떤 담당자가 자기도 모르는 신뢰할 수 없는 회사에 프로젝트를 맡기겠는가?

프로젝트를 수주하려는 회사는 프로젝트 기간에만 힘을 쏟는 것이 대부분이나 담당자는 회사에 있는 한 무한 책임을 지게 되는 것이니 자신이 믿고 신뢰할 수 있는 회사에 프로젝트를 주려고 할 것이다. 따라서 제안업체에 대하여 사전 경험을 가지지 않은 경우에는 실적이라든가, 현실감 있게 제안서를 작성해준 회사에 담당자나 심사위원들은 큰 신뢰감을 가지게 된다.

영업대표는 모든 일이 잘 될 것이라는 착각 속에서 이 프로젝트를 수주할 수밖에 없는 자기 환각에 빠져 제안서를 작성하는 작성자들에게 잘못된 동기부여(?)를 하는데 이 점은 각별한 주의가 요구된다.

대부분의 정부기관이나 공공기관에서 프로젝트 발주를 할 경우에는 사전 교감이 있는 업체를 대상으로 제안요청을 하는데 그렇지 못한 회사가 제안을 하는 것은 특별한 경우 이외에는 기대를 하지 않는 것이 좋다.

제안요청을 하는 발주사가 특별하게 생각하는 회사가 없는 경우이거나, 제안금액 측면에서 예상 수주회사를 앞서는 경우에는 원가예측에 의해서 현실성 있게 제안서를 작성한 회사가 수주할 확률이 높아지며, 이때 역발상의 효력이 나타난다.

제안서를 작성할 것인가 판단 :

제안 요청된 업무 및 기술 분야에 대해서 실적이나 인원 등이 경험이 있다고 판단될 때에는 프로젝트 수주 후에도 수익측면에서 긍정적인 효과가 기대될 수 있다.

이때에는 적극적으로 제안서를 작성할 필요가 있다.

이와는 반대로 실적이나 인원의 경험 측면에서 많은 경험이 없을 때에는 프로젝트 수주 후에는 손해가 예상된다면 제안을 포기할 수 있다.

원가산정에 의해서 이러한 판단이 나올 수가 있게 된다.

프로젝트 수주후의 마음으로 :

프로젝트를 수주하게 되면 프로젝트 관리자는 실행원가를 편성하여 프로젝트를 수행하게 된다.

프로젝트 실행원가에 가장 큰 영향을 미치는 것은 고객의 추가요청과 예상치 못한 위험에 대한 해결비용이다.

정해진 기한 내에 답을 내고 프로젝트를 종료하기 위해서는 예상치 못한 위험을 제거하기 위한 비용을 많이 지출해야 한다. 특히, 프로젝트가 컨소시엄들의 협업작업에 크게 의존하는 경우에는 컨소시엄간의 업무간 연계된 내용에서 누가 책임을 가지게 되는 것인지가 불명확하여 컨소시엄간 불협화음이 발생하여 프로젝트 전체의 위험으로 되는 경우가 많다.

시스템간 연계가 필요하거나 새로운 시스템을 설치하거나, 예전 시스템들을 업그레이드하는 경우에는 특히 그렇다.

많은 장비나 설비가 필요하게 되고 그것들 간의 상호 연계가 필요한 경우에는 반드시 문제가 발생하는데, 이러한 문제를 해결하기 위해서는 기간도 기간이지만 비용이 필요한 경우가 많이 발생한다.

프로젝트 원가예측이 매우 중요한 이유는 이러한 이유가 가장 크다.

비록 프로젝트를 수주하지는 않았지만, 프로젝트를 수주했다는 마음으로 원가예측을 해야 할 필요성이 있는데, 원가계산의 결과로 수익이 예상되지 않아 도저히 프로젝트 수행이 불가능할 경우에는 절대로 제안을 하지 않아야 한다. 제안사도 불행해지고 특히 제안요청을 한 발주사의 담당자에게는 치명적인 불행을 안겨주는 것이 된다.

예상 개발원가 산정 :

대부분의 정부기관이나 공공기관에서는 프로젝트 제안을 위한 사업계획서를 제작할 때 사업비 계상방법으로서 기능점수 방법을 사용하여 예상 원가를 산정한다.

SI사업은 하드웨어시스템 도입과 운영체제나 DBMS와 같은 시스템 소프트웨어 도입, 응용프로그램 개발 등의 일들이 종합적으로 발생한다.

하드웨어시스템과 시스템 소프트웨어 등은 목록을 제안요청서에 기록하거나, 제안요청 시에 견적을 따로 요청하기도 한다. 중요한 것은 응용 프로그램 개발에 들어가는 개발인력의 소요(투입Man/Month)를 예측하는 일이다.

SI개발과 함께 ISP(Information Strategic Planning)/BPR(Business Process Re-engineering)과 같은 컨설팅이 필요한 경우가 생기는데, 컨설팅에 필요한 인력은 단순한 응용프로그램 개발 인력보다는 고급 기술과 자격 및 경험을 요구하므로 단가가 높아 또 다른 원가산정이 필요하다.

예상 개발 원가를 기능점수 계산법으로 산정하기 위해서 우선적으로 필요한 것이 업무범위와

표 I-5 '원가산정' 역발상 제언 Point

No.	제언 Point	상세 내용
1	심사위원들의 예측은 빗나가지 않고 제안의 문제점을 지적한다.	• 프로젝트의 배경과 문제점 업무범위를 잘 알고 제안서를 작성해야 한다. • 프로젝트 발주 배경에 지식이 없더라도 최대한 제안 요청사항을 이해하여 제안서를 멋있게 작성한다. • 실무능력 배양 필요성 - 원가산정(예정원가 도출) 방법 - 프로젝트 범위예측 기법 - 프로젝트 위험요소예측 기법 - 프로젝트 기간산정 기법 - 수행방법론 정제 기법 - 투입인력 등급 및 규모 산정 기법 - 투입인력 등급 산정 기법
2	제안발표 태도에서 심사위원들은 제대로 된 제안이 아님을 평가한다.	• 원가산정에 의해 작성된 자료들을 제안발표 시 활용한다. • 실무능력 배양 필요성 - 질의응답 기법 - 마인드 컨트롤 기법
3	심사위원들은 심사장에서 고객과 생사를 같이한다.	• 원가산정에 의해 작성된 자료들을 프로젝트 수주 후 실제로 진행되는 프로젝트에서 활용한다. • 실무능력 배양 필요성 - 사업계획서 작성기법 - 실행원가 작성기법

업무량이다.

컨설팅 업무라면 업무 프로세스를 분석하는 것 이외에 법제도 측면을 분석한다거나 현행 정보기술 등을 분석하고, 선진사례를 벤치마킹 하는 일이 필수적으로 수행돼야 하는 일이므로 제안사의 업무와 기술 및 경영환경에 대한 사전 분석이 매우 중요하다. 아무래도 사전 경험과 실적을 가지고 있는 회사나 인원이 존재한다면 수주에 유리해지지만, 이러한 실적이나 인원이 부족한 상황을 가정하는 것이기에 역발상적인 접근이 매우 중요해진다.

역발상 도움 정보 :

표 I－5는 '원가산정' 의 역발상 제언에 도움을 주는 정보들이다.

기능점수 산정 예

표 I－6은 고객사가 제안요청을 하기 위한 사업 예산을 산정할 때 가장 많이 이용하는 기능점수 산정 예이다.

표 I－6 기능점수 산정 예

<table>
<tr><th>항목</th><th>내용 산출과정</th></tr>
<tr><td>1. 개발원가 산정내역</td><td>1. 개발원가 = 단계별 기능점수당 단가 × 기능점수 × 보정계수
※ 언어보정계수는 구현, 시험 단계에만 적용
<table>
<tr><td>ILF/EIF</td><td>기능명</td><td>RET</td><td>DET</td><td>UFP</td><td></td></tr>
<tr><td>ILF</td><td>공지사항</td><td>1</td><td></td><td></td><td>7.5</td></tr>
<tr><td>…….</td><td>…….</td><td></td><td></td><td></td><td></td></tr>
<tr><td>EIF</td><td>통합지식관리</td><td>1</td><td></td><td></td><td>5.3</td></tr>
<tr><td rowspan="3">계</td><td>ILF</td><td>19</td><td></td><td>142.5</td><td></td></tr>
<tr><td>EIF</td><td>6</td><td></td><td>31.8</td><td></td></tr>
<tr><td>총계</td><td>21</td><td></td><td>174.3</td><td></td></tr>
</table>
ILF : Internal Logical File (내부 로직 파일)
EIF : External Interface File (외부 로직 파일)
RET : Record Element Type (레코드 요소 유형)
DET : Data Element Type (데이터 요소 유형)
UFP : Unadjusted Functional Point (조정전 기능점수)</td></tr>
</table>

2. 기능점수 및 보정계수

1. 기능점수 = 데이터 기능점수 + 트랜잭션 기능점수 = 1028
   - 데이터 기능점수 = 174.3
   - 트랜잭션 기능점수 = 853.0
2. 보정계수
   - 규모보정계수 = 0.108 * log e(기능점수) + 0.2229 = 0.97192002
   - 애플리케이션유형 보정계수 = 업무처리용 = 1
   - 언어 보정계수 = 1
     ※ 보정계수가 1.2인 언어와(C, C++, JAVA, UNIX Shell Scripts 등) 보정계수가 0.8 인 언어(HTML, SQL, XML default, JSP, ASP, PHP 등)가 함께 사용될 것을 감안하여 평균치인 1을 적용함
- 품질 및 특성 보정계수 = 0.025 * 총 영향도 + 1 = 1.05

3. 기능점수 산정내역

1. 데이터 기능점수

ILF/EIF	기능명	RET	DET	UFP	
ILF	공지사항	1			7.5
…….	…….				
EIF	통합지식관리	1			5.3
계	ILF	19		142.5	
	EIF	6		31.8	
	총계	21		174.3	

2. 트랜잭션 기능점수

Level 1	Level 2	Level 3	Level 4	유형	Type	복잡도	UFP	Description
	검색기능	검색인덱스	인덱스작성	Batch	EI	Low	3	3.9
			인덱스정보조회	Online	EQ	Low	3	3.8
		정보분류 서비스	정보분류작성	Online	EI	Low	3	3.9
	…….	…….	…….	…….	…….	…….	…….	…….
	개인화	개인화기능	개인화 설정	Online	EI	Low	3	3.9
			개인화 수정	Online	EI	Low	3	3.9
			개인화 삭제	Online	EI	Low	3	3.9
계			EI	?	137	?	534	?
			EQ	?	13	?	65	?
			EQ	?	67	?	255	?
			합계	?	217	?	854	?

EI : External Input (외부 입력)
EO : External Output (외부 출력)
EQ : External Query (외부 조회)

4. 기능점수 검증

구 분	개체수	UFP	점유율	평균 복잡도	ILF기준 개체수	ISBSG	ISBSG 개채수	고시점유율평균복잡도
내부파일	19	143	13.9%	7.5	1	22.0%	1	7.5
외부인터페이스파일	6	32	3.10%	5.3	0.32	5.0%	0.3	5.3
입력: 추가수정, 삭제(EI)	137	534	52.0%	3.9	7.21	34.0%	3	3.9
조회(EQ)	67	255	24.8%	3.8	3.53	17.0%	1.4	3.8
총계		1028						
출력(EO)	13	65	6.30%	5	0.68	23.0%	1.6	5

ISBSG : International Software Benchmarking Standards Group, 복잡도 표시

5. 질의응답 문항 작성

상황1

제안사의 발표를 모두 들은 심사위원장 A씨는 난데없이 "발표를 20분씩이나 들었는데, 도대체 무슨 말을 했는지를 나는 모르겠습니다. 무엇을 하겠다는 것인지, 어떤 것을 하겠다는 것인지 정말 모르겠습니다. 무얼 하겠다는 건지 한마디로 요약해서 말씀해 주실 수 있겠습니까?"

20여 분 동안 땀을 뻘뻘 흘리고 발표를 한 제안 PM은 심사위원장의 한 마디에 그만 주눅이 들고 말았다. 열심히 설명을 했는데 도대체 모르겠다니.

이어지는 심사위원 B씨의 질문 "고객사가 원하는 것은 모두 해준다고 하는 것 같은데, 거꾸로 뒤집으면 아무것도 안 해준다는 얘기가 되는 것 아닙니까? 왜냐하면 모두 다 해 주려고 하다가 해주지 못하고 결국 실패할 테니까, 결국은 못해준다는 것을 선포하는 것이나 다름없지 않습니까?"

실제로 고약한 질문을 하기로 소문난 심사위원이 질문한 것을 그대로 옮긴 것이다.

이러한 심사위원은 틀림없이 존재한다. 이러한 형편없는(?) 질문이 있게 되면 심사위원들의 분위기는 짓궂은 심술쟁이들의 모임으로 돌변하게 되고 발표를 한 제안사는 좋은 평가를 받지 못한다.

상황2

제안발표가 끝나고 질의응답 시간이 되었다.

질의응답 시간임을 알리는 제안사의 발표자의 얼굴에 어두운 기색이 역력하고, 뒤에 앉은 기술지원 인원이 긴장된 얼굴로 심사위원들의 질문을 기다린다.

심사위원 C씨는 "발표하신 xxx한 내용에 대해서 내 생각은 xxx한데 왜 그러하다고 주장하는지 PM이 대답해 주시기 바랍니다." 제안발표를 한 PM이 땀을 뻘뻘 흘린 것은 당연하다. 심사위원 D씨는 "발표하신 xxx한 내용은 최근에 발표된 최신 기술인데 이러한 기술을 사용하여 프로젝트를 수행하신다고 하였습니다. 맞습니까 ? 이러한 기술을 사용한 경험이 있습니까?" "이러한 기술을 사용해보지도 않고 제안을 한다는 것은 어찌된 까닭입니까?"

심사위원 D씨는 얼마 전 최신 기술 세미나에서 엿들은 최신 기술에 대해 한 마디 했지만, 기실은 그도 잘 몰랐다. 왜냐하면 이러한 기술을 알고 있는 전문가가 제안 시점에 극소수였기 때문이다.

상황3

항상중간만해 회사는 심사위원 9명 중 4명의 우호세력을 가지고 있다고 평가했다.

3명은 반대세력이고 2명은 중간입장인 세력으로 분류할 수가 있는데, 이번 심사에서 이 3명의 반대세력에 있는 심사위원들을 잠잠하게 해놓는 것이 목표였다.

이번에야말로 함께 경쟁하는 성공만해 회사를 누를 수 있는 절호의 기회라고 판단했다.

발표가 끝나기 무섭게 반대세력 중의 한 명인 심사위원 E씨가 질문했다. "내가 알기로는 제안사가 제안한 OOO 기술은 제안사가 실적으로 많이 가지고 있지 않은 기술이며, 본 프로젝트와 관련이 많이 없는 기술인데 잘못 제안하는 기술이 아닙니까?"

항상중간만해 회사의 제안발표 PM왈 "아닙니다. 실적은 많이 없지만 본 프로젝트에서 성공시킬 수 있는 자신이 있습니다."

반대세력인 심사위원 F씨가 곧이어 질문했다. "자신만 가지고 성공할 수 있다고 대부분의 업체들이 말하곤 하는데, 성공하는 것을 거의 본 적이 없습니다. 성공할 수 있다고 생각하는 근거를 말씀해 주시기 바랍니다."

항상중간만해 회사 제안발표 PM은 당황하였다.

뒤 좌석에 앉아 지원을 약속한 인원들의 얼굴을 쳐다볼 뿐 머릿속은 안타까움뿐이었고, 현기증만 일었다.

이를 보고 있던 우호세력 심사위원 B씨가 한 마디 했다. "제안사가 제안한 기술은 최신 기술이라고 할 수 없고, 지금은 일반화된 기술이라고 볼 수 있습니다."

다른 반대세력 심사위원 F씨가 다시 제안발표 PM을 향해 답변을 요청했다. “일반화된 기술이라고 볼 수 있는 이유를 PM께서 설명해 주시죠.”

항상중간만해 회사와 컨소시엄을 이루어서 참여하는 일단붙어봐 회사의 기술이사가 일어나 답변했다. “심사위원께서 질문하신 기술은 xxx해서 최신 기술이라기 보다는 일반 기술의 범주 안에 넣을 수 있습니다.” 중략

우호세력 심사위원 B씨의 얼굴이 벌게졌다.

답변이 자기가 생각하고 있는 내용과 다르므로 자신이 재대응을 하기에는 분위기가 여간 서먹서먹하지 않았기 때문이다.

그동안 질의응답 제한시간 10분이 다 지나가 버렸다.

상황분석

짜고 치는 고스톱 :

제안요청을 하는 발주사의 심사위원 섭외 과정을 알아두는 것이 우선적으로 중요한데, 프로젝트를 수주하는 데 있어서 가장 중요한 키를 가지고 있는 심사위원들의 성향과 자사에 우호 · 비우호 세력임을 판단할 수 있기 때문이다.

대부분의 대기업 SI사들은 심사위원으로 활동을 많이 하는 유관기관 팀장이나 교수, 사업자들을 평소에 전문위원으로 섭외하여 자사에 유리한 평가를 하게 한다.

발주를 하는 행정기관이나 공공기관 자체적으로도 심사위원들에 대한 인맥관리를 하는 경우가 많은데 이러한 평가위원들과 평소에 많은 교분을 쌓아 두는 것이 필요하다.

당연히 심사위원들은 자신과 연관성이 있는 제안사에 유리한 판정을 하는 경우가 대부분이다. 드러내놓고 할 수가 없으므로 질의응답 시간에 상당히 황당한 엉터리 질문을 많이 하여 분위기를 자신들에게 유리한 방향으로 이끄는데, 이러한 상황에 대해 사전준비를 철저히 해야 한다.

심사위원들의 평가에 가장 큰 영향을 미치는 요소는 아무래도 발주사의 담당자 의도가 어떠한 것인지가 가장 큰 요소이다.

담당자가 확실한 암시를 주지 않는 경우에는 발주사 소속의 목소리가 큰 심사위원의 의도가 큰 영향을 미친다.

그 다음이 아무래도 없다고만 할 수도 없는 특정 제안사에 우호적이거나 언질을 받은 심사위원들인데 짧은 시간에 많은 것을 평가할 수 없는 심사위원들의 입장에서는 당연하다고 보여진다.

심사위원들의 성향분석 :

심사위원들은 소정의 심사비를 받고 심사장에 온다. 반드시 한 마디 정도는 질문을 하도록 되어 있다.

심사위원이 심사장에 와서 질문 한 마디 없이 간다는 것은 있을 수 없다.

가장 크게 염두에 두어야 할 심사위원 스타일은 질문 같지도 않은 엉터리 질문을 빈정거리듯 조롱 섞인 말로 질문을 하는 것이다.

응답을 해야 하는 제안 사 입장에서 가장 황당한 것은 말도 안 되는 엉터리 지식으로 제안사를 틀렸다고 몰아붙이는 심사위원에 대한 답변이다. 대부분 얼굴이 빨게져서 답변을 하는데 술수에 말려드는 것이다.

칭찬을 해주며 자신의 질문에 긍정적인 답변을 유도하다가 그 답변에 대해 잘못되었다고 반전을 꾀하는 스타일을 가진 심사위원에 대한 답변이다. "말씀하신 내용은 OOO하다고 생각하고 있다고 여겨진다. 맞느냐? 이 부분 내용도 이렇게 얘기하고 있고 저렇게 설명하셨으므로 이것은 이렇게 볼 수도 있다. 맞느냐? 그런데 이것은 이렇지가 않은 것 아니냐? 어떻게 생각하느냐?"

심사위원들의 질문이 귓속으로 잘 들어오지도 않는데 웃으며 우호적으로 자문자답하는 심사위원의 질문에 끄덕끄덕하며 듣다가 갑자기 잘못된 것이라고 반박을 할 때 인간이라면 누구든지 당황하여 그만 혼비백산하고 만다.

제안서를 작성한 제안사의 팀원들보다 심사위원들은 내용을 잘 모르는 경우가 일반적이다. 그런데 자신이 아는 기술이나 업무가 나오면 반드시 질문이라기 보다는 일장 연설을 하는 심사위원도 있다. 대부분 우호세력이거나 한 마디 할 때를 기다렸다가 어떤 의도도 없이 그냥 시간만 허비하는 스타일이다.

제안 내용의 확실한 이해 :

어떤 심사위원이 어떠한 질문을 한다고 해도 제안의 내용을 십분 이해하고 있다고 한다면 충분한 답변이 이루어질 수 있다. 그런데 이러한 종합지식을 가진 인원이 제안사에 있다고 할 수는 없고, 있더라도 팔방미인 같은 지식의 소유자일 것이므로 부분적인 참여만 가능하다. 따라서 100% 수주라는 것은 수의계약말고는 거의 존재하지 않는다.

대기업 SI사에 근무하는 영업대표의 말에 따르면 수주확률적으로 80% 이상이라고 할지라도 수주하는 경우는 반반이라고 하니 확실하게 수주할 가능성은 거의 없는 것이다.

제안심사의 목적인 발주사의 의도를 잘 파악하여 만족스러운 결과를 제공할 수 있는 회사를 선택하는 것이 목적인지라, 당연히 업무를 잘 알고 예견된 위험을 파악하여 이에 대한 대비책을 가지고 있는 회사가 제안발표회에서 가장 좋은 평가를 받는 것은 당연하다고 할 수 있다.

역발상 제언

제안서 작성시간보다 질의응답 시간을 충분히 가지기 :

제안서를 작성하는 과정에 있어서 질의응답을 미리 작성해보고 제안서를 만들고, 질의응답을 추가해 가면서 제안서를 작성하는 식의 전략적인 제안서 작성법과 시간의 분배를 하는 것이 현명한 방법이라는 것을 역발상적으로 생각해 보기로 한다.

어차피 아무리 제안서를 잘 썼다고 해도 그것을 심사위원이 좋게 평가해 주지 않는다거나, 심사 시에 좋은 평가를 받지 못한다면 아무 쓸모도 없는 것이다.

제안서의 내용이 예상되는 질의응답에 초점이 맞춰져서 제작된다면 상당히 효과적인 제안서가 될 수 있다. 또한 예상 질의응답을 많이 작성하지 못하는 것은 역으로 업무나 기술요소와 같은 제안요청 내용을 완전하게 이해하지 못했기 때문이므로 고생해서 제안서를 쓰고 보람도 없이 제안에서 떨어지는 것보다 아예 작성을 안 하는 것이 더 나을 것이라고 생각한다.

대부분 제안서를 작성하고 제안요약서를 작성하며, 제안발표자료를 만들어 놓고 그 이후에 예상 질의응답을 생각해 보는데, 대부분 제안서 제출시간에 쫓겨 가장 중요한 심사위원들의 질문에 대한 준비를 못하고 제안발표장에 들어가는 경우가 많이 있다. 100전 100패가 될 수밖에 없는 것이다.

심사위원들의 예상 질문에 대한 역할분장 강조하기 :

제안발표 PM이 심사위원들의 질문에 대해 박학다식하게 답변을 하는 것이 가장 이상적이다. 그런데 사업비 규모가 큰 SI 프로젝트는 제안발표 PM이 모든 지식을 가지고 있을 수는 없다. 따라서 제안하는 기술별로 역할 분담을 하여 질문에 대한 답변을 하게 되는데, 이때에 심사위원들에게 주는 인상은 '미리 준비되어 있다' 는 인상을 주는 것이 중요하다.

이렇게 하기 위해서는 제안발표 PM이 질문에 대하여 어느 정도는 답변을 해놓고 부연설명을 미리 역할 분담한 인원에게 눈짓을 하여 답변을 하게 해야 한다.

그런데 이때 중요한 것이 사전에 조율한 시나리오에 의해서 답변을 해야만 미리 준비했다는 인상을 심사위원들에게 주게 된다.

영업적으로 100% 수주를 확신하고 있었는데 탈락한 경우가 가끔 발생하는 이유는 준비를 철저히 했느냐 그렇지 않느냐고 한다.

불성실한 자세와 태도로 회사의 규모와 실적만을 믿고 발표에 임하는 경우와 실적과 회사규모는 조금 떨어지지만 열심히 하려는 자세를 보인 회사와의 차이는 심사위원들에게 주는 영향이 클 수밖에 없다.

프로젝트 실행 PM이 90%는 당락을 좌우한다 :

대기업 SI 프로젝트는 제안서를 작성할 때의 PM과 실제로 프로젝트를 수행하는 PM이 다를 경우가 발생한다.

제안발표만 하는 PM의 경우에는 특별한 사항이 없는 한 실행 PM이 발표할 때보다 마이너스 요인을 안고 있다고 봐야 한다.

실행 PM은 제안서를 작성하는 작업을 다른 인원에게 맡기고 자신은 철저하게 질의응답 준비와 질의응답에 맞춘 제안서 작성이 이루어지도록 해야 할 필요가 있다.

제안서 작성 초부터 질의응답 준비를 하고 질의응답을 변경하거나 추가해가면서 발표준비를 한다면 오히려 수주를 할 확률이 매우 높아진다. 즉, 심사위원들에게 미리부터 초점을 맞춰 최후의 10분 동안을 위하여 약 2~3주의 시간을 준비하는 것이다. 제안서의 내용이 약간은 부족하더라도 제안발표를 하는 실행 PM이 자신만만하게 질문에 답변하고 발표도 잘하는 것이 검토할 시간도 없는 제안서를 잘 작성하는 것보다 지혜로운 일이 될 것이다.

역발상 도움 정보 :

다음 표는 '질의응답 문항 작성' 의 역발상 제언에 도움을 주는 정보들이다.

표 I-7 '질의응답 문항 작성' 역발상 제언 Point

No.	제언 Point	상세 내용
1	곤혹스럽게 질문하는 심사위원이 반드시 있다.	• 조롱조 질문에 지혜롭게 답변한다. • 어떤 질문이라도 긍정적인 답변을 할 수 있게 준비한다. • 실무능력 배양 필요성 - 곤혹스러운 예상 질문 작성하기 - 예상 질문에 대한 답변 작성하기
2	비우호적인 심사위원이 반드시 존재한다.	• 어떤 질문이라도 긍정적인 답변을 할 수 있게 준비한다. • 실무능력 배양 필요성 - 비우호적인 예상 질문 작성하기 - 예상 질문에 대한 답변 작성하기
3	우호적인 심사위원이 존재할 수 있다.	• 질문을 활용하여 분위기를 유리하게 만든다. • 실무능력 배양 필요성 - 우호적인 예상 질문 작성하기 - 예상 질문에 대한 답변 작성하기

질의응답 문항 요약

다음은 질의응답 시간에 심사위원에게서 나올 수 있는 질문항목과 질문사항이다.

이것을 기초로 실제적인 예상 질문사항들을 만들고, 질문사항들에 대한 답변을 만들어 제안서에 포함이 되도록 하고, 제안발표에 미리부터 대비해야 한다.

표 I-8 질의응답 문항 요약

No.	질문항목	질문사항
1	공동수급업체 (컨소시엄)	• 공동수급업체들간의 업무분장범위, 역할 • 조직체계 및 조직원 역할분담 등을 구체적으로 명시 • 사업수행조직은 수행과제별 투입인력의 배치계획을 포함하여 명확한 업무분장이 구분되도록 구성 및 운영방안을 제시 • 직접적인 사업수행조직과 구분하여 의견수렴 및 결과자문을 위한 분야별 전문가 집단의 구성 및 운영방안을 제시 • 제안사는 4장의 추진체계, 제안사의 사업수행조직 및 전문가 집단 등 본 사업과 관련된 다양한 조직간 연계방안을 구체적으로 제시
2	수행조직체계	• 본 사업을 위한 제안업체의 지원을 포함한 추진조직도 • 프로젝트 조직은 정보시스템 담당자와 사용자그룹의 적극적인 참여를 유도할 수 있는 체제로 구성되어야 함
3	투입인력	• 구체적인 인력투입규모, 주요 인력에 대한 인적사항 및 구체적인 활용방안 • 컨소시엄으로 구성한 경우에는 공동수급표준협정서 제8조에 명시한 공동수급업체별 참여비율을 명시 • 수행업무분야별 투입인력방안 • 참여기술자 등급별 투입 총괄 • 핵심 참여기술자 이력(자격, 경력, 실적) • 투입인력은 공동수급업체를 포함하여 실제 사업에 참여하는 전체인력을 소속회사별 분포를 포함하여 제시 • 기간별, 수행과제별로 구분하여 참여인원의 등급이 구분되도록 투입계획(투입 MM)을 제시 • 기간별, 수행과제별로 구분하여 참여인원의 전문분야가 구분되도록 투입계획(투입 MM)을 제시 • 소속회사별로 구분하여 투입인력의 기술 등급별, 경험연수 별, 학력별, 상주여부별 분포를 제시
4	일정계획	• 수행 절차에 따른 전체 추진일정과 세부 추진일정을 수행과제별로 구분되도록 제시 • 착수보고회, 중간보고회, 최종보고회 등 업무보고 관련 사항이 추진일정에 포함되도록 제시 • 워크숍, 공청회 등 공감대 형성 및 홍보 활동 관련 사항이 추진일정에 포함되

		도록 구성 • 사업단계별로 구분하여 본 사업의 효율적인 추진을 위한 사업 수행 절차 및 일정을 제시 • 프로젝트 수행계획을 세부적인 작업내용별로 구분하여 상세히 작성
5	사업관리방안	• 사업일정관리는 업무진척에 대한 보고방법과 절차 등을 포함하여 제시 • 의사소통체계는 공감대 형성을 위한 행사개최 계획(종류, 횟수, 대상)을 포함하여 제시하고, 행사 및 보고 등을 통하여 도출된 문제점 해결방법을 포함하여 제시 • 프로젝트관리 환경의 제공유무
6	산출물계획	• 문서화는 사업관리에 수반되는 제출 문서의 종류를 제시하고, 문서 종류별로 구성내용, 작성 및 제출 방법, 관리방법 등을 포함하여 제시 • 공정별 중간산출물 및 최종산출물의 종류, 사양 및 납기를 제시 • 개발 산출물은 웹 서버로 저장 관리될 수 있는 방안을 제시
7	위험요소관리방안	• 사업 추진 여건 변화, 인력변경 등 사업 수행 과정에서 발생할 수 있는 위험요인에 대한 관리방안을 제시
8	품질보증계획 및 활동	• 사업결과의 품질목표 달성을 위하여 품질보증활동과 관련된 조직체계와 역할, 절차 및 절차별 품질보증활동내역 등을 제시 • 프로젝트 전 공정에 대한 품질을 보증하기 위하여 품질보증활동을 단계별로 구체적으로 제시 • 세부적인 품질보증활동 계획서를 작성하여 제시품질, 보증활동 수행조직 및 추진체계, 수행절차 포함, 형상관리, 통제 등과 관련한 개발팀과의 수행방안 • 품질보증 요원은 기술자격자 또는 소프트웨어 개발 및 품질보증 경험이 있는 요원으로 구성 • 필요시에는 한국통신이 제3자를 지정하여 품질보증활동을 수행할 수 있음
9	보안유지방안	• 본 사업의 수행과 관련해 획득하게 되는 모든 정보에 대해 저작권 보호를 포함하는 보안 유지 방안을 제시 • 보안사고 발생 시 제안사의 책임범위를 명확하게 제시
10	교육훈련계획	• 본 사업에 필요한 기술 및 능력 함양을 위하여 본 사업기간 중 제안사가 실시할 교육훈련에 대한 방법, 목적 및 내용, 교육대상, 일정 등에 대한 계획을 제시 • 전문분야별 교육과정의 수립 및 운영으로 전문기술 이전방향과 연계 추진 • 시스템 구축일정에 따른 단계적 교육 방안을 제시 • 프로젝트 진행과정에서 참여직원의 공감대 형성, 사전 준비 및 작업수행 등에 참조할 수 있도록 개념소개, 방법론 등에 대한 사전 교육 방안을 제시
11	기술이전계획	• 본 사업과 관련 제안사가 주관기관에게 이전할 기술에 대한 목록과 이전 절차 및 방법 등에 대한 계획을 제시
12	사업종료 후 협조 및 지원계획	• 본 사업 완료 후, 본 사업과 관련하여 협조사항, 사후관리 등 제안사가 주관기관에게 협조 또는 지원할 수 있는 사항의 유 · 무상을 구분하여 제시 • 특히, 정부계획 수립 등 본 사업의 결과에 따른 후속사업과 관련하여 발생하는 요청 상황에 대하여 제안사의 지원범위, 지원절차, 지원체계, 지원방법 등을 유 · 무상을 구분하여 구체적으로 제시

13	기타 사항	• 효율적인 사업 수행을 위하여 제안사가 주관기관에 대해 협조 요청이 필요한 사항 등을 기술
14	수행 방법론	• 방법론 및 자동화 도구를 제시하는 경우는 사유를 명시하고 장단점을 비교, 분석 제시
15	제안서 작성지침	• 각 부문에서 요구하는 내용을 구체적이고 상세하게 기술하여야 하며, "공급될 수 있다", "사용 가능하다", "할 수 있다" 또는 "고려하고 있다" 등과 같은 모호한 표현은 평가 시 불가능한 것으로 처리합니다. 또한 제안서 작성 요령 이외에 추가할 사항 발생 시 기본 목차의 변경 없이 작성하여야 함 • 제안요청서 항목과 제안항목간 비교표를 작성하여 알기 쉽게 하여야 함

6. 제안요청서의 요구사항 수용표

상황

심사위원 A씨가 열심히하려고해 회사의 제안서를 살펴보니까 조견표와 더불어 '제안요청서 요구사항 수용표' 라는 표가 있었다.

그래서 살펴보니까 발주사의 제안요청 내용에 대하여 실현가능성 여부와 문제점 및 전제사항과 함께 수용여부가 작성되어 있었다.

다른 제안사들과는 달리 발주자의 제안요청에 대해서 검토를 많이 하고 실제로 프로젝트를 수행할 때 어떤 문제가 발생할 것인지를 고민한 흔적이 역력했다.

당연히 다른 제안사들에 비하여 관심을 가지고 제안발표를 지켜보리라고 생각하였다.

심사위원 B씨는 지금까지 심사 경험과는 전혀 다른 '제안요청서 요구사항 수용표' 라는 것에 대하여 요구하지도 않은 자료를 작성하여 제출한 것에 대해 제안사인 열심히하려고해 회사에 문제제기를 할 생각이었다.

그런데 가만히 생각해보면 조견표라는 것도 작성할 것을 요구한 것도 아닌데 제안사들에서 만들어서 제안 자료에 포함시킨 것으로써 심사위원들을 위한 배려라고 생각되고 또한 관습적으로 묵인되고 있었기 때문에 이의를 제기할 수가 없었다. 오히려 제안서들의 전체 내용을 이해하는 데 도움을 받는 가치 있는 자료라고 생각했다.

상황분석

제안요청서 요구사항 수용표의 존재 :

제안요청서의 제안된 내용을 제안사가 요약정리하고 그에 대하여 제안사가 이해한 내용, 실현가능성, 제약조건, 제안서에 표현된 부분에 대한 페이지나 목차번호에 대하여 요약한 표이다. 이 표를 읽어봄으로써 제안서 전체에 작성된 제안사의 제안내용과 의도를 모두 이해할 수 있게 하는 역할을 수행한다.

조견표와의 차이 :

조견표는 평가항목에 대하여 제안서의 해당 부분을 나타내는 것인 데 비하여, 제안요청서 요구사항 수용표는 요구사항에 대한 제안서의 해당부분과 실현가능성 및 실현범위를 나타내는 것이다.

심사위원들에게 좋은 인상 심어줌 :

심사위원들은 대부분 제안발표를 하는 제안사의 준비된 자세와 정성에 크게 좌우되어 제안평가를 한다.

해당 기술 분야에 정통하지 않는 한 제안서를 가지고 우위를 판단한다는 것은 쉽지가 않다. 따라서 늘 보게 되는 제안서, 요약서, 조견표 이외에 제안요청서의 내용을 심도 있게 분석했다는 느낌을 주는 안내표가 존재한다면 좋은 평가를 하게 될 것이다.

실제 프로젝트 수행 시 도움 :

프로젝트를 수주하여 프로젝트를 수행할 시에 요구사항추적표와 요구사항기술서를 작성하는 데 직접적으로 도움이 될 수 있다.

요구사항추적표는 목표시스템 구축을 위한 최초의 중요한 자료가 되는데, 이의 출발은 제안요청서에서부터 출발한다. 제안요청을 정확하게 이해하여 현실성 있는 제안을 한다면, 프로젝트의 성공과 직결될 수 있을 것이다.

역발상 제언

심사위원들의 마음을 편하게 함 :

다른 제안사에 비하여 심사위원들이 심사를 하기 편하게 구성이 되어있는 제안서에 대해서 심사위원은 상대방의 친절에 보답하고 싶은 심리상태가 되어 제안서 및 제안발표에 대하여 우수한 평가를 내리게 할 필요성이 존재한다.

제안요청서가 고객의 애로사항을 표시하고 고객의 희망사항을 적은 자료라면, 제안서를 작성하는 모든 초점이 제안서를 평가하는 심사위원에게 맞춰져서 심사하기 편한 상태와 구조로 이루어져야 할 필요가 있다.

심사위원들의 마음을 호기심으로 가득 차게 함 :

제안서는 열심히 작성하려고 하다가 막판에 시간에 쫓겨 엉성하게 작성된다는 것을 심사위원들은 그들의 경험으로 잘 알고 있다. 그런데 제안서도 작성이 잘 되었지만, 필요한 또 하나의 요청하지 않은, 기대하지 않은 문서가 내용이 알차게 잘 작성되어 있다면, 짧은 시간에 많은 것을 파악하여 평가를 해야 하는 심사위원들에게 좋은 인상과 감동을 주게 될 것이다.

제안요청 업무를 이해하고 있음을 나타냄 :

제안요청서에 기술된 고객의 요청사항들에 대하여 실현이 가능한지 여부를, 실현이 가능하다면 얼마만큼 가능한지에 대한 고객의 기대치를 미리 예측할 수 있게 해주므로, 다른 제안사에 비하여 강력한 경쟁우위를 가질 수 있게 한다.

제안서 전체에 걸친 작성체계를 나타냄 :

추진전략 등을 수립하기 전에 고객의 업무를 이해하고 문제점을 파악하며 그에 대한 개선방안과 방향을 선정하고, 목표 이미지를 예측할 수 있게 하는 수단이 될 수 있다.

역발상 도움 정보 :

다음 표는 '제안요청서의 요구사항 수용표' 의 역발상 제언에 도움을 주는 정보들이다.

표 I-9 **'제안요청서의 요구사항 수용표' 역발상 제언 Point**

No.	제언 Point	상세 내용
1	심사위원들로부터 호감을 얻지 못한다.	• 회사에 우호적이게 한다. • 실무능력 배양 필요성 - 제안요청서의 요구사항 수용표 작성하기 - 제안요청서의 요구사항 제약사항 분석하기

7. 수행일정 수립하기

상황

"이렇게 많은 업무를 이렇게 짧은 기간 내에 모두 완료할 수 있습니까?", "분석단계가 이렇게 짧은데 업무 분석이 제대로 되겠습니까?", "각 단계마다 산출물을 검토하고 보완하며 승인을 받는 기간도 고려가 되었습니까?", "자문위원회를 개최할 계획입니까? 그렇다면 그 시기는 언제가 됩니까?", "워크숍은 몇 번이나 갑니까? 왜 일정에 표시가 되어있지 않습니까?", "프로그램 개발에 따라 테스트가 행해질 텐데 왜 이렇게 테스트 기간이 짧습니까?"

심사위원들이 자주 던지는 질문이다. 특히, 프로젝트를 수행해 본 경험이 많은 심사위원들이 의문을 가질 수 있는 대표적인 부분이 수행일정 부분이다.

상황분석

일정은 프로젝트 수행 방법론과 연계되어 있음 :

프로젝트 수행일정을 수립하기 위해서는 프로젝트를 성공적으로 기한 내에 완료하기 위한 과정, 즉 수행 방법론과 직결되어 있음을 알 수 있다.

SI 프로젝트들이 대부분 시스템을 구축하는 일과 관련이 있으므로 시스템 구축방법론이 정해지고, 방법론을 구성하는 각 단계와 단계에서 수행되는 활동사항들 및 산출물의 내용과 규모에 따라 자연스럽게 기간이 산정되게 된다.

심사위원들은 이 점을 알고 있기 때문에 경험이 풍부한 심사위원이라면 제안서의 일정계획 부분을 살피게 되어 있다.

일정은 프로젝트 범위와 업무내용과 연계되어 있음 :

제안요청서에서 요청하는 업무내용을 분석하면 프로젝트 규모와 복잡도가 산정된다.

분석된 업무내용과 범위를 수행 방법론에 따라 분석, 설계, 구현, 테스트, 운영 등의 단계에 따라 상세하게 나열하게 되는데 각 단계의 기간은 업무의 규모와 복잡도에 따라 달라질 수 있다. 특히, 테스트 종류(단위 테스트, 통합(기능) 테스트, 시스템 테스트, 인수 테스트 등)와 기간 및 데이터베이스 변환이나 시스템의 전환이 필요할 경우 이의 일정 삽입 등은 심사위원들이 즐겨 질문하고 평가하는 단골 메뉴라고 할 수 있다.

일정은 투입인력계획과 연계되어 있음 :

업무규모와 범위, 복잡도가 산정되고 수행 방법론에 따라 상세한 활동사항과 산출물 계획이 산출되면, 해당 상세활동들을 수행할 인력계획이 수립된다.

업무의 복잡도에 따라 기술자 별로 등급이 나누어지고 투입하는 인력의 인원수도 달라질 수 있다. 투입인력을 산정하는 기준에 대하여 심사위원들이 자주 질문하는데 업무나 기간과 연계하여 분석된 결과가 도출된다면 충분히 답변을 할 수 있는 사안이 된다.

일정계획을 수립하는 작성자의 경험에 의하여 산정이 된다면 심사위원들의 표적이 될 수 있다.

일정계획과 그에 따른 프로젝트 수행 모의실험 :

SI 프로젝트는 시스템(하드웨어, 네트워크, 장비, DBMS, 설비 등)의 도입 및 설치 시운전, 운영의 측면과 응용 프로그램의 개발 및 시스템 적재, 운영의 두 가지 측면이 종합된 경우가 대부분이다.

두 가지 측면은 상호 연계되어 있어서 선행 및 후행 작업들로 선행 작업이 완료되지 않으면 후행 작업을 수행하거나 완료할 수 없는 경우가 많이 발생한다. 따라서 상호 밀접한 관계에서 모의실험을 수행할 필요가 많이 있다.

일정계획을 수립하는 담당자나 PM은 이러한 사항을 유의해야 하며, 심사위원들은 이러한 측면을 집요하게 질문한다.

시스템 보안 :

SI 프로젝트를 수행 시 가장 큰 위험으로 항상 따라다니는 것이 구축된 시스템의 보안 문제이다. 특히 여러 기관들이나 다른 정보시스템들과 연계되어야 할 경우에는 반드시 보안사항이 프로젝트를 지연시키는 요소로 강력하게 등장하곤 한다.

최신 기술에 대하여는 반드시 보안문제가 따라다니는데 심사위원이 놓칠 수가 없는 관심거리이며, 실제로 프로젝트를 수행하는 데 있어서 문제가 되는 사항이므로 철저한 대비가 필요하다.

제안서를 작성할 때에 보안전문가의 자문과 함께 보안위협에 대한 준비를 철저히 하는 것이 필요하다.

역발상

일정계획 수립도구의 이용 :

Excel, MS-Project 등 일정계획 수립도구를 이용하여 가상적인 프로젝트 일정계획을 수립하고 투입인력계획, 고객검토 및 워크숍, 자문위원 검토, 착수 및 중간과 최종보고서, 완료보고서를 작성하고 승인을 받는 기간 등 누락된 활동사항과 이에 관련된 일정의 누락이 없는지를 철저하게 검토한다.

종합적 일정계획의 제안서 삽입 :

대부분의 제안서에서 간단하게 일정계획을 수립하여 삽입하는데, 응용 소프트웨어, 하드웨어 등에 관련된 종합적 일정계획, 응용 소프트웨어 개발 일정계획, 하드웨어 도입 및 설치, 시운전, 운영에 관련된 일정계획, 일정별 인력투입계획, 등급별 투입인력계획, 산출물 관련 일정계획, 사후 유지보수 관련 일정계획 등 일정계획의 종류가 많을수록 프로젝트 준비가 잘 되어있다는 것을 심사위원들에게 나타내는 것이므로 하나의 전략이 된다.

일정계획을 다양하게 수립할 담당자를 지정하여 이 부분을 중점적으로 연구하여 작성하도록 하는 것이 중요하다.

A3 용지 및 컬러 색상의 사용 :

종합 일정계획에 대하여 심사위원들의 눈에 확 뜨이도록 A3용지 크기로 작성하되, 컬러 색상을 이용하여 최대한으로 화려하게 꾸민다.

제안서를 작성할 때 대부분 제안 내용에 대하여 배분을 하여 제안서를 작성하는데, 이런 방식을 지양하고 강조할 부분은 강조하고 과감히 제외시키거나 줄일 부분은 줄이되 철저하게 심사위원들을 대상으로 제안서를 작성할 필요가 있다.

중요한 마일스톤의 삽입 :

심사위원들이 가장 많이 궁금해하고 많은 질문을 던지는 부분이 중요한 마일스톤에 대한 부분으로서, 착수보고, 중간보고, 종료보고, 워크숍(보통 2~3회) 개최, 자문위원회 개최, 외국 방문기간, 지점 설치 및 운영 등과 같은 시점에 대한 궁금증이다.

언제 시작되고 언제 종료되는지에 대해서는 고객 측에서 가장 궁금하게 생각되는 사항일 것이다.

사업단에서 수립한 일정을 참조하고, 고객 측에서도 준비하고 확인해야 할 사항들이 많은데, 제안서에 필히 기재가 되어야 할 부분이다.

역발상 도움 정보 :

다음 표는 '수행일정 수립하기' 의 역발상 제언에 도움을 주는 정보들이다.

표 I-10 '수행일정 수립하기' 역발상 제언 Point

No.	제언 Point	상세 내용
1	일정계획 수립이 어렵다.	• 수립이 어려운 이유가 있다. • 실무능력 배양 필요성 - 일정계획 수립 절차 배우기 - 일정계획 수립에 필요한 조건 분석하기
2	일정계획 종류가 많고, 어떤 종류를 채택해야 효과적인 제안이 되는지를 모른다.	• 일정계획의 종류와 활용시기 및 방법을 습득한다. • 실무능력 배양 필요성 - 일정계획 종류 - 일정계획 수립방법
3	일정계획이 현실성이 있는 것인지 검증이 어렵다.	• 수립된 일정계획의 현실성을 분석한다. • 실무능력 배양 필요성 - 일정계획의 현실성 검토기법 - 일정계획 수정방법
4	일정계획이 자주 변경된다.	• 잦은 변경에 대응할 수 있게 준비한다. • 실무능력 배양 필요성 - 자동화 도구를 사용하는 방법 - 일정계획 모의실험기법

8. 선택과 집중

상황

“이렇게 작은 회사가 대기업 SI업체와 경쟁하기 위해서 제안서를 냈네. 참으로 어처구니없는 일이구만.” 제안서들을 읽어나가던 심사위원 B씨는 열심히하려고해 회사 제안서의 제안사 소개 부분을 읽던 도중 깜짝 놀랐다.

성공만해 회사 등 다른 회사들과는 비교도 할 수 없을 만큼 작은 규모의 회사가 제안서를 제출했기 때문이다. 그런데 실적 부분은 성공만해 회사에 견줘도 전혀 손색이 없을 만큼 많은 실적을 보유하고 있었다.

호기심이 난 B씨는 관심을 가지고 제안서, 제안요약서, 발표자료 등을 꼼꼼히 읽어보기 시작했다. 그리고는 이내 머리를 끄덕거렸다. “이따가 발표할 때에 유심히 살펴보아야 하겠군.”

심사위원 D씨는 제안된 4개사의 제안서를 읽던 도중 독특하게 씌어진 제안서를 읽으며 옆의 친한 친구인 심사위원 C씨의 팔꿈치를 툭 쳤다. “이 회사를 보게나. 다른 회사들과는 달리 색깔이 있게 제안서를 썼어. 실제 내용은 들어봐야 하겠지만 일단은 호감이 많이 가는데, 제안서에 상당한 정성이 보여.”

심사위원 E씨는 뭔가 잘 지어진 집의 설계도면과 집의 모양을 보는 것 같은 착각이 들었다. “회사의 규모는 크지 않은데 이렇게 알찬 제안서를 보게 되다니….”, E씨를 감동시킨 것은 제안서의 디자인이나 색깔, 커버 등은 화려하지는 않았지만 심사위원들을 위하여 만들어진 것 같은, 투박스러워 보이는 겉모양과는 달리 구조적으로 잘 정돈된 제안내용이 시작부터 끝까지 하나의 겉치레나 군더더기도 없이 씌어졌기 때문이다.

드디어 제안 설명회 시간이 시작되었다.

늘 듣던 상투적인 발표자들의 말과는 달리 열심히하려고해 회사는 시종일관 본 과제에 대하여 무엇을 하려고 하고, 그렇게 하는 데 있어서 무엇이 문제이고 그에 대하여 어떻게 해결하려고 한다는 것에 대하여 발표자가 힘 있게 설명을 하였다.

제안서 작성과 마찬가지로 제안 설명자 또한 명쾌하게 설명을 하는 것이었다.

"회사만 크다고 잘한다는 보장이 있나? 회사가 작아도 분명히 답안을 가지고 있으므로 저런 회사에게 프로젝트를 맡기면 충분히 잘 할 수 있을 것이야. 실적이 말해주지 않는가?"

열심히하려고해 회사의 제안발표가 끝나고 질의응답 시간이 시작되었다.

심사위원들은 저마다 가슴속에 뭉클한 감동을 느끼며 이 순간만은 '저런 회사가 이 프로젝트를 수주해야 돼' 라는 생각을 가지게 되었다.

상황분석

심사위원들을 위한 잔칫상 준비 :

제안요청설명회에 참석한 열심히하려고해 회사 영업대표는 제안서를 작성할 공공사업팀장에게 제안서를 작성할 것을 요청했다.

공공사업팀장은 곧 P수석에게 제안서를 작성할 팀을 만들어 제안서를 작성할 것을 지시했다.

외주사 및 컨소시엄사가 정해져 팀이 만들어졌다.

팀을 소집하여 영업대표에게서 제안요청에 따른 발주사의 환경 등에 대한 설명을 들은P수석은 제안팀과 함께 제안서를 작성하기 위한 회의를 가졌다.

P수석은 먼저 제안요청서를 분석할 것을 요청하고 이에 따라 열심히하려고해 회사가 가지고 있는 강점과 약점을 분석하되, 1인당 5개씩 준비해서 발표해줄 것을 요청했다.

제안팀은 모두 7명인데 상주 5명, 외부 전문가인 비상주 2명으로 구성이 되어 있었다.

P수석은 예상되는 심사위원들의 성향을 분석했다. 교수님 3명, 발주사 3명, 프로젝트 관련 외부 기관 실무책임자 2인 정도가 참석할 것이라는 얘기를 영업대표에게서 들었다.

강점 부분은 역시 풍부한 실적과 경험을 가진 인력들이었고, 단점은 회사 규모와 장비나 시스템들을 공급하지 않아 이 부분과 관련된 인력이 거의 없어서 외부 업체를 활용해야 한다는 것이었다.

P수석은 제안요청서에 나와 있는 제안서 목차부분에서 자사의 강점 부분은 많은 페이지로 상세하게 부각시키고 단점 부분은 제외하든지 작성을 하더라도 일반적인 상식선에서 작성해 줄 것

을 요청했다. 대신 단점 부분에 대해서는 질의응답 준비로 대신하기로 했다.

P수석 스스로 예상되는 심사위원들의 질의응답에 맞춰 답변이 되는 내용은 반드시 제안서에 표현을 하고, 중요한 부분은 그 내용을 상세하게 해설하거나 A3로 편집하는 등 심사위원들의 예상되는 질의응답에 답변하는 부분 이외에는 제안서를 상식수준에서만 작성하도록 주문하였다.

표준제안서 활용의 이점 :

열심히하려고해 회사는 표준제안서가 있어서 제안요청서를 받아 들었을 때에 이미 이분의 일 정도는 썼다고 봐도 될 정도의 제안서 작성 노하우를 가지고 있었다.

열심히하려고해 회사의 기술연구소에서는 표준제안서를 유지관리하고 작성된 제안서를 평가하며, 제안 설명회 준비를 지원하고 제안발표 리허설 시에 평가를 해주는 팀이 있었는데, 열심히하려고해 회사가 대기업 SI사를 제치고 프로젝트 수주를 많이 하는 것은 이 때문이기도 하다.

표준제안서는 최신의 회사소개서, 최신 기술 자료의 정리, 제안 템플릿, 제안서 예제 등을 가지고 있어서 제안팀이 제안서를 작성하기에 전혀 부족함이 없다. 또한 제안서 작성지침이 있어서 통일되고 일관된 제안서를 심사위원들에게 보여주어 좋은 평가를 받게 한다.

제안서 작성지침 :

열심히하려고해 회사의 제안서 작성지침 제1장은 '결코 다른 제안서를 베끼지 말 것' 이다. 힘들여 써서 떨어질 것이라면 무엇 하러 제안서를 쓰느냐는 것이다.

수주를 못할 제안서라면 쓰지 말라고 작성지침은 강조하고 있다.

그렇다면 제안서를 작성하는 데에 있어서 가장 중요한 점은 무엇일까?

이 제안서 작성지침은 '심사위원들에게 감동을 주는 제안서' 라고 못 박고 있다.

심사위원들에게 감동을 주지 못하는 제안서라면 작성하지 말라는 것이다.

역발상 제언

강점 부분은 중점적으로 작성하고 약점 부분은 질의응답으로 대처 :

제안서 작성은 참으로 피곤한 작업이라고 제안서 작성에 참여하는 사람들은 저마다 생각한다.

제안서의 품질을 높이기 위하여 1페이지를 작성하는 데 반나절이 소요되기도 하고, 여러 차례 작성해놓은 제안서의 내용을 바꾸는 등의 노력을 기울인다. 만약 여러 사람들이 함께 제작하는 제안서라면 전체적으로 균등하게 제안서 품질이 산출될 수 있어야 한다.

제안서를 잘 작성하여 프로젝트를 수주하였을 때의 희열과 보람을 생각하되, 욕심과 만용을 부리는 일은 하지를 말아야 한다.

프로젝트를 수주하고는 싶은데 제안서를 작성하고, 제안발표를 하는 과정을 거치지 않으면 프로젝트를 수주할 수가 없다.

수의계약이라고 믿었는데, 2번이나 유찰되어 제안서 제출이 없을 것이라고 생각했는데 상황이 반전되어 제안서를 제출하라고 하여 제안서를 작성하는 경우가 자주 발생한다.

길지 않은 시간에, 생각과 경험이 다양한 사람들이 경쟁사들보다 뛰어난 제안서, 발주사의 요청에 대한 해결방안을 문장과 표, 그림 등을 이용하여 표현한다는 것이 어찌 보면 참으로 어려운 작업이 아닐 수 없다.

대부분 제안서 제출마감시간에 쫓겨 허둥대고, 제안발표 준비도 제대로 못하고 제안발표를 하는 경우도 부지기수이다.

어차피 이러한 것이 현실이라면 '선택과 집중' 전략을 사용하여 제안서 작성을 최대한으로 빨리 하되, 제안 발표 준비에 만전을 기하는 것이 중요하다.

강점 분석 분야 :

경쟁사와 비교하여 강점분야를 찾기 위해서는 평가표 이외의 사항들에 대한 강점 유무를 판단한다. 발표기술이나 발표 자료를 잘 만드는 기술, 제안서를 포장하는 기술, 전략적으로 제안내용을 구성하는 기술 등 제안서를 구성하는 다양한 기술들이 이에 해당한다.

특히 고객이 우리 회사를 내심 생각하고 있다면 상당한 강점을 가지고 있다고 생각할 수 있다.

경쟁사들과의 경쟁우위를 판단할 때 객관적이고 냉정한 기준으로 통계를 내고 표준편차를 계산해 본다. 통계를 내기 위한 항목과 가중치 산정기준 등은 매우 중요하다.

평가표를 기준으로 장 · 단점분석표를 만들 수 있다.

평가표를 기준으로 자사의 강점 부분 분석 :

제안요청서를 보면 대부분 어떻게 평가하겠다는 평가표 양식과 내용이 포함되어 있다.

제안 작성을 지휘하는 책임자는 이 평가표를 상세하게 분석하여 배점이 가장 많은 부분에 대한 자사의 강점을 나열하고 그것을 어떻게 표현할 것인가를 연구하여 제안서에 최대한으로 부각시켜 표현해야 한다. 또한 약점이 되는 부분은 필수적으로 작성해야 하는 부분이 아니라면 되도록 제외시키는 것이 현명하다.

약점이 되는 부분은 질문에 대비한 답변을 어떻게 할 것인가를 연구하여 만전을 기하는 것이 오히려 제안서 작성시간을 절약해주고, 제안발표 준비를 조기에 시행하는 일이 될 수 있다.

역발상 도움 정보 :

다음 표는 '선택과 집중' 의 역발상 제언에 도움을 주는 정보들이다.

표 I-11 '선택과 집중' 역발상 제언 Point

No.	제언 Point	상세 내용
1	장 · 단점 분석이 어렵다	• 장 · 단점 분석이 주먹구구식이다. • 실무능력 배양 필요성 - 장 · 단점 분석기법 - 브레인스토밍 - 경쟁사 정보 습득하기 - 장 · 단점 분석표 작성기법

9. 사업을 알고 있음

상황1

심사위원 G씨는 발주사가 발주한 정보시스템을 이용하여 업무를 처리하는 부서의 책임자이다.

G씨가 심사위원으로 선정되어 심사장에 오게 된 이유는 시스템을 가장 많이 이용하는 부서로서 시스템이 어떻게 만들어져야 한다는 것을 가장 잘 알고 있기 때문이다.

시스템이 만들어지면 자신의 부서가 이용할 것이기에 현재의 시스템처럼 문제점이 계속해서 발생한다면 큰 일이 아닐 수 없다.

G씨는 정보기술에 대해서는 전문적인 지식을 가지고 있지는 않다. 대신에 업무에 대해서는 가장 많은 지식을 가지고 있기에 제안사가 제출한 제안서의 제안개요 부분을 중점적으로 검토하였고, 시스템이 구축하려는 기능들에 대해서 그리고 이용하는 이용자들에게 어떤 도움을 줄 것인지를 면밀하게 살펴보았다.

심사위원 D씨는 제안에 참여한 4개사의 제안서 중 제안개요에 대하여 살펴보았다.

일단붙어봐 회사는 제안요청서의 제안배경, 제안목표 부분 등을 거의 100% 복사하여 작성을 하였고, 항상중간만해 회사는 제안요청서의 내용들을 멋있게 디자인하여 요약해 놓았다. 성공만해 회사는 제안요청서의 제안개요 관련 부분에 대해서 상세한 예제를 첨부하여 설명을 하였다.

열심히하려고해 회사는 제안요청서의 제안개요 관련 부분에 대해 상세한 설명과 함께 10개의 전략으로 요약하여 서술해 놓았다.

상황2

발주사 담당자 P씨는 제안사들이 제안한 제안서를 펼쳐보았다.

드디어 내일이 제안발표를 하는 날이다. 4개사가 제안을 하였다.

인사이동 발령을 받고 새로운 신규사업을 벌이라고 상급자로부터 요청 받던 일, 새로운 사업을 준비하기 위해 주경야독하며 공부를 하던 일, 업체들을 불러들여 새로운 기술에 대한 설명을 듣던 일, 인터넷에서 관련 자료를 찾고, 유관 부처 담당자들을 쫓아다니며 노하우를 듣던 일 등이 주마등처럼 스쳐갔다.

신규 사업이라 위험부담도 있었지만 그만큼 보람도 있고, 무엇보다도 자신이 좋아하는 일인지라 열심히 사업 준비를 하였다.

지금은 업무를 파악하고 향후 나아갈 방향도 수립해놓았지만 많은 시간 동안 잠도 못 자고 고생을 하였던 기억이 새록새록 하다.

이 분야에서 기술력과 경험을 가진 회사들이 몇 개 되지 않기 때문에 과연 제안사들이 업무를 알고, 기술적으로 해결하고, 뒷받침할 수 있을까 하는 의구심이 생기는 것은 어쩔 수 없었다.

상황분석

제안요청서를 작성한 담당자의 파악 :

제안요청서를 제작한 담당자는 많은 고생을 하면서 제안요청서를 제작하였다.

업무, 기술적으로 최신의 기술, 현실 업무에 적용한 사례가 거의 없으므로 새로운 기술임에 틀림없고, 따라서 고객의 담당자 이상의 업무지식과 경험이 있어야 하고, 기술적으로 해결하는 데 고객의 신뢰를 얻을 필요가 있다.

제안서를 작성하는 데 있어서 제안목차의 첫 부분은 제안개요 :

대부분 제안요청서에 제안목적, 제안배경, 제안범위, 제안전략 등이 기술되는데 이 내용을 그대로 옮겨놓는 제안서가 대부분이다.

이러한 식으로 작성된 제안서는 결코 좋은 점수를 받지 못할 것이다.

제안요청서의 사업추진배경 및 목표 등을 잘 읽고 이해하여, 구축을 하는 데 있어서 발생되는 우려사항을 어떻게 극복하고 발주사가 원하는 시스템을 만들 수 있을 것인지에 대한 확신을 심사위원들에게 줄 수 있도록 기술되어야 하는 부분이 이 제안개요 부분이다.

제안개요의 의미 :

제안서의 중요한 내용을 요약한 요약서가 있지만, 요약서에 표현할 수 있는 내용과 형식은 한계가 있다. 따라서 제안개요에 제안에 대한 대부분의 내용이 축약되어 작성될 필요가 있다.

심사위원들이 제안 요청된 내용을 잘 이해하는 상태라면 제안개요는 별로 중요하지 않겠지만 그렇지 않은 경우가 대부분이라서 심사위원들에게 프로젝트를 이해시키는 처음 부분이 제안개요 부분이 된다.

심사위원들에게 제안개요만 읽고서도 제안의 내용이 어떠할 것이라는 짐작을 하게 한다면 성공된 제안서가 될 것이다.

제안개요의 내용 :

제안배경과 제안목적은 사업배경이나 사업목적으로 이해하면 된다.

제안배경이나 제안목적을 제안하는 회사와 연관시켜 생각하는 경우가 있는데, 전혀 그렇지 않고 발주사에서 사업이 만들어진 배경과 목적으로 생각해야 한다.

심사위원은 제안서에서 제안배경과 제안목적을 읽고 그 다음 내용들에 대한 평가를 하게 될 것이다. 제안배경과 제안목적은 제안사가 프로젝트를 얼마나 잘 이해했느냐를 판단하는 것이기에 매우 중요한 부분이 된다.

역발상 제언

고객중심에서 고객의 욕구를 해결함 :

고객이 제안요청한 내용들이 실제로 실현이 되었을 때, 고객 혹은 고객이 속한 조직은 어떤 이익이 있을 것인가?, 왜 프로젝트를 수행해야 하는가?, 고객이 이번 프로젝트를 수행하지 않으면 어떠한 불리함이 있을 수 있는가?, 어떤 어려움에 봉착해 있는가? 등의 문제를 파악해야 한다.

문제가 파악되면 문제의 본질을 몇 가지로 구체화한다.

왜 이러한 문제가 발생했는지, 이러한 문제의 해결방안은 무엇인지 6하 원칙에 의하여 해결방안을 상세하게 나열해본다.

해결방안에 대하여 우리 회사가 어떤 강점을 가지고 있는지, 해결을 한 이후의 성공 이미지를 작성하고 그림으로 표현한다.

이러한 내용을 고객이 보면 자신이 생각한 아이디어를 제안사가 구체화시켜 시스템으로 만들었으므로 상당한 고마움을 느낄 것이다.

제안요청서 이면의 내용을 파악함 :

제안요청서는 프로젝트에 대하여 대강의 개요나 현상만을 설명하고 있거나, 만약 경쟁사의 영업대표가 제안요청서를 작성하는 데 도움을 제공하였다면, 제안요청서를 그대로 믿고 문장을 그대로 베끼면 큰 함정이 도사리고 있을 수 있다.

고객의 사무실이나 홈페이지, 인터넷을 검색하여 제안요청서 이외의 관련된 정보를 수집한다. 의외로 많은 정보를 얻을 수가 있다.

제안요청서에 없는 사실을 아는 것이 매우 중요한데 제안요청서를 제작하는 데 관여한 사람들을 만나면 가장 좋겠으나 그렇지 않은 경우에는 인터넷 등에서 관련된 사람들의 성향이나 기술 욕구, 실적 등을 얼마든지 찾아 이면의 내용을 파악할 수 있다.

제안요청서가 공고되기 이전에 관련된 사람들을 만나보는 것도 큰 도움이 된다.

그들이 진심으로 얻으려는 것을 명확하게 알아야 한다.

고객이 원하는 가장 중요한, 시급한, 매우 필요한 사항들을 파악하여 제안서에 반영해야 한다.

제안목적, 배경, 필요성 작성 :

제안요청서에 기술된 사업명, 사업배경, 사업필요성이 이에 해당된다.

이러한 내용을 그대로 제안서에 옮길 것이 아니라, 이러한 내용과 내용이 벗어나지 않는 한도에서 광범위하게 관련된 자료를 찾거나 과제를 수행한 경험이 있는 사람을 대상으로 사업의 목적, 배경, 필요성을 기술하고 이를 그림으로 표현해야 한다.

목적, 배경, 필요성이 한 장의 그림으로 표현되고 배경이나 필요성에 대하여 각각 한 장씩으로 부언하여 요약된 표로 설명이 된다면 우선적으로 심사위원들에게 발주사의 의도를 알고 작성한 제안서라는 인상을 줄 수 있다.

대부분의 제안서에서 이 부분이 형식적으로 다루어지고 있음을 간파하고, 이 부분부터 경쟁사와는 다른 차원에서 작성해 들어간다.

심사위원이 가장 먼저 읽어보는 부분임을 유의한다.

기준은 고객 또는 고객이 속한 조직/집단에게 어떠한 이익을 줄 수 있는 가이다.

제안 범위 및 내용 작성 :

프로젝트를 수주하여 프로젝트를 수행하고 감리를 받으며, 고객으로부터 검수요청과 준공검사 확인을 받을 때 필요한 업무범위와 내용이 될 수도 있음을 명심하고 위험을 회피하려는 기분으로 업무 범위와 내용을 기술한다.

모르는 부분이나 모호한 부분은 전제조건을 달아 제안서 작성기간 내에 해결하거나 그렇지 않으면 발주사에 문의한다거나 또는 제안서의 전제조건으로 달아 프로젝트 수주 후 계약 시에 전제사항으로 하여 이슈관리 및 위험관리를 수행한다.

역발상 측면에서 생각해보면 이러한 부분이 아주 세밀하게 기술되어 있다면 심사위원들 입장에서는 호감을 가지고 좋은 점수를 주지 않을 수 없을 것이다.

프로젝트를 알고 제안서를 작성한 증거가 되기 때문이다. 또한 제안서를 작성하는 컨소시엄사에 대하여 이러한 위험사항을 확인하고 그 해결책을 요청하여 제안서에 포함될 수 있도록 한다.

제안서에 제약사항이나 제한사항 등에 대하여 발주사에 요청하는 부분이 있는데, 이 부분에 이러한 내용들을 기록해 둔다면 경쟁사와 차별화가 되는 좋은 제안서가 될 수 있다.

그러나 단순히 제안요청서에 기술되어 있는 부분을 그대로 옮겨 제안서에 표시하는 경우가 많은데 이렇게 하지 말고, 소화를 해서 그 이면에 내재되어 있는 사실을 직시하여 제안서를 작성해야 한다.

문제점 및 개선사항 :

제안요청서에 기술된 발주사가 미리 제안사에 알려주는 문제점 및 개선사항(개선방안)에 대한 제안사의 이해와 구체적인 대응방안을 분석하여 표로 만들어 제안서에 포함시킨다.

이것은 대단한 역발상이 될 수 있다.

이러한 문제점 및 개선사항은 대부분 담당자를 도와주는 경쟁사 영업대표가 작성한 것일 수도 있는데, 정작 작성을 주도한 경쟁사는 세밀하게 작성하지 않고 거의 옮겨 쓰는 형태로 작성하는 경우가 일반적이다.

강점을 쥐고 있었던 경쟁사를 한 방 먹일 수 있는 역발상 기법이 아닐 수 없다.

사업수행효과 :

프로젝트를 수행한 결과로서 발주사에 어떠한 효과가 있을 수 있는 것인가 하는 것은 발주사 담당자가 사업계획을 수립할 때 가장 연구를 많이 하고 고심하는 부분이다. 즉, 담당자의 상급자 또는 상급기관에서 예산을 획득하기 위하여 가장 손쉽게 이해를 구할 수 있는 부분이 사업을 수행한 결과를 정량적으로 나타내는 것이다.

시스템 개발은 자동화에 따른 인건비 절약, 하드웨어 시스템은 유지보수비용 절약 등 점수화가 가능한 정량분석 체제를 갖추어 발주사로부터 입수가 가능하면 입수된 자료를 기준으로, 그렇지 않다면 경쟁사나 경쟁업계(통계청 자료 등) 기준으로 가정하여 상정을 하여 포함시킨다면 제안서의 품질은 한층 올라갈 것이고, 이를 평가하는 심사위원들에게 주는 영향은 매우 클 것이다.

역발상 제안 :

제안서 작성 시에 사업에 대한 지식을 효과적으로 기술하는 데 있어서 문제점과 해결방법은 다음과 같다.

표 I - 12 '사업을 알고 있음' 역발상 제안 Point

No.	제언 Point	상세 내용
1	제안 개요 부분을 작성하기 매우 어렵다.	• 제안요청을 완전히 파악하지 못하고 있다. • 실무능력 배양 - 제안요청내용 상세하게 파악하기 - 발주사 정보 및 환경정보 습득하기

10. 컨소시엄사간의 업무분장 협약서 체결

상황

심사위원 F씨는 대규모 SI사업에 관련한 제안심사에 들어갈 때 반드시 검토하는 부분이 있었다.

대규모 SI사업은 주로 컨소시엄을 구성하여 들어오기 때문에 컨소시엄간의 업무분장(역할분장)과 관리부분 및 업무간 연계 부분에서 맹점을 가지고 있기 때문이다.

항상중간만해 회사의 제안서에서 참여사들의 면면을 살펴보았다. 그리고 프로젝트 수행조직에서 참여사들이 담당한 업무 부분을 연계시키고 주관사업자가 어떻게 참여사들을 관리해 나갈지에 대한 내용을 면밀하게 검토했다. 그러한 측면에서 투입인력의 상주 또는 비상주 부분은 매우 중요하다.

주관 사업자의 강력한 리더십이 없으면 컨소시엄의 시너지효과는 결코 바랄 수가 없고 프로젝트가 실패하는 경우가 많기 때문이다.

교수님도 참여하고 일반 협력사업자도 참여하고 있음을 알았다. 그런데 일정계획에 이러한 컨소시엄 사나 협력사업자의 역할이나 책임이 분명하게 기술되어 있지 않음을 알았다.

제안발표 때 질문을 했으며 항상중간만해 회사의 제안발표자로부터 시원한 답변을 기대할 수 없었음은 물론이다.

심사위원 G씨는 이번 프로젝트 이전의 과제들에서 컨소시엄으로 구성된 프로젝트 수행 팀이 대부분 문제를 발생시키는 것을 잘 알고 있었다. 그래서 컨소시엄들이 이전에 주로 프로젝트를 같이 수행한 경험이 있는지와 투입하는 인력들이 같이 프로젝트를 수행한 경험이 있는지, 특히 프로젝트를 수행할 PM과 컨소시엄사의 인력이 함께 프로젝트를 수행한 경험이 있는지를 중점적으로 질문하는데, 이에 대한 제안사의 답변을 가지고 심사의 점수를 부여하는데 대부분 자신의 경험과 판단이 옳다는 것을 자주 느끼곤 한다.

상황분석

컨소시엄이 이루어지는 환경 :

제안사업자 중 주관사업자는 자사와 같이 프로젝트를 수행할 회사들을 찾는다. 찾는 과정에서 시간이 소요된다.

제안서를 작성할 준비가 되어있는 것이 아니므로, 가장 능력이 있고 경험이 많은 직원이 제안서 작성에 참여하지 않고 실력이 떨어지는 인원이 제안서를 작성할 것이므로 품질이 우수한 제안서를 작성하기 어렵다. 더구나 주관사업자 의중대로 컨소시엄 참여 사 직원들을 통제할 수 없으므로 제안서 완료 후 제출까지 여러 가지 문제가 발생할 수 있다.

컨소시엄의 프로젝트 수행 시 강점과 약점 :

발주사가 대기업SI사를 선호하기 때문에 규모가 작은 회사들은 사업규모가 작거나 전문요소기술을 요구하는 것이 아닌 한 경쟁에서 우위에 서기 힘들다.

프로젝트가 실패할 위험에 빠졌을 때 대기업SI사가 이를 해결해줄 수 있는 가능성이 많고, 설사 실패했다고 하더라도 "대기업도 어쩔 수가 없는데"하며 상급자나 상급기관으로부터 문책을 최소화할 수 있기 때문이다.

컨소시엄의 강점은 한 개 회사가 가질 수 없는 요소기술이나 인건비 등의 우위를 대신 충족시킴으로써 시너지효과를 낼 수 있다는 것이다. 반면에 여러 이질적인 집단이 모여서 통일된 목표를 달성하려고 하기 때문에 갈등이 생길 수 있다는 것이 단점으로 꼽힌다.

실제로 컨소시엄에서 부딪히는 가장 어려운 사항은 프로젝트 관리측면이 가장 큰 문제로 꼽힌다.

프로젝트 수행시에 프로젝트 관리 역할이 주관사업자(대부분 참여 사 중규모가 가장 큰 회사가 이에 속함)가 맡는데 업무와 기술적인 능력과 경험이 충분히 없이 회사 규모만 가지고 맡는 경우가 대부분이다. 이럴 경우 프로젝트를 정해진 기간 내에 종료할 수 없는 경우가 발생한다.

프로젝트 관리 능력이 떨어질 경우 컨소시엄간 연계 부분에서의 역할분장의 모호함으로 인하여 문제가 발생하는데, 거의 빠짐없이 문제가 발생한다고 보면 된다.

컨소시엄의 프로젝트 제안서 작성 시 강점과 약점 :

발주사의 제안요청에 대하여 특정 사업자가 주관이 되어 컨소시엄을 구성하여 제안에 참여하고 프로젝트를 공동으로 수행하기 위하여 컨소시엄사나 협력사를 찾는데, 이때 제안서 작성기간의 부족과 컨소시엄 참여사들의 회사사정으로 인하여 제안서 작성 팀이 최상의 능력과 경험을 가진 사람들로 짜이지 않는다. 더구나 수주할 확률이 많이 없는 경우에는 더욱 그러하다. 이렇게 모여서 작성한 제안서의 품질은 열악하고 체계적이지 못한 경우가 대부분이다.

역발상

컨소시엄으로 구성된 제안팀의 약점 보완 :

제안서 작성을 주관하는 주관사업자가 표준제안서, 제안서 템플릿, 각종 제안서 작성에 도움이 되는 자료 및 컨소시엄사가 작성해 줄 부분을 정확하게 알고 있고, 또 컨소시엄사로부터 자료를 받아 가공할 수 있는 능력을 가진 인원을 가지고 있다면, 컨소시엄으로 구성된 인원들이 작성한 제안서는 강점만을 가진 품질이 우수한 제안서가 될 수 있다.

컨소시엄사간의 협약서 체결 :

제안서를 작성하기 이전에 금액 부분, 담당 업무부분, 특히 컨소시엄사간의 연계가 필요한 부분에 대한 업무분장과 책임 등에 대하여 협약서가 체결되는 것이 품질이 우수한 제안서를 작성하고 프로젝트 수주 후 원만하게 프로젝트를 수행할 수 있는 토대가 될 수 있다.

대부분 제안서 작성은 프로젝트 수주가 되지 않으면 무료봉사가 될 수 있고 확실한 보장이 없는 한 최선을 다해 제안서 작성에 임하지 않기 때문이다. 이러한 특성으로 인하여 제안서의 품질은 떨어지고 결국은 심사위원들에게도 좋은 평가를 받지 못하는데, 협약서를 체결하면서 제안서 작성 및 준비를 하는 것이 현명한 일이 된다.

제안발표 시에 이러한 협약서의 내용을 근거로 자신 있게 질문에 답변을 할 수 있고, 이러한 협약서는 우선협상대상자로서 계약에 응할 때에나, 프로젝트 수주 후 실제 계약을 맺을 때에나 잡음 없이 컨소시엄간의 시너지효과를 크게 낼 수 있고 고객 측에도 신뢰를 줄 수가 있게 된다.

역발상 제안 :

제안서 작성 전에 컨소시엄사간 업무분장 협약서를 작성하는 데 있어서 문제점과 해결방법은 다음과 같다.

표 I－13 '컨소시엄사간 업무분쟁 협약서 체결' 역발상 제안 Point

No.	제언 Point	상세 내용
1	컨소시엄에 참여하는 회사의 직원들이 함께 제안서를 작성하는 것이 어렵다.	• 사전에 컨소시엄사간 업무분장 협약서를 작성한다. • 주관사업자가 제안서작성을 주도한다. • 실무능력 배양 - 제안요청내용 상세하게 파악하기 - 발주사 정보 및 환경정보 습득하기
2	컨소시엄사간 업무분장 협약서 작성이 어렵다.	• 업무분장 협약서 표준을 미리 준비한다. • 실무능력 배양 - 컨소시엄사간 업무분장 협약서 작성절차 - 컨소시엄사간 업무분장 협약서 작성기법

11. 추진전략의 구체화

상황

“도대체 뭘 어떻게 하겠다는 것인지 도통 알 수가 없어.” 일단붙어봐 회사의 제안서를 읽어본 심사위원 C씨는 웃으며 옆의 심사위원 D씨에게 얘기했다.

“응, 나도 마찬가지야. 투입인력이 대부분 기술경험도 많은 데 비하여 문장을 작성하고 표현하는 능력은 많이 떨어지는구먼.” “제안서를 작성할 시간이 많이 없어서 이런 수준밖에 작성이 안 되었나봐.”, “이럴 바에야 제출하지 말지.”

심사위원 E씨는 열심히하려고해 회사의 제안서를 속독으로 읽어 보았다.

제안서 목차, 조견표, 제안요청서의 요구사항 수용표를 대충 살펴보고 제안서와 제안요약서를 살펴보려고 생각하였다.

제안서는 목차에 맞춰 각 장마다 A3로 요약이 되어 있어서 구태여 A4로 작성된 내용까지 읽어보지 않아도 되었다.

E씨는 추진전략 부분을 주의 깊게 읽는 편이다.

발주사가 요청한 부분들에 대해서 어떻게 논리를 전개하며 발주사를 설득하는가에 대한 과정이 궁금한 것이다.

가끔씩 경제학에서 나오는 여러 가지 이론들, 예를 들면 SWOT분석, Value Chain분석 등을 사용하여 주장하고 하는 바를 논리적이고 객관적이게 하려는 시도를 많이 보는데, 열심히하려고해 회사의 제안서는 이런 점에서 후한 점수를 줄 수가 있었다.

상황분석

추진전략의 중요성 :

제안서를 작성하는 데 가장 어려운 부분이 어느 곳인가를 꼽으라고 한다면, 제안서 작성경험이 있는 대부분의 사람들은 추진전략을 수립하는 부분이라고 이구동성으로 답변할 것이다. 서술적인 생각과 사고를 구조적, 전략적으로 표현해야 하는 데 익숙하지 못하기 때문이다. 전략적이라고 하는 것은 논리적이라는 말과 일맥상통한다.

'기승전결' 이니 '3단 논법' 이니 하는 것은 모두 논리적 사고의 절차로서 주관적인 특성에서 객관적인 특성을 가지게 되는 수단이 되기 때문이다.

논리적이게 되면 문제를 풀어나가는 절차와 방법이 체계적이게 되는데 절차와 방법이 체계적이게 되면 일정수립과 자원계획 등 프로젝트 관련 모든 활동들이 체계적으로 연관되어 관리가 될 수 있고 결과적으로 프로젝트 관리가 가능하게 되어 프로젝트의 성공을 확신할 수가 있게 된다.

추진전략이 엉성한 이유 :

제안요청이 나오게 된 이유, 즉 고객사의 업무나 시스템 상황이 좋지 않거나 미래에 대한 로드맵이 필요할 때 이를 개선하기 위하여 현황분석, 문제점 도출, 개선점 및 개선방향 수립, 개선하기 위한 방법을 수립한 후에 자금이나 비용계획 등을 수립하여 실제적인 개선활동에 들어가게 된다.

이러한 일련의 과정이 추진전략에 표현되어야 하는데, 추진전략이 엉성하다는 것은 이러한 일련의 과정에 대한 분석이 되어 있지 않다는 것이다.

심사위원들에게서 좋은 평가를 기대하기 어려울 것이다.

추진전략의 추상화가 어렵다 :

대부분의 추진전략은 체계적이고 구조화된 그림으로 표현되어야 이해하기 용이하다.

대부분의 제안서 작성자들은 생각을 서술적으로 표현하는 데는 익숙하더라도 그림으로 체계적으로 표현하는 데는 익숙하지 못하다.

심사위원들은 짧은 시간에 제안사의 제안내용을 읽어서 이해해야 하는데, 요점과 핵심 포인트만 강조되어 있는 추진전략도는 매우 중요하다.

역발상

서술 식 문장을 작성해보고 개조 식으로 변경할 것 :

제안요청서를 분석하여 제안요청이 나오게 된 고객의 문제점을 요약한다.

대부분의 제안요청서에서는 이 부분에 대하여 기술이 되어 있지만 제안요청서의 문제점보다도 더 상세한 이면의 문제점을 분석해 낸다.

분석된 문제점에 대한 현상(As-Is)을 예측하거나 여러 가지 관련 정보를 수집한 다음 요약한다. 문제가 제거된 이후의 바람직한 미래 상(Image)을 서술한다.

정보시스템, 업무프로세스, 법 · 제도적인 측면의 완비, 하드웨어나 소프트웨어, 네트워크 구성 등이 될 수 있다.

현재와 미래 상 사이의 차이(Gap)를 분석한다. 이 차이를 좁히기 위하여 어떤 방법이 있을지를 서술한다.

서술된 방법에 대한 비용을 계산하고, 위험사항, 전제조건들을 기술한다. 이렇게 기술된 서술 식 문장들을 개조 식으로 바꾼다.

개조 식 문장을 그림으로 옮긴다. :

개조 식 문장을 그림으로 옮긴다. 이러한 그림들은 미리 준비되어 있는 템플릿에서 고르든지 직접 만들든지 하여 표현하고자 하는 바를 잘 나타내도록 한다.

그림의 레벨을 선택하여 상위 또는 하위 레벨로 더 세분화 또는 통합을 할 수가 있다.

역발상 제안 :

추진전략을 효과적으로 작성하는 데 있어서 문제점과 해결방법은 다음과 같다.

표 I - 14 '추진전략의 구체화' 역발상 제안 Point

No.	제언 Point	상세 내용
1	제안요청의 내용과 발주사의 환경은 모두 파악했는데, 추진전략으로 옮기는 작업이 어렵다.	• 정리되지 않고, 서술 식 문장을 전략적으로 표현한다. • 실무능력 배양 - 전략적 사고기법 - 전략적 제안서 작성기법

12. 제안요청서의 제안서 작성요령 엄수

상황

심사위원 B씨는 성공만해 회사와 친한 관계를 유지하고 있는 편이다. 또한 이번 프로젝트는 성공만해 회사 외에는 다른 회사가 수주하여 진행하기에는 너무 위험부담이 큰 프로젝트라고 자신은 확신하고 있었다. 따라서 다른 회사들을 적당한 구실로 탈락을 시키고 싶은데 자연스럽게 탈락시킬 수 없을 까생각하고 있었다.

그런데 항상중간만해 회사의 제안서가 다른 회사들보다 두껍고 제본 형태도 달라 보였다. 그래서 B씨는 발주사의 심사진행자에게 제안요청서를 제공해줄 것을 요청하였다.

제안요청서에는 제안서가 ‘200쪽 이내, 양면인쇄’ 이렇게 되어 있는데, 항상중간만해 회사는 약 230쪽에 단면 인쇄로 되어 있었다. 명백히 제안요청서의 작성요령을 어긴 것으로서 심사탈락 대상이 될 수 있는 사안이었다.

심사위원 C씨는 일단붙어봐 회사의 제안서의 일부 리딩 메시지 부분에서 다른 페이지와 차이가 나는 부분을 발견했다. 대부분 ‘xxx하였음’, ‘xxx임’ 의 ‘ㅁ’ 으로 끝맺음을 하였는데 약25페이지가 ‘xxx합니다.’, ‘xxx입니다.’, ‘xxx로 생각합니다.’ 등으로 끝난 것이었다.

이러한 표기는 제안서에서 사용해서는 안 될 어법임을 C씨는 잘 알고 있다. 아마도 여러 업체가 제안서를 작성하다 보니까 미처 검토를 못한 것이라는 생각이 들었다.

심사위원 D씨는 열심히하려고해 회사의 제안서를 읽던 중 띄어쓰기와 각 장 · 절의 번호 매김이 일률적이지 않고 서로 다름을 발견하였다.

평소에 제안서의 내용뿐만 아니라 제작된 형태를 중시하며 제작과정을 유추하여 제안평가를 하는 그의 독특한 성향은 다른 심사위원들이 기술적인 부분에 대한 평가를 내릴 때와 비교해보면 지적을 받는 업체들은 대부분 제안서의 형태나 구조도 공통적으로 문제가 있다는 것을 알게 되었다. 따라서 기술적인 부분에서 자신 있게 평가를 내리기 힘들 때에는 제안서의 번호체계, 띄어쓰기, 철자법 등을 유심히 살펴보면 제안사들의 우위도 예측할 수 있는 것 같았다.

상황분석

제안서 작성과정의 어려움 :

제안서를 작성하는 것을 좋아하는 사람은 아무도 없다. 대부분 제안요청 내용에 대해 아는 것이 별로 없어서 1페이지를 채운다는 것은 매우 어려운 일이기 때문이다. 또한 작성된 부분에 대해서 다른 사람들로부터 평가를 받아 다시 보완해야 하는 경우가 많이 발생하는데 다른 사람들로부터 평가를 받는 것을 좋아하는 사람은 아무도 없다.

제안서를 작성하는 사람들도 작업을 같이해 본 사람들이 아니기 때문에 의사소통 오류가 많이 발생하여 사람들의 생각이 반영된 제안서의 내용도 제 각각이 된다.

제안서 작성에 대한 일정준수의 어려움 :

제안요청서를 받은 날 제안서를 작성하여 제출하기까지 초기 수립된 일정대로 제안서 제작이 완료되어 발주사에 제출하는 경우는 거의 없다.

제안서 제출1~2일전은 밤샘이 기본이고, 인쇄제본사에는 야간대기 요청이 들어온다. 다행히 요즈음은 24시간 작업을 하는 인쇄제본사가 있어서 문제는 없다고 하더라도 인쇄제본시간을 맞추지 못하여 제안서를 제출하지 못하는 경우도 종종 발생한다.

대기업 SI 영업대표의 말에 따르면 1개의 프로젝트를 수주하기 위하여 10개의 제안서를 쓴다고 말하는데 이토록 많은 제안서를 작성하면서도 왜 제안서 작성 때만 되면 우왕좌왕 마음 졸이다 아쉬운 상태로 제안서를 제출하게 되는지를 잘 살펴봐야 한다.

제안서 작성 인원 :

제안요청서가 나왔을 때, 제안서 작성을 책임진 제안PM(대부분 프로젝트 수행시에도 PM역할을 한다)은 제안서를 작성할 사람을 구하는 데 시간을 많이 할애한다.

대부분 제안요청서에 나온 기술들을 가지고 있거나, 유사한 제안서를 작성해본 경험이 있는 사람들은 다른 프로젝트를 하고 있거나 시간여유가 없어서 제안서 작성 팀에 전적으로 합류할 수가 없는 경우가 많다. 따라서 파트타임으로 활용을 하거나 컨소시엄사 또는 외주 협력사로부터 지원을 받아 제안서를 작성하는 경우가 일반적이다.

일관된 제안서가 나올 수 없다는 것은 처음부터 예견되는 일이 된다.

역발상

제안서 작성초기에는 내용보다 형식을 우선하라 :

경험이 많은 제안PM은 제안서 작성 초부터 제안서 형식과 형태와 관련된 서류(실적증명, 투입인원자격증명 등)들을 검토하고 특정 인원을 지정하여 처음부터 챙긴다.

제안서를 작성하기 위해서 제안 작성팀에 합류한 사람들이 종종 불만을 갖는 것은 제안서 작성을 주도하는 사람들이 제안서 작성지침이나 글자체, 작성 템플릿 하나도 갖추지 않고 무작정 제안서를 쓰자고 한다는 것이다.

제안PM은 이러한 자료부터 준비를 해놓고 제안팀이 만들어지는 대로 설명도 해주고 어떻게 검토하고 확인하며 함께 모여 통일된 시각과 작성된 내용에 대한 일치를 가질 것인지에 대해 지도를 해줘야 한다.

제안서 작성지침 또는 제안서 작성요령의 숙지 :

대부분의 제안요청서들에는 제안서 작성지침이나 작성요령이 포함되어 있다. 예를 들어서 제안서를 200 페이지 내로 작성을 하라고 했는데 어떤 회사가 201 페이지를 작성하여 제출했고 또한 좋은 평가를 받았는데 2위를 한 회사가 이의를 제기하여 1위를 한 회사가 탈락한 경우가 있다.

작성지침은 일종의 법과 같아서 무조건적으로 이를 준수해야 함을 명심해야 한다.

제안요청서 작성에 주도적인 역할을 한 회사의 의도 파악 :

대규모 SI 프로젝트 제안요청서는 특정 회사의 지원과 도움으로 만들어진 경우가 대부분이다. 1개 회사만 제안서를 제출하여 유찰이 발생했다면 이러한 이유로 봐야 한다.

특별한 일이 없는 한 발주사의 담당자가 제안요청서를 작성하는 데 도움을 크게 준 회사가 프로젝트를 수주하는 것은 자명한 사실이 될 것이다. 그런데, 뜻하지 않게 이러한 회사가 수주를 하지 못하는 경우도 많이 발생하는데 우선협상대상자로서 프로젝트 금액에 대한 협상이 잘못되어 수주를 못할 수도 있고, 제안발표 준비를 제대로 하지 못하여 수주를 못하게 되는 경우도 있다.

제안서를 제출하려고 하는 회사들은 나름대로 수주의 가능성을 예측하고 제안서를 작성하는 것이니 반드시 예측되는 회사가 수주를 한다는 보장을 할 수는 없다.

제안요청서를 작성하는 데 도움을 준 회사가 다른 경쟁사들의 추격을 뿌리치는 많은 방법 중의 하나가 제안서 작성지침에 자사만이 가지고 있는 강점을 써놓되 여러 가지 조건을 붙여서 다른 경쟁사들의 제안을 처음부터 막아버리는 경우가 많이 있다. 따라서 제안서를 작성할 것인가를 판단하는 처음 기준은 작성지침을 모두 읽어보고 지침대로 작성할 수 없을 것이라는 판단이 들면 포기하는 것이 현명한 일이 될 것이다.

역발상으로 이러한 면의 문제점을 지적하여 그에 대한 해결방안을 기술해 놓고 중점적으로 제안서에 설명해 놓는다면 오히려 수주확률이 높아지는 계기가 될 수도 있다.

제안요청서를 업체에서 써주었다고 하더라도 발주사의 담당자는 이러한 내용을 소화하여 자신의 의도대로 재 작성하는 경우가 많은데 오히려 이상스럽게 제안요청이 나오는 경우도 많기 때문이다.

발주사 담당자와의 잦은 통화 및 방문 :

제안서를 작성하면서 발주사 담당자와 자주 통화를 하고 때로는 방문도 하여 신뢰관계를 쌓아놓는 것은 여러모로 이점이 있다.

발주사 담당자의 지식도 알 수 있고, 제안요청이 이루어진 과정도 파악할 수 있고, 뒤에 특정 회사가 있는지도 알 수 있다.

가장 유리한 것은 제안요청서에서 요청하는 내용을 올바르게 작성했느냐 하는 판단을 발주사로부터 듣고 수정 보완할 수 있는 것이기 때문에 자주 발주사 담당자와 통화를 하면서 제안전략을 수립하고 수립된 전략을 변경해가는 기회를 많이 만들어야 한다.

역발상 제안 :

다음은 제안서 작성지침과 관련하여 유의할 사례들을 모은 표이다.

표 I-15 제안서 작성지침 중 유의할 사항 예

No.	작성 지침	지침 내용
1	제안서 형태	• A4지 3hole 바인더 사용하여 제출(제본하지 말 것)
2	작성 방향	• A4 종 방향 작성을 원칙으로 하되, 부득이한 경우 A4 횡 방향 또는 기타 용지를 일부 사용할 수 있음
3	작성 글자	• 한글 작성이 원칙이며, 사용된 영문약어에 대하여는 약어 설명 표를 별도로 제출하여야 함
4	페이지 분량 및 쪽번호	• 본문 내용은 반드시 300페이지 이내로 작성하며, 각 쪽은 쉽게 참조할 수 있도록 페이지 하단 중앙에 일련번호를 붙이되, 각 장 별로 번호를 부여하여야 함 • 제안요약서는 반드시 50페이지 이내로 작성하여 제출하여야 함
5	제안서 구성 및 목차	• 제안서 구성 및 목차는 가능한 한 제안서 작성요령에 의해 작성하여야 하며, 증빙자료는 제안서의 별첨으로 제출하여야 함
6	작성지침에 명시되지 않은 내용	• 추가적인 제안사항이 있는 경우 해당항목에 포함 또는 별도의 항목을 추가하여 작성할 수 있으며, 또한 작성지침 항목 중 해당사항이 없는 경우는 해당항목에 "해당 없음"으로 간략히 기술해야 함
7	명확한 용어 사용	• 제안서의 내용은 명확한 용어를 사용하여 표현하여야 함 예를 들어, '~할 수도 있다', '~이 가능하다', 사용 가능하다', '할 수 있다' '고려하고 있다', '~에 동의한다.', '~(은)을 협의(합의)하여 한다.', 기타 "수행한다는 것인지 수행하지 않는다는 것인지"가 모호한 표현은 평가 시 불가능한 것으로 간주하며, 계량화가 가능한 것은 계량화하여야 함
8	작성내용의 객관적 입증	• 제안서의 모든 내용은 객관적으로 입증할 수 있어야 하며, 그 내용이 허위로 확인될 경우 또는 입증요구에 입증하지 못하는 경우는 평가 대상에서 제외됨 • 제안내용을 보충하기 위하여 참고문헌 활용 시 참고문헌 목록을 첨부하고, 그 출처를 정확히 알 수 있도록 표기하여야 함 • 계약 후에도 제안서의 내용이 허위로 작성한 사실이 발견되거나 제안된 내용을 충족 못 시킬 경우 제안업체는 일체 손해배상 책임을 져야 함
9	조직 및 인원	• 전체 조직도 및 조직 별 주요업무기능 • 조직 별, 기술자 등급별, 기술 분야별 인원현황 등

13. 조견표의 작성

상황

심사위원 E씨는 심사위원들에게 배포된 심사시트에서 배점이 가장 큰 기술부문에 대한 제안사들의 전략과 전술 및 구체적인 내용을 살피고자 기술부문에 대한 조견표를 살펴보았다. 그런데 4개의 제안사들 중 열심히하려고해 회사의 조견표의 내용이 매우 독특했다.

다른 3개사의 조견표는 1페이지 또는 2페이지 정도였는데 열심히하려고해 회사의 조견표는 무려 10페이지에 달했기 때문이다. 그리고 다른 회사들은 조견표가 제안서 바인더의 맨 뒤에 놓여 있었는데, 열심히하려고해 회사는 바인더 맨 처음에 위치하고 있어서 색다른 분위기를 보여주고 있었다.

호기심도 있고 해서 내용을 보았더니 조견표 각 항목에 대해서 어떻게 생각했고 문제점은 무엇이며 고려사항은 무엇이어서 어떻게 해결하려고 하는지, 어떤 강점이 있는지에 대한 상세한 설명이 되어 있어서 구태여 제안서를 보지 않고도 평가가 가능하게끔 내용이 구성되어 있었다.

심사위원 F씨는 다른 회사들에 비하여 열심히하려고해 회사는 많은 시간을 들여 제안을 준비했고, 목표시스템에 대하여 그들이 할 수 있는 내용과 노력해야 할 부분들에 대하여 비교적 소상하게 분석했다는 것을 알 수가 있었다.

매우 잘 작성된 조견표라고 평가해줄 수 있었다.

제안발표를 시작하기 이전에 각 사가 제출한 제안서에서 조견표를 찾았다.

성공만해 회사는 제안서 맨 앞에 조견표를 위치시켜놓아 찾기 쉬웠는데 비하여 일단붙어봐 회사는 제안서 맨 뒤에 위치시켜 놓았다.

열심히하려고해 회사는 조견표에 해당하는 제안서 및 요약서의 페이지를 기록해 놓았을 뿐만 아니라 페이지의 제목과 간단한 내용도 표기하여 놓았다. 조견표를 적어놓은 방법과 내용으로 보면 열심히하려고해 회사가 가장 열심히 작성을 해 놓았다.

상황분석

제안서 작성 시 맨 마지막에 작성하는 부분이 조견표 :

제안서를 작성한 담당자들이 공란을 메워주는 것도 조견표를 작성하는 절차가 된다.

제안서의 페이지 번호가 바뀔 때 조견표의 페이지 번호도 바뀌게 되고 목차 등이 변경될 때마다 수정해야 할 부분이 조견표가 된다. 따라서 조견표는 엉성하게 작성될 위험이 가장 많은 부분이다.

집에 들어서는 첫 입구인 조견표 :

심사위원들이 검토하고 싶은 부분을 가장 빨리 볼 수 있게 해주는 수단이 바로 조견표이다. 만약 조견표에 나와 있는 내용을 검토하기 위하여 조견표의 페이지를 찾았는데, 페이지 번호가 잘못된 것이었다면 해당 심사위원에게서 좋은 평가를 받는다는 것은 상상할 수도 없다.

역발상

조견표는 심사위원들에 대한 선물 :

제안서 작성 당시에는 참으로 힘들고 어렵고 귀찮고 짜증났지만, 막상 만들어진 제안서를 보면 흐뭇해져서 정말로 수주할 것 같은 생각이 든다.

이것이 바로 포장의 놀라운 효과이다. 그 안에 들은 것이 쓰레기라고 할지라도 포장 케이스가 예쁘다면 내용도 일단은 예쁘게 보이는 것이 인지상정이다.

집안의 물건들도 구경할 수 있게끔 유혹하는 조견표는 심사위원들에 대한 예의이자 선물이 될 수도 있으며, 선물을 받은 심사위원이 답례로 좋은 평가를 할 것이라는 것은 자명한 일이다.

조견표는 대부분 제안서 및 제안요약서가 마무리가 된 이후에 별첨자료 제작하듯이 가볍게 제작이 된다. 그러나 어떤 면에서는 제안서의 내용보다도 더욱 중요하게 다루어질 성질의 자료가 될 수 있다.

대부분의 제안요청서에서는 조견표의 작성항목이나 작성방법 등의 내용이나 형태에 대해서 지정을 하고 있지 않다. 따라서 제안사에서 임의로 조견표 형태를 제작하고 내용을 작성할 수 있는 특성이 있다.

대부분의 심사위원들과 맨 처음으로 상견례를 하는 중요한 자료중의 하나가 될 수 있다.

가볍게 제작하고 작성하는 것이 아니라 칼자루를 쥐고 있는 심사위원을 만나는 만남의 장소가 되는 곳이다. 따라서 심사위원들이 원할 만한 것을 온갖 친절이 모두 들어간 상태로 제작하여, 심사위원들에게 좋은 심사의 분위기를 만들어 주는 출발점이 되게 해야 한다.

대부분 몇 페이지로 단순하게 만드는데, 단 몇 장이라도 표지를 입혀 여러 페이지로 만들어 제안서 바인더 맨 앞에 삽입시켜 놓는다면 심사위원들의 기분이 고양되는 것은 틀림없는 일이 될 것이다. 따라서 요약서 만들듯이 조견표를 만드는 작업을 많은 시간과 정성을 들여 제작하는 것도 하나의 제안발표에서 좋은 평가를 받을 수 있는 역발상 방법이다.

구조화되고 상호 연계된 조화로운 제안서를 작성하는 수단 :

조견표를 제안서 작성계획을 수립하는 첫 단계부터 작성하여 이것을 바탕으로 제안서, 제안요약서가 만들어질 것을 권유한다.

부족한 시간을 가지고 제안서를 만든 까닭에 제안서는 온통 실수투성이고 약점투성이로서 얘기하고자 했던 사항들을 제대로 표현하지 못하고 제출하는 경우가 대부분이다.

만약 작성된 제안서의 각 내용들이 체계적이면서 전략적으로 강조하고자 하는 부분이 잘 표현되기 위해서는 조견표는 수단이자 목표로서 제안서를 작성하는 기간 내내 유지되고 관리되어야 한다.

심사위원 입장에서 제안서 10번 검토하기 :

심사위원이 심사장에 들어와서 제안심사발표를 듣고 심사시트에 평가결과를 작성하고 확인 서명할 때까지 약 3번 이상은 조견표에 의하여 찾고자 하는 부분을 찾는다면 조견표를 제작해놓고 약 10여 번 정도는 조견표를 활용해서 제안내용을 찾는 심사위원의 입장에서 제안내용을 찾는 모의실험을 할 필요가 있다.

분명히 작성된 조견표에서 개선할 부분이 생길 것은 틀림없는 일이며 제안서의 내용도 조견표에 맞춰 강조하고 싶은 키워드나 표, 그림의 내용이나 폰트 등이 다르게 표현될 수 있을 것이다.

조견표 작성 방법 :

대부분의 제안요청서에는 제안서를 어떻게 평가하겠다는 평가내용이 포함되어 있는데, 이것을 활용하여 조견표를 작성한다.

대부분 평가부문과 평가항목에 대하여 제안서의 몇 쪽에서 설명해 놓았다고 단순하게 조견표를 작성하는데 이렇게 하지 말고, 제안의 특성에 맞는 내용을 짧게 요약하여 설명하고 요약표나 요약 그림을 첨부하여 '조견표와 부속서류' 로 제작을 한다면 심사위원들에게 많은 호감을 가지게 할 것이다.

심사위원들이 보지 않을 수도 있는 내용을 작성하는 데에 많은 시간을 할애하는 것보다 심사위원들이 볼 수밖에 없는 부분에 대하여 심혈을 기울이는 것이 현명한 일이 될 것이다.

역발상 제안 :

조견표를 효과적으로 작성하는 데 있어서 문제점과 해결방법은 다음과 같다.

표 I-16 '조견표 작성' 역발상 제안 Point

No.	제언 Point	상세 내용
1	제안서의 내용이 모두 파악되어야 조견표를 작성할 수가 있다.	• 제안서 작성초기에는 조견표를 어떻게 작성할 것인지에 대한 전략 기획만 수립한다. • 실무능력 배양 - 조견표 작성기법 - 경쟁사와 차별화된 조견표 작성방법
2	조견표의 내용이 자주 변경된다.	• 조견표를 담당하는 인원이 제안서 작성 초기부터 담당하여 유지관리하게 한다. 복사/제본을 담당하는 인원이 담당할 필요가 있다.

14. A3 페이지의 활용

상황

심사위원 A씨는 성공만해 회사와 열심히하려고해 회사의 제안서에 높은 평가를 했다.

그 이유는 두 회사가 제안요청에 대해 제안하려는 내용을 가장 효과적으로 전달했기 때문이다.

사실 E씨는 기술부문에 대하여는 잘 알지 못한다. 따라서 제안된 내용이 어느 정도로 제안요청에 부합하는지를 판단하는 것은 쉽지 않다.

제안된 내용을 최대한으로 빨리 이해하고 판단을 하기 위해서 요약된 자료가 없는가를 제안서에서 주로 찾는 편이다.

이 경우 A3로 요약된 요약자료를 즐겨 읽는데, 대부분 목적하는 대로 많은 내용을 빠르게 이해할 수 있는 장점이 있다.

항상중간만해 회사와 일단붙어봐 회사는 A3 페이지가 하나도 없어서 제안내용을 이해하기가 여간 어렵지 않았다.

심사위원 B씨는 제안서 작성경험을 많이 가지고 있는 사람이다.

A3 한 페이지를 만드는 노력은 A4 10페이지 분량 이상의 노력이 든다는 것을 잘 알고 있다. 따라서 A3가 여러 페이지 포함된 제안서에 후한 평가를 하곤 한다.

심사위원 C씨는 열심히하려고해 회사의 A3 페이지의 내용을 성공만해 회사보다 후하게 평가했다.

디자인 및 색상에서 대기업 SI사인 성공만해 회사에 견줄 수가 없었지만 열심히하려고해 회사의 A3의 내용은 상당히 알차게 작성되어 있었다.

솔직히 작성된 내용에 대해서는 잘 모르는 최신정보기술이 주로 작성되어 있었지만 작성된 내용이 구조적이고 체계적으로 잘 정리되어 있어서 많은 노력을 하였다는 인상을 받았다.

상황분석

A3가 포함된 제안서의 인상 :

A4 페이지만으로 구성된 제안서보다 A3가 포함된 제안서는 우선적으로 심사위원들에게 좋은 인상을 줄 수밖에 없다.

A3 페이지는 대부분 여러 내용들을 요약하거나, 흐름이나 절차들을 요약한 것이기 때문에 일목요연하게 전체 내용을 개략적으로 파악하기에 용이하다.

A3의 내용 :

프로젝트에서 활용하는 방법론, 프로젝트의 목표를 달성하기 위한 추진전략과 전술, 구축하려는 목표시스템의 구성 내용, 종합적인 일정계획 등이 A3로 표현되어야 할 내용인데, 심사위원들이 한 눈에 제안의 내용을 이해할 수 있게 하는 좋은 도구가 된다.

역발상

심사위원에게 얘기하고 싶은 내용의 A 3 표현 :

A3 페이지로 표현되는 내용이 구태의연한 것이기 보다는 좀 더 전략적이고 도발적인 내용이 포함되는 것이 유리할 경우가 있다.

예를 들면, 프로젝트 목표를 달성해 나가기 위한 전략과 그에 대한 전술이 A3 한 페이지에 요약되어 나타난다면 매우 바람직한 경우가 될 것이다.

심사위원들에게서 질문이 많이 나오는 투입인원과 조직들에 대한 사항들도 A3로 표현될 필요가 있다. 또한 예상 질문에 대하여 약 10여 개를 준비하여 A3로 종합적으로 표현한다면 좋은 평가를 얻을 수가 있을 것이다.

A3로 표현하는 기술과 내용구성의 어려움 :

A3 페이지로 나타내는 내용은 대부분 요약된 내용이다. 따라서 작성하는 데에 상당한 노력과

어려움이 따르는데, 제안서 작성 초기에 결정을 내려 작성하고, 작성기법을 연구할 필요가 있다.

모두가 힘들어하는 작업을 역발상적으로 수행한다면 심사위원들에게서 좋은 평가를 받을 수가 있을 것이다.

역발상 제안 :

A3로 제안서의 내용을 작성하는 데 있어서 문제점과 해결방법은 다음과 같다.

표 I-17 'A3 페이지 활용' 역발상 제안 Point

No.	제언 Point	상세 내용
1	시간이 많이 소요된다.	• A3 페이지를 작성하는 전략이 초기에 수립되어져야 한다. • 실무능력 배양 - A3 페이지 작성전략 수립방법
2	단순한 요약표가 되기 쉽다.	• A4의 내용을 A3에 표현하기 위한 기법을 숙지하여, A3 페이지로 나타내려는 목적을 달성할 수 있어야 한다. • 실무능력 배양 - A3 페이지 작성기법

15. 핵심부문 중심의 제안요약서 작성

상황

심사위원 A씨는 성공만해 회사와 열심히하려고해 회사의 제안서에 높은 평가를 했다. 그 이유는 두 회사 모두 요약서가 쉽게 이해를 할 수 있게 되어 있었기 때문이다.

항상중간만해 회사와 일단붙어봐 회사는 논리나 체계가 없이 제안서에서 회사소개 부문과 사업관리 부문, 사업지원 부문을 간략하게 표현하고 나머지 개요 부문이나 기술 부문은 요약하지 않고 제안서의 내용을 그대로 옮겼기 때문이다.

갑자기 기분이 상해서 항상중간만해 회사와 일단붙어봐 회사의 제안서는 책상 옆으로 치워 놓았다.

상황분석

제안서의 내용을 축약한 요약서 :

제안요약서는 한 마디로 제안서의 두꺼운 분량을 심사위원들이 읽고 이해하기 힘들기 때문에 심사위원들을 위해서 내용과 분량을 요약하고 함축시켜 표현해 달라는 메시지를 담고 있다.

단순히 제안서의 내용과 동일한 그림이나 내용을 간추려 요약서를 만들었다는 느낌이 들기에,

심사위원들이 원하는 짧은 시간에 발주사가 원하는 요구사항에 대한 해결방안의 적정성과 구체성을 확인하는 데 많은 시간이 걸릴 것이라는 인상을 주어 좋은 평가를 할 수 없게 한다.

정성이 깃든 요약서 :

심사위원도 사람인지라, 제안서와는 다른 형태로 그림이나 글이 작성되어 있고, 전략적이고 체계적으로 요약서가 작성되어 있다면 좋은 평가를 줄 수 있게 된다.

오히려 제안서보다 정성을 기울여 작성하는 것이 심사위원에게서 높은 평가를 받을 수 있게 된다.

역발상

제안요약서의 장점 살리기 :

제안요약서는 심사위원들에게 짧은 시간에 강력하게 제안의 우수성을 느껴 감동을 시킬 수 있는 발표자료 못지않은 효과를 발휘할 수 있는 수단이 된다.

제안의 강점 부분을 강조하고, A3의 활용, 전략적인 체계와 구조를 갖춘 내용으로 작성이 되어야 한다.

역발상 제안 :

제안서가 발주사의 제안요청사항에 대하여 상세하고 구체적인 해결방안을 기술했다면, 제안요약서는 전체적인 개요와 중요한 해결방안에 대해 강조를 하는 내용이 포함되어야 한다.

제안발표자료는 제안요약서를 토대로 만들어지게 되므로, 제안요약서는 제안발표자료를 만드는 기분으로 작성이 되어야 한다.

표준제안서를 제작할 때, 제안요약서에 대한 표준 형태나 지침을 만들어 놓고 활용한다면 제안 성공 확률을 높일 수 있게 하는 효과적인 도구가 될 것이다.

표 I-18 '핵심부문 중심 제안 요약서 작성' 역발상 제안 Point

No.	제언 Point	상세 내용
1	요약서는 단순히 제안서를 요약한 정도로 제작이 된다.	• 요약서가 제안서의 중요한 부분들을 요약한 것으로 제작되어야 한다. • 실무능력 배양 - 요약서 제작기법

제 II 부

제안서 관련 자료 작성기법

제1장

제안서 작성 결정

1.1 경쟁사 정보 습득

발주사에서 발주한 프로젝트에 대해 함께 경쟁할 경쟁사 정보는 매우 중요하다. 들러리가 되는 경우라면, 열심히 제안서를 쓰고 품질 면에서 객관적으로는 1등을 할 수 있다고 하더라도 수주에서는 99% 탈락할 것이기 때문이다.

특히, 제안요청서를 제작하는 데 경쟁사에서 발주사 담당자에게 많은 도움을 주었거나, 초안을 작성해 주었거나, 작성된 초안에 대해 많은 지원을 해 준 확실한 정보를 획득했다면, 십중팔구 해당 프로젝트는 수주하기 어려울 것이다.

경쟁사가 발주사에서 직접 유사한 프로젝트를 수행했거나, 타 기업/기관에서 유사한 프로젝트를 수행한 실적을 다수 보유하고 있다면 수주를 위해서는 최저가 전략의 사용 등 전략적인 접근이 필요하다.

제안서 작성을 할 것인지 포기할 것인지에 대해서는 담당자에게 직접 전화를 하든지(형태는 제안서를 작성하면서 궁금한 사항을 물어보는 방법으로), 간접적으로 의사를 전달받든지 하는 방식으로 담당자의 의사를 확인하는 것이 매우 중요하다.

발주사 담당자와의 인간적인 신뢰 또는 업무적인 관계도 없이 제안요청서를 접하고 제안서 작성을 하는 경우가 있는데 수주할 확률은 거의 없다고 봐야 할 것이며, 요행으로 수주를 하였다고 할지라도 수행할 때 많은 어려움을 겪게 될 것이다.

프로젝트 규모가 중대규모(컨설팅은 2억 이상, 소프트웨어 개발은 3억 이상) 이상이거나, 발주사 담당자가 공정을 기하려는 의도에서 제안요청설명회를 하는 수가 종종 있는데, 제안요청설명회에 참석한 업체에게만 제안서를 제출할 기회를 주는 조건을 붙일 때가 많기 때문에 제안요청설명회에 참석하여 업체들의 참석 현황을 눈으로 확인하는 것도 좋은 방법이다.

또한 이러한 자리에서는 관련된 사람들과 인사도 하고 프로젝트 관련 얘기도 나누는 계기가 되는 경우가 많아서 경쟁사 정보를 직접 눈으로 확인하고 귀로 들을 수 있다.

표 Ⅱ-1 경쟁사 정보의 습득방법

No.	발주사 및 프로젝트 환경정보	습득방법
1	발주사의 제안요청서 작성 지원 유무	• 영업사원을 통해 정보를 획득 - 경쟁사에서 오랫동안 사전 영업을 수행함 • 제안요청서가 경쟁사에 유리한 항목이 많고, 자사에 불리한 항목이 있음
2	발주된 프로젝트 관련 발주사에서 유사 프로젝트 직접 수행 경험	• 영업사원을 통해 정보를 획득 • 발주사에서 수행된 프로젝트에 대하여 발주사 홈페이지 또는 나라장터에서 검색하여 해당 유무를 확인
3	발주된 프로젝트 관련 유사 프로젝트 타 기업/기관에서 수행 경험 다수	• 영업사원을 통해 정보를 획득 • 경쟁사 홈페이지에서 실적 확인 • 인터넷 검색을 통하여 관련된 정보 확인
4	발주사 담당자의 의사 간접 확인	• 대부분의 프로젝트는 발주사 담당자와 프로젝트 수행 예정 회사와의 암묵적인 협의 하에 제안요청서가 나오는 경우가 대부분이므로 발주사 담당자의 의사 파악이 매우 필요함

1.2 발주사 정보 및 프로젝트 환경정보 습득

제안요청서를 작성할 때 가장 힘이 드는 사항은 발주사에서 요청한 요구사항을 업무적, 기술적으로 잘 이해하고 있고, 해결방안은 이렇다는 것을 제안서에 표현하는 것이다.

필자는 제안서를 작성할 때 제안참여자로부터 '보고서 같은 제안서' 를 빠른 시간 내에 작성한다는 얘기를 많이 들어왔는데, 그 비법은 다음 표에 적어놓은 것처럼 발주사 홈페이지 검색, 나라장터 검색, 인터넷 뉴스 검색 등을 통하여 발주사 정보 및 프로젝트 관련 정보를 습득하는 것이다.

공개입찰 제안요청서를 내는 기관 또는 기업들은 대부분 관련된 정보들이 공개되어 있는 경우가 대부분인데, 운이 좋으면 국립도서관의 석/박사 논문에서 제안요청 관련 직접적인 정보를 얻는 경우도 많아서 제안요청을 하는 발주사의 이면의 상세한 정보를 습득하는 것은 어려운 일이 아니다.

이러한 정보를 검색하는 과정에서 경쟁사 정보를 얻거나, 유지보수 업체 정보를 얻는 경우가 있는데, 수주 전략을 수립하는 데 결정적인 도움을 줄 수 있다.

발주사의 담당자와 인간적인 친밀도가 형성되어 있다면, 품질이 우수한 제안서를 작성하는

표 Ⅱ-2 발주사 및 프로젝트 환경정보의 습득방법

No.	발주사 및 프로젝트 환경정보	습득방법
1	프로젝트 발주 배경	• 제안요청서의 제안요청 배경 숙독 • 제안요청서에 작성된 일반적인 제안요청 배경 외의 발주사 내부의 프로젝트 필요성 • 발주사 홈페이지 검색을 통해 배경 뒤에 숨어있는 프로젝트 수행 필요성 인식 • 인터넷 검색을 통해 일반적인 발주사 경영 관련 정보의 획득 - 구글, 네이버 등에서 검색 키워드를 입력하면 발주사에 관련된 다양한 소식들을 접할 수 있음 - 특히, 발주사의 IT관리자들이 홍보성 글을 외부에 홍보한 자료나 소식들을 다수 접할 수 있음 • 나라장터에서 발주사 관련 유사 프로젝트 관련 제안요청서를 수집하여 관련 내용을 조사함
2	유사 프로젝트 수행 경험	• 유사 프로젝트를 수행한 업체 및 전문가와의 협업을 추진 - 협업을 통한 프로젝트 수행

것 이상으로 프로젝트 수주에 경쟁력이 있는 기반을 확보하고 있다고 할 수 있을 것이다.

대부분의 SI 프로젝트의 경우 복잡하고 최신의 기술을 요구하기 때문에, 발주사 담당자가 제안요청서의 기술내용을 모두 파악하여 제안요청서를 작성하는 것은 매우 힘든 일이므로 어느 정도는 전문 업체 지원을 받는다.

이러한 기회를 자주 가졌고, 발주사 담당자로부터 신뢰를 얻었을 경우에는 프로젝트 수주에 유리한 고지를 선점하고 있다고 하여도 과언이 아니다.

신뢰를 할 수 없다거나, 잘 모르는 업체와 자신이 수행 책임이 있는 프로젝트를 같이 수행할 담당자는 결코 있을 수 없는 것이다.

제안요청서 문항 작성과정에 참여한 업체에서 자신의 회사에 유리하게 제안요청 문항을 가공하는 경우가 종종 있다.

프로젝트 수주를 위해 경쟁하는 경쟁사들은 어느 정도 이러한 상황을 알고 있기 때문에 관련된 정보를 파악하는 것도 중요한 일이다.

종종 제안요청서에서 낌새를 눈치 채는 경우가 있는데, 경쟁사에 유리한 항목을 제안요청서에 삽입시키거나, 제안요청 내용을 이해하는 데 오랜 시간이 걸리도록 난삽하고 복잡하게 요청문항을 기술한 경우가 있다.

1.3 브레인스토밍

제안서 작성을 할 것인지 이해당사자들이 모두 모여 브레인스토밍을 수행한다.

치열한 브레인스토밍을 통해 효율적인 의사결정이 이루어질 수 있다.

제안을 컨소시엄을 구성하여 수행할 경우에는 원만한 의사소통을 위하여 브레인스토밍 기법을 활용할 필요가 있다.

소수의 인원의 독자적인 판단에 의해서 보다는 여러 사람들의 의견을 통하여 현명한 판단이 내려질 수 있고, 제안서 작성에 대한 의견의 통일과 제안 관련 정보 전달의 계기가 될 수 있다.

특히 프로젝트 수주를 위해 영업활동을 한 영업대표 등의 의견이 매우 중요하다.

프로젝트 규모가 작을수록 영업대표 및 영업을 소개해 준 인력의 의견은 결정적일 수 있다.

표 Ⅱ-3 브레인스토밍 요약

No.	구분	설명
1	브레인스토밍 정의	• Brainstorming = Brain + Storming • 창의적 아이디어 창출을 위한 팀 활동 • 한 사람이 제안한 아이디어에서 영감을 얻어서 새로운 아이디어를 내는 아이디어까지 포함한다면 그 아이디어의 수는 훨씬 더 증가한다. 그룹을 통해 많은 아이디어를 얻는 방법 • 1938년 광고업을 하던 오스본(Alex Osborn) 개발 • 적합한 사람의 수: 3 ~ 10 명 • 정해진 법칙과 과정 준수
2	브레인스토밍 4대 원칙	• 가능한 많은 아이디어 창출: 아이디어의 질보다는 수가 중요 • 엉뚱한 아이디어 환영: 최대한 창의적인 아이디어 창출 • 편승(히치하이킹) 장려: 다른 사람의 아이디어를 발전시켜 새로운 아이디어 제시 • 비판 불허: 위축 금지, 판단은 추후 평가 등에서 토의
3	브레인스토밍 준비	• 팀원 - 상상력 풍부, 혁신적, 미래지향적 팀원 필요 - 회의 전 브레인스토밍 목적과 배경의 공시가 필요 • 장소 - 익숙하지 않은 장소, 멀리 떨어진 장소 등 • 시간계획 - 아침이 유리 - 충분한 시간 필요 • 준비물 - 문방구, 시계, 녹음기 등

4	브레인스토밍 절차	• 브리핑 - 문제배경 설명 및 문제 정의문 공시 • 4가지 규칙 복습 규칙준수 당부, 부정적 사고 예방을 위한 3진 아웃제 검토 • 과정 설명 아이디어창출⇒아이디어쓰기⇒아이디어편승하기 • 웜업 연습 - 유연한 사고 촉진을 위한 간단한 주제로 5분 웜업 수행 예> 종이컵의 용도 예> 만약 사람의 키가 50cm로 작아질 경우의 변화 • 브레인스토밍 수행 - 잘 알려진 아이디어 먼저 제안 후 버리기 (load dumping), 진부한 아이디어로 인해 신선한 아이디어 창출 방해 - 아이디어 창출 부진 시 진행자가 황당한 발상 제시 등으로 촉진 유도 - 40~50개 아이디어 창출 유도 • 마침 - 종료 3분전 예고 3분 동안 좋은 아이디어 창출 가능 • 해산 - 다음 회의 예고 및 해산
5	브레인스토밍 종류	• Free Wheeling - 회의에 참가한 모든 구성원이 일정한 순서에 구애받지 않고 아이디어가 떠오르는 대로 동시다발적으로 의견을 내는 방식 - 일반적으로 시간을 정해놓고 진행하는 것이 보통 - Brainstorming의 취지를 최대한 살려 모든 구성원이 일정한 제약이 없는 상태에서 참여할 수 있는 장점이 있으나 종종 구성원 중에 말이 많고 적극적인 몇몇이 회의를 주도하는 경향이 발생하며, 소극적인 사람의 뛰어난 아이디어가 사장될 위험이 있음 • Round Robin - 리더의 진행으로 구성원들이 한 사람씩 순서대로 돌아가며 아이디어를 내는 방식 - 마땅한 의견이 없을 경우 구성원은 'Pass'를 외쳐 자신의 순서를 지나 보낼 수 있으며 모든 구성원이 'Pass'를 외칠 때까지 진행하도록 함 - 소극적인 구성원들도 모두 참여시킬 수 있는 장점을 가지고 있는 반면 순서에 따라 의견을 개진하게 되므로 Brainstorming의 자유분방함의 취지를 완전히 살릴 수 없음 • Slip Method - 회의를 시작하기 전 작은 쪽지에 주제와 관련된 아이디어를 기술하고, 이를 참고로 Brainstorming을 진행하는 방법 - 터무니없는 아이디어의 남발을 방지하고 보다 신뢰성이 있고 활용 가능한 아이디어를 얻을 수 있다는 장점이 있어 다소 시간적인 제약이 있는 경우 활용할 수 있는 장점이 있으나 아이디어를 사전에 문장으로 표현하여야 하므로 위와 같이 시간적 제약이 있다든가 하는 특수한 경우에 많이 활용됨

1.4 수주확률표 작성

수주확률표는 대부분의 제안요청서에 나와 있는 제안심사기준을 활용하여 경쟁사와의 강약점 분석을 하여 점수로 나타내본다.

아래 표에서는 경쟁사 1곳과 근소한 점수 차이로 앞서있다. 점수를 만회하기 위한 전략이나, 제안가격을 조금 낮게 쓰는 전략으로 대항할 수 있다.

점수를 만회하기 위하여 관련 부분의 기술이나 경험 또는 인력을 가진 업체와 컨소시엄을 구성하는 경우가 일반적이다.

경쟁사의 취약부분인 사업의 이해도 부분과 기술부문에서 경쟁사와 차별화되는 내용으로 제안서를 작성한다.

표 Ⅱ-4 수주확률표

구분	평가항목	평가요소	배점	평가방법	평가구분	당사	A사	B사
기술능력평가	유사분야 용역 수행실적	최근 3년간 정부부처 및 공공분야 용역수행실적	5	절대평가	객관적 지표에 의한 평가	3	5	3
	사업수행조직 (상주인력기준)	사업참여 인력의 기술수준	5			5	4	4
		인력확보 및 구성의 적정성	5			5	4	3
	경영상태	기업 신용 평가	5			3	5	4
	제안 개요	사업추진목표 및 사업의 이해도	10	상대평가	주관적 평가	8	5	5
		추진전략 등						
	기술 부문	사업수행 및 컨설팅 방법론	15			13	10	10
		세부사업수행내용 및 수행방안						
		각종 분석에 사용되는 기술적/합리적 도구, 접근방법						
		벤치마킹 범위 및 방법						
		최신 기술 적용에 대한 사항						
		단기 과제의 RFP 제공 수준						
	사업관리 부문	사업수행조직, 품질보증방안, 프로젝트관리방안	20			18	20	17
		사업 추진 절차, 일정의 적정성						
		과업일정별 인력운용 계획의 적정성						
	지원부문	교육훈련, 지원계획 등의 적정성	5			4	4	4
		기타 지원 사항(환경 및 장비 등)						
계			70			59	57	50

1.5 원가산정 방법

제안 요청된 프로젝트에 대하여 원가를 산정한다.

원가를 산정하는 방법에는 다양한 방법이 있으나, 여기서는 다음 표처럼 프로젝트를 수행하는 데 필요한 인력의 기술자 등급의 노임과 단순 경비를 개략적으로 계산하여 원가를 구하는 것이 가장 일반적이다.

그런데, 프로젝트 규모가 크고 컨소시엄 형태로 수행되어지는 프로젝트라면 프로젝트 종류에 따라 계산할 필요가 있다.

다음 표는 장비 구입과 시스템 개발이 포함된 복잡한 프로젝트의 원가를 산정한 예시다.

전체 사업비용은 개발용역비와 장비구입비로 이루어져 있다.

개발용역비는 소프트웨어 개발비, 데이터베이스 구축비, 시스템운용환경 구축비, 소프트웨어 재사용 구축비로 구성되어 있고 각각의 계산 방법을 설명하였다.

원가계산을 해 보았는데 도저히 프로젝트를 수주하여 수행할 수 없는 금액이 산출되는 경우가 많이 있다.

특히, 시장 진입을 위한 실적 쌓기, 레퍼런스 확보, 차기 사업 수주를 위한 영업적인 측면의 프로젝트 수행 등 뚜렷한 목적이 있을 경우에는 출혈을 감수하고 프로젝트를 수주하는 경우가 있는데 원칙적으로는 제안을 포기하는 것이 현명한 일이다.

그런데, 제안에 참여하여 프로젝트를 반드시 수주해야 할 필요가 있을 경우, 가장 지혜로운 법은 프로젝트 수행의 실패로 인한 예측 가능한 위험을 나열해서 대응방안을 수립하는 일이다.

표 Ⅱ-5 투입되는 인력 기반 개발원가 산정

주요 항목	소요예산 (단위: 원)	산 출 근 거						비고
		투입기술자 (등급)	노임단가 (원)	투입기간 (월)	투입률 (%)	투입인원 (명)	금액 (원)	
인 건 비	92,295,400	특급기술자	5,784,200	4	100%	1	23,136,800	
		고급기술자	4,424,950	8	100%	1	35,399,600	
		초급기술자	2,813,250	12	100%	1	33,759,000	
제 경 비	64,606,780	인건비의 70%(간접인건비, 복리후생비, 간접경비 등)						
직접경비	27,688,620	인건비의 30%						
VAT	18,459,080	부가세 (인건비+제경비+직접경비)*10%						
소 계	203,049,880	(부가세 포함)						
원가금액	200,000,000	(부가세 포함)						

표 Ⅱ-6 사업비용 산출내역서

1) 총괄표

구 분		금 액	비 고
개발용역비	소프트웨어 개발비	2,139,646,250	VAT포함
	데이터베이스 구축비	194,410,129	
	시스템운용환경 구축비	86,052	
	소프트웨어 재사용 절감액	132,803	
	소계	2,334,275,234	
장비구입비	소프트웨어 구매	1,057,617	
	하드웨어 구매	1,020,624	
	하드웨어 재사용 절감액	114,072	
	소계	2,192,313	
합계		2,336,467,547	

2) 개발용역비

2-1) 소프트웨어 개발비(기능점수법)

구 분	산출내역	금 액(원)	비 고
개발원가		1,718,876,304	기능점수 산정
직접경비	외부전문가 비용	140,314,336	여비, 인쇄비 등
이윤	개발원가 * 5%	85,942,315	개발원가의 10% 초과 못함
소계		1,945,132,955	
부가가치세		194,513,295	
합계		2,139,646,250	(VAT포함, 천원미만절사)

o 소프트웨어 개발비 산정 내역(기능점수법)

구 분		기능수	UFP	점유율	평균복잡도
데이터	내부 논리파일(ILF)	105	787.5	27.90%	7.5
	외부 인터페이스파일(EIF)	10	53	1.90%	5.3
트랜잭션	입력-추가, 수정, 삭제(EI)	178	694.2	24.60%	3.9
	출 력(EO)	200	1000	35.50%	5
	조 회(EQ)	75	285	10.10%	3.8
총 계		455	2819.0	100.00%	

공정	개발비/FP	기능점수	보정계수				개발원가(원)
			규모	유형	언어	품질	
분 석	86,974	2819.7	1.054864	1	1	1.13	291,032,354
설 계	111,156				1		371,950,150
구 현	146,491				1.2		588,225,730
시 험	116,460				1.2		467,638,070
합 계	461,081						1,718,876,304

o 직접경비_외부전문가 비용

항 목	금 액(원)	비 고
외부전문가 투입	140,314,336	-. ITA기반 구축 -. 공개 S/W도입 지원 -. BPR/ISP산출물의 이해증진 -. PMO적 성격 상주지원 -. 컨설팅 대가로 산출
합 계	140,314,336	

o 기능점수 산정 예_☞ 앞에서 예시로 들은 소프트웨어 개발비 산정내역의 기능점수와는 다릅니다.

트랜잭션 기능점수 산정 예

시스템명	Level 2	Level 3	Level 4	기능유형	복잡도	가중치
정보화 시스템	통계자료관리	통계자료 관리	각하사유별처리현황 조회	EQ	보통	4
			대리인선임현황 조회	EQ	낮음	3
			직원1인당평균안건처리건수 조회	EQ	낮음	3
			보고안건현황 조회	EQ	낮음	3
	관리자자료 관리	관리자자료 관리	사용자 입력	EI	낮음	3
			사용자 조회	EQ	낮음	3
			사용자 수정	EI	낮음	3
			우편번호 등록	EI	낮음	3
			관리자계정	EI	낮음	3
			공지사항 관리	EI	낮음	3
			사용자권한 입력	EI	낮음	3
			사용자권한 조회/수정	EQ	낮음	3
			피청구인 관리	EI	낮음	3

			공통코드 관리	EI	낮음	3
포탈 시스템	안내		시스템사용안내	EQ	낮음	3
	상담		상담	EQ	낮음	3
	법령		대상	EQ	낮음	3
	질의응답사례		질의응답사례	EQ	낮음	3
	관련서식		관련서식	EQ	낮음	3
	사건처리현황		사건처리현황	EQ	낮음	3
	소식		소식	EQ	낮음	3
	전자설문조사		전자설문조사	EQ	낮음	3
	SITE MAP		SITE MAP	EQ	낮음	3
	관련사이트		관련사이트	EQ	낮음	3
	개인정보보호 방침		개인정보보호방침	EQ	낮음	3 3
	도우미	이용안내	이용안내	EQ	낮음	3
		FAQ	FAQ 관리	EQ	낮음	3
		Q&A	Q&A 관리	EQ	낮음	3
		자료실	자료실관리	EQ	낮음	3
	노인/시각 장애인 도우미	안내	안내	EQ	낮음	3
		상담	상담	EQ	낮음	3
		법령	법령 소개	EQ	낮음	3
		질의응답사례	질의응답사례	EQ	낮음	3
		소식	소식	EQ	낮음	3
		FAQ	FAQ 목록조회	EQ	낮음	3
		Q&A	Q&A 목록조회	EQ	낮음	3
지식 정보 지원 서비스	지식정보관리	지식정보 관리	지식조회	EQ	낮음	3
			지식등록/수정/삭제	EI	낮음	3
			분류체계 조회	EQ	낮음	3
			분류체계 등록/수정/삭제	EI	낮음	3
	지식정보검색	지식정보 검색	원장조회	EQ	낮음	3
			원장보기	EQ	낮음	4
			검토의견서 조회	EQ	낮음	3
			검토의견서 보기	EQ	낮음	4
			의결서 조회	EQ	낮음	3
			의결서 보기	EQ	낮음	4

	개인지식관리	개인지식 관리	지식조회	EQ	낮음	3
			지식등록/수정/삭제	EI	낮음	3
			분류체계 조회	EQ	낮음	3
			분류체계 등록/수정/삭제	EI	낮음	3
외부입력	EI			12		36
외부출력	EQ			3		12
외부조회	EQ			35		106
합계				50		154

데이터 기능점수 산정 예

시스템명	기능명	기능유형	복잡도	가중치
접수통보	전자접수처리	ILF	보통	10
	이용자정보관리	ILF	보통	10
	담당자관리	ILF	보통	10
	Q&A및자료관리	ILF	낮음	7
	전자접수 원장	ILF	보통	10
정보화시스템	원장	ILF	보통	10
	심의위원	ILF	낮음	7
	심의위원이력관리	ILF	낮음	7
	보고안건배정이력관리	ILF	낮음	7
	결재진행	ILF	낮음	5
	이송이력관리	ILF	낮음	7
	보충서면접수증	ILF	보통	7
	분리/병합이력관리	ILF	낮음	10
	공통코드	ILF	낮음	7
	회의록	ILF	낮음	7
	회차변경이력관리	ILF	낮음	7
	심리일자통보이력관리	ILF	낮음	7
	검토의견서결재	ILF	낮음	7
	담당자이력관리	ILF	낮음	7
	피청구인	ILF	낮음	7
	기안문	ILF	낮음	7
	기안사건	ILF	낮음	7

	공지사항	ILF	낮음	7
	사용자	ILF	낮음	7
	사용자권한	ILF	낮음	7
	우편번호	ILF	낮음	7
내부논리파일	ILF	25		193
외부논리파일	ELF	1		5
합계		26		198

2-2) 데이터베이스 구축비

o 데이터베이스 구축 대가 산정

구 분				금액(원)
데이터베이스설계비(FAQ대상 5,000건 기준)				
	유형	서지	데이터베이스	15,971,110
	규모보정계수	테이블 수	15	0.88
	난이도 보정계수	평균미디어 수	4	1
		평균필드 수	10	1.1
		패턴화면 수	6	0.9
		평균검색 수	5	1.05
	소계			34,576,020①
데이터제작비(D/W, 통계용 기존 5개 기관 데이터 50만 건 변환)				
	문자	한글(Mb)	50,000	73,328,760
	소계			73,328,760②
제경비(110%)				54,165,949③
기술료(20%)				14,665,752④
합계(①+②+③+④)				176,736,481
데이터베이스 구축비 합계(VAT포함, 천원미만 절사)				194,410,129

o 데이터베이스 구축 산정식

Database설계비				
			보정계수	계산값
Database유형		서지	2.38	중급
규모모정계수	테이블 수	15개	0.87506	2.08

난이도 보정계수	평균미디어 수	4개	1	2.08
	평균필드 수	10개	1.1	2.29
	패턴화면 수	6개	0.9	2.06
	평균검색 수	5개	1.05	2.16
			34,576,020	

산정기준	5,000 건	대상건	
	3,000 Byte/건	30줄*50자	
	15 Mb	입력량	
산정비용 계	15,971,110 원	환산금액	

구 분	문 자	
기 준	25 Mb	
기 획	4,981,989	
설 계	12,171,731	
편 집	9,464,796	
계	26,618,516	

구 분	단가(원)	
초급기능사	49,883	
용역단가(상)	32,000	
용역단가(중)	27,000	
용역단가(하)	22,000	

관련 테이블
1. 민원/제안/참여의 접수*결과*인적정보
2. 민원조사보고서/심의보고서/회의자료 관련 테이블

데이터제작비 [문자]						
공정	**투입공정**		**제작공정**		**산출물**	
공정별가중치	40		40		20	
기준	요구	자료	공정	숙련	요구	산출물
	난이도	가공도	복잡도	요구도	구현도	완성도
기준별가중치	10	30	20	20	10	10

평가점수	6	7	5	3	5	4
획득점수	0	42	20	12	10	8
						92
판정등급(난이도)		복잡				
투입인력(명)	공수	일	규모	단가	산정액	
	0.2	25	2.16	49,883	0	
1	0.44	75	2.16	32,000	2,286,145	
3	4.06	75	2.16	27,000	53,396,430	
1	4.94	75	2.16	22,000	17,646,184	
5	명	15 M/M				
1,333	건/일처리기준					
데이터제작비 [문자]					73,328,760	

데이터구축비	
DB설계인건비	34,576,020
DB제작인건비	73,328,760
제경비(110%)	54,165,949
기술료(20%)	14,665,752
합계	176,736,481
합계(VAT포함)	194,410,129

2-3) 시스템운용환경 구축비

생략.

2-4) 소프트웨어 재사용 절감액

Software	보유	구분	사양/기능점수	추가비용(천원)(예상비용임)	재사용 여부	절감비용(천원)(설계대비)	비고
개발	J사	회의관리	24.4	6,063	수정	20,204	언어, 문서화 정도 따라 다르나 같은 경우 가정
	J사	설문조사	22.8	14,160	수정	18,880	인터넷에서의 투표나 단순설문조사와 다르며 모집단 선별기능도 있음

개발	J사	전자	98.6	48,520	수정	81,646	현재 참여광장 설계안을 그대로 수용하고 인터페이스만 추가할 경우
		공청회					
	W사	포털 운영		0	불가	0	기능구성 다르며 외부 인터페이스 복잡, 추가 비용이 더 클 수 있음
Software 합계			68,743			120,730	
Software 재사용 합계(VAT 포함)						132,803	
총절감 비용						246,875	천원이 절감될 수 있음

3) 장비 구입비

3-1) 소프트웨어 구매

종류	용도	Specification	수량	단가(천원)	금액(천원)
VPN	보안	100 User, USB, H/W일체형, 90KBps처리	1	27,000	27,000
검색엔진	검색, 분류	실시간 클러스터링, 고정밀언어처리, 자연어/키워드검색, 문서라우팅, 민원제안의 자동검색과 분류, 중반복민원 검출, 법률정보 모니터링 및 수집	1	120,000	120,000
DBMS	Linux용	OLTP처리 업무용	8	14,140	113,120
백업	백업S/W	Resource Management Package S/W, N/W Backup	1	7,350	7,350
D/W	ROLAP	통계 분석 레포팅	1	40,000	40,000
	ETL	추출, 변환, 클린징, 적재	1	40,000	45,000
	DB	D/W용 DBMS	1	115,000	115,000
WAS	WAS Middleware	Linux 환경, 로드밸런스 지원, 자바기반, 서블릿, EJB지원 Failover지원 및 웹환경하에서 필요한 서비스 지원	12	15,000	180,000
Clustering	부하분산	가상IP, 결함감지 및 복구, Web기반 모니터링Web Server대상	10	4,000	40,000
	HA자원 관리	Web기반 모니터링, 클러스터관리기능, 서버그룹화Web Server이외 주요 서버 대상	7	15,000	105,000
OS	OS	Linux OS	19	3,000	57,000
	UNIX	UNIX OS(기존 보유분 재사용)	2	6,000	12,000

CMS	포털콘텐츠 관리	Composer(Component, Page), Admin(시스템,운영,관리)기능,AP개발 프레임워크	1	100,000	100,000
Software 계					961,470
Software 계(VAT포함)					1,057,617

3-2) 하드웨어 구매

종류	용도	Specification	수량	단가(천원)	금액(천원)
서버	Web서버	3.0Ghz x 2, 2GB RAM, 72GB SCSI-3 x 2	10	18,757	187,572
	Web서버	3.0Ghz x 4, 8GB RAM, 72GB SCSI-3 x 2	3	45,000	135,000
	DB서버	3.0Ghz x 4, 8GB RAM, 72GB SCSI-3 x 2	2	45,000	90,000
	Web보고서 서버	2.8Ghz x 2, 2GB RAM, 250GB(재사용)	1	26,300	26,300
	e-Mail서버	2.8Ghz x 2, 2GB RAM, 72GB SCSI-3 x 2(재사용)	1	13,944	13,944
	Backup 서버	2.8Ghz x 2, 2GB RAM, 72GB SCSI-3 x 2(재사용)	1	13,944	13,944
	ETL서버	3.06Ghz x 2, 4GB RAM, 72GB x 2 HDD(재사용)	1	18,757	18,757
	Cluster master 서버	3.06Ghz x 2, 4GB RAM, 72GB x 2 HDD(재사용)	1	18,757	18,757
	D/W서버	3.0Ghz x 2, 4GB RAM, 72GB SCSI-3 x 2	1	13,944	13,944
Storage	SAN Switch	24P	1	47,700	47,700
	SAN Volume	10TB, 10K RPM이상, 2GB Cache, 멀티서버통합 엔터프라이즈급	1	215,600	215,600
통신	Ethernet Switch	L2 Backbone switch 48P	1	20,000	20,000
Backup	Backup Tape	LT0, 12TB, SCSI	1	61,757	61,757
기타	스캐너	1000매급지, PDF생성, 85PPM, A3지원, 400DPI, 보정기능, 흑백	1	32,000	32,000
	랙	1.5M KVM변환, Local console manager	3	10,795	32,385
Hardware 계					927,840
Hardware 계(VAT포함)					1,020,624

3-3) 하드웨어 재사용 절감액

구분	보유 기관	모델명	사양	OS	재사용 여부	절감비용 (천원)	비고
Hardware	H사	Fujitsu Prime Power 250	1.1Ghz*2, 2GB Mem, 70GB HDD	SUN Solaris 8	O	13,944	Backup서버
		Fujitsu Prime Power 250	1.1Ghz*2, 4GB Mem, 70GB HDD	SUN Solaris 8	O	18,757	ETL서버
		Fujitsu Prime Power 250	1.1Ghz*4, 2GB Mem, 240GB HDD	SUN Solaris 8	O	26,300	보고서, 통계분석
		SUN Enterprise 3500	1.1Ghz*4, 4GB Mem, 290GB HDD	SUN Solaris 8	O	18,757	Cluster Master서버
	W사	Compaq Proliant	1.0Ghz*1, 1GB Mem, 40GB HDD	Windows2003	O	13,944	e-Mail
COTS	H사	O/S	Solaris		O	12,000	
Hardware 합계					103,702		
Hardware 합계(VAT 포함)					114,072		

Software	보유	구분	사양/ Function Points	추가비용 (천원) (예상비용임)	재사용 여부	절감비용 (천원) (설계대비)	(설계대비)
개발	J사	회의관리	24.4	6,063	수정	20,204	
	J사	설문조사	22.8	14,160	수정	18,880	
	J사	전자공청회	98.6	48,520	수정	81,646	
	W사	포털운영		0	불가	0	
Software 합계			68,743		120,730		
Software 재사용 합계						120,730	
Software 재사용 합계(VAT 포함)						132,803	
총절감 비용						246,875	

다음 표에서 SI 프로젝트에 대한 위험을 식별하고 대응하는 방법을 정의했다.

표에서처럼 프로젝트 수주로 인한 위험을 평가하고, 평가된 위험을 통제하는 절차를 수립하여 수행한다면 원하는 목적을 달성할 수 있을 것이다.

표 Ⅱ-7 위험식별 및 대응방법

대분류	중분류	소분류	기법
위험관리	위험평가	위험식별	체크리스트, 의사결정 동인분석, 가정(Assumption) 분석, 위험 분할기법
		위험분석	위험평가모델, 위험비용모델, 네트워크분석, 의사결정 분석
		위험우선순위 선정	위험공표, 위험 레버리지 분석, 복합적 위험 최소화
	위험통제	위험관리계획	위험수용, 위험회피, 위험전가, 위험최소화, 위험요소별 대응계획, 위험대응계획 통합
		위험분해	프로토타입, 시뮬레이션, 벤치마킹, 분석
		위험모니터링	마일스톤 추적, Top 10 추적, 위험 재평가, 위험대응계획 수정

1.6 제안요청서의 요구사항수용표 작성

제안요청서의 요구사항들에 대해서 요구사항수용표를 작성해 본다. 각 요구사항에 대하여 어떻게 해결을 할 것인지에 대한 방안을 작성하고, 제안서에 어떻게 표현할 것인가를 협의한다. 해결방안이 명확하지 않으면, 수주 가능성과 수주 후 프로젝트 성공에 대한 가능성을 낮추는 요인이 되므로, 제안 참여 결정을 하는 데 있어서 중요한 변수가 된다.

표 Ⅱ-8 요구사항수용표 작성예시

분야	대상업무내역	요구사항	세부요구사항	특급	고급	필요 기초자료
정보화 환경분석	G공사 정보화 환경분석	대외환경분석 및 신규 정보화수요 분석	정부정책, 산업환경 등 외부환경 변화가 G공사 정보화환경에 미치는 영향을 분석하고 이에 대한 대처방안 모색	1	0	과거 ISP 산출물, G공사 중장기 경영계획, 재경부 및 중기청 등 관련 부처 정책 자료, 금융산업 동향자료 등
			지속적으로 발전하는 정보기술 동향분석 및 미래 환경변화 예측을 통한 신규 정보화수요 분석	1	0	Enterprise Application, Software Architecture, Database, Network, Hardware 등 기술동향 자료 등

		경영전략 분석 및 IT Vision 이해	G공사 주요 사업에 대한 업무 프로세스를 분석하고, 정보화 관점에서 업무 효율을 높일 수 있도록 새로운 대안 제시	0.5	0	과거 ISP 산출물, BSC 컨설팅 자료, G공사 중장기 경영계획, G공사 조직별 기능정의, 업무분장내역 등에 대한 자료 및 G공사 정보시스템 목록, 관리카드 및 현황관련 자료 등
소계				1.5	1	2.5 Week
업무현황 분석	G공사 업무 현황 분석	정보화 조직 및 내부 환경 분석	정보시스템실, e비즈사업처 등 정보화 업무를 담당하고 있는 주요 부서의 인원현황, 의사결정 구조 등을 분석하고 문제점 도출	0.5	0	정보화 부서 조직구성도, 기능정의, 업무분장, 업무프로세스 등에 대한 자료 등
		주요사업 이해 및 업무 프로세스 분석	G공사 주요 사업에 대한 업무 프로세스를 분석하고, 정보화 관점에서 업무 효율을 높일 수 있도록 새로운 대안 제시	3	3	과거 ISP 산출물, BSC 컨설팅 자료, 부문별 2008 사업실적 및 2009 사업계획 자료, 각 사업별 업무프로세스 자료
		업무 기능별 정보화 지원 수준 검토	G공사에서 수행하는 각종 업무에 대한 전산화율을 조사하고, 각각에 대한 지원수준 검토를 통해 현재 G공사 정보화수준 진단	0	1	단위 업무 목록, 정보화 여부 (프로세스 처리의 정보화 및 데이터 관리의 정보화) 등에 대한 자료
		현업 요구사항 분석	인터뷰, 설문조사 등을 통해 정보시스템에 대한 현업부서의 요구사항을 수렴하고 이의 구현방안을 모색	3	3	G공사 조직구성도, 기능정의, 업무분장, 업무프로세스 등에 대한 자료 및 2007~2009 정보화 실태 조사 또는 만족도 조사 등의 결과
소계				6.5	7	13.5 Week
정보화 현황 분석	정보 시스템 현황 조사	정보시스템 구성도, 검토정보시스템 구성도 및 정보시스템별 역할 조사를 통해 G공사의 정보화 현황을 파악하고 향후 발전방향 모색		0	1	과거 ISP 산출물, G공사 정보시스템 별로 개발 산출물 및 유지보수 산출물, 운영/관리자 및 운영/관리 현황, 사용자 및 사용 현황 등에 대한 자료 등

		정보시스템 운영현황 조사서버, 네트워크, 사무용 전산장비 등 주요 전산자원에 대한 운영현황 및 자산규모의 적정성을 조사하고 그 수준을 평가		0	0.5	서버, 네트워크, 사무용 전산장비 목록, 관리카드, 유지보수내역 등에 대한 자료 등
		데이터베이스를 통해 관리되는 전산데이터에 대한 표준화 실태, 연계체계, 백업 절차 등 각종 관리현황 조사		0	1	DB 관리에 대한 업무분장, 규정 및 지침, 관리 기록등에 대한 자료 등
		UI, 보안수준, 개발 편의성, 유지보수 용이성 등의 관점에서 현재 개발된 내용을 진단하고 문제점 도출		0	0.5	정보시스템의 Software Architecture에 대한 설계 자료 등
		나날이 증가하고 있는 전산망 공격에 대비하여 G공사가 구축하고 있는 보안시스템에 대한 적정성을 조사하고 개선방안 제시		0	1	보안 정책 및 관련 규정/지침, 보안 담당자 명단 및 보안시스템 운영 및 유지보수 기록, 침해사고 및 대응 등 관련 일지 등
소계				0	4	4.0 Week
선진 사례 분석	선진사례 분석 및 정보화 현안 검토	선진사례 분석 및 신규 정보화대상 발굴	기업여신 등 G공사와 유사한 업무를 수행하고 있는 금융기관을 2개 이상 선정하여 해당 기관에 구축된 정보시스템 현황 조사	1	1	기보, 신보, 기업은행 등 중소기업을 대상으로 여신 관리를 수행하는 금융기관의 정보화 사례 등
			선진사례와의 비교분석을 통해 G공사에 미구축된 전산시스템을 향후 구축해야 할 신규 정보화대상으로 선정	0.5	1	Enterprise Application, DB, Network, Hardware, Security 등에 대한 도입 및 구축 사례 등
		정보시스템 표준화방안 검토	UI, 용어 표준화, 개발표준 정립 등 시스템 개발 효율성 증대 및 통합성 강화에 필수적인 표준화 부분에 대한 개선방안 마련	0.5	1	공공/민간 부문 웹스타일가이드, 용어표준화, 개발표준 선진사례 등
		아웃소싱 활성화방안 검토	시스템 개선요구 또는 신규 전산업무가 지속적으로 늘고 있음에 비해 전산인력 확충은 안 되고 있어 아웃소싱 활성화 대책 수립	0	1	DB 관리에 대한 업무분장, 규정 및 지침, 관리 기록등에 대한 자료 등
소계				2	4	6.0 Week

정보화 전략 수립	정보화 비전 및 전략 수립	정보화 추진 목표 및 추진 전략 수립	G공사 경영전략을 연계한 중장기 정보화 비전 및 목표를 제시하고 이에 대한 추진방향 설정	0.5	0	과거 ISP 산출물, 정보화 환경분석, 업무현황 분석, 정보화 현황 분석, 선진사례 분석 등의 산출물 등
		정보화 추진 5개년 계획 수립	향후 5년간의 정보화 청사진을 제시하고 이를 달성하기 위한 정보시스템 구축 기본계획 수립	0.5	0	과거 ISP 산출물, 정보화 환경분석, 업무현황 분석, 정보화 현황 분석, 선진사례 분석 등의 산출물 등
		정보화 이슈 및 개선과제에 대한 대응 전략 수립	대내외 정보시스템 분석 또는 현업부서 인터뷰 등을 통해 제기된 정보화 이슈 및 개선과제를 통해 중장기 정보화 발전방안 마련	1	1	과거 ISP 산출물, 정보화 환경분석, 업무현황 분석, 정보화 현황 분석, 선진사례 분석 등의 산출물 등
소계				2	1	3.0 Week
정보화 목표모델 수립	정보화 목표모델 수립	비즈니스 아키텍처 (BA, Business Architecture)	업무 프로세스 및 기능에 대한 심층 분석을 통해 프로세스를 개선하고 이를 비즈니스 아키텍처 목표 모델로 재정의	0	2	정보화 전략 수립 산출물, 업무현황 분석 산출물 등
		기술 아키텍처 (TA, Technical Architecture)	최신 기술동향 조사를 통해 새로운 기술 아키텍처 모델 설계	1	1	정보화 전략 수립 산출물, 정보화 현황 분석 산출물, 선진사례 분석 산출물 등
		데이디 아키텍처 (DA, Data Architecture)	데이터 모델 및 DB에 대한 역공학 (Reverse Engineering)을 통해 목표 데이터 모델 및 DB 관리 방안 수립	1	2	정보화 전략 수립 산출물, 정보화 현황 분석 산출물, 선진사례 분석 신출물, G공시 DB 기탈로그를 검색하기 위한 DB 목록 및 DB 카탈로그 검색을 위한 DB 역공학 환경(데이터 모델링 도구 ERwin, SA 등) 등
		애플리케이션 아키텍처(AA, Application Architecture)	현 정보시스템 상세분석을 통해 목표 시스템 아키텍처 설계	0	2	정보화 전략 수립 산출물, 정보화 현황 분석 산출물, 선진사례 분석 산출물 등

		보안 아키텍처(SA, Security Architecture)	전사적인 보안대책 수립 및 보안시스템 발전방안 제시	0	1	정보화 전략 수립 산출물, 정보화 현황 분석 산출물, 선진사례 분석 산출물 등
소계				2	8	10.0 Week
정보 시스템 개발 요구 분석	정보 시스템 개발 요구 분석	표준 프레임워크 구축	상이한 프레임워크 도입에 따라 빈발하고 있는 개발 및 유지보수 문제를 해결하기 위한 새로운 표준 프레임워크 도입 검토	0.5w	1.0w	전자정부 표준 프레임워크 구성, 실행환경, 개발환경 등에 대한 참고자료 등
		C/S 기반 프로그램의 웹 기반 프로그램으로의 변환	프로그래밍 기반 이원화에 따라 개발 및 유지보수에 문제가 되고 있는 C/S 기반 프로그램을 JAVA 기반 프로그램으로 일괄 변환	0.5	1	PowerBuilder를 Java로 변환하는 도구(Appeon 등), DB Migration Tools, Reverse Engineering Tools 등
		BPMS(자금지원시스템) 확대개편	개편된 지 3년이 경과한 BPMS에 대한 단계적인 재구축방안 제시	1	2	BPMS 컨설팅 및 개발 산출물, 유지보수 산출물, 운영 및 관리 현황, 사용자 및 사용현황 등에 대한 자료 등
		DSS(의사결정지원시스템) 구축	전사적인 실적관리 및 성과평가를 위해 BSC 시스템을 포함한 종합적인 모니터링시스템 구축을 통해 각종 의사결정 지원	0.5	1	BSC 컨설팅 및 구축 산출물, 통계/분석용 DB에 대한 자료 등
		온라인민원처리시스템 확대개편	사이버 영업점 구축을 통해 중소기업이 G공사를 방문하지 않고도 각종 지원을 받을 수 있는 실질적인 온라인 시스템 구축	0.5	1	지역본부/지부 영업 프로세스 자료, 무방문서비스 사례(행안부G4C 등), 구비서류 제출 없는 민원처리 사례(e-하나로민원 등), One-Click 서비스사례 등 자료 등
		중소기업지원 포털 구축	중소기업들이 홍보, 정보수집, 커뮤니티, 상거래 등을 One-Stop으로 서비스 받을 수 있는 종합지원 포털 사이트 구축 검토	0	1	공공/민간 부문 포털 구축사례 등

		정보기술 아키텍처(EA) 도입	공공기관에 도입이 의무화된 EA에 대한 신규도입 검토	0.5	0	공공기관EA 도입 실태 조사 자료(한국정보화진흥원 조사) 등
		차세대 시스템 구축	현재 금융기관 등에서 활발하게 전개되고 있는 차세대 시스템 구축을 통해 G공사 정보시스템의 획기적인 고도화 방안 마련	0.5	1	국민은행, 농협 등 차세대 시스템 구축 사례 등
소계				4	8	12.0 Week
정보화 이행계획 수립	정보화 이행계획 수립	정보화 로드맵 작성 및 단계별 추진전략 수립	분야별 업무개선 및 시스템 구축 이행계획을 수립하고 이를 정보화 로드맵으로 도식화	0.5	0.5	과거 ISP 산출물, 중장기 경영계획 또는 중기 재정계획, 중장기 사업계획서 등
			정보화 로드맵 작성 및 단계별 추진전략 수립	0.5	0.5	정보화 전략 수립 산출물, 정보화 목표모델 수립 산출물, 정보화로드맵, 과거 ISP 산출물 등
		이행조직 검토 및 소요예산 설계	정보화 이행계획의 효과적인 추진을 위한 최적의 인력계획 제시	1	0	G공사 인건비 내역 또는 시간당 평균 임금 산정 기초자료(인적자원 운영 모델 포함), 정보화 부서 조직구성도, 기능정의, 업무분장, 업무프로세스 등에 대한 자료
		시스템 구축에 따른 연도별 투자비용 신출 및 ROI 분석 실시		0	1	시스템 별 기능정의 및 품질 요구 수준, 신규/고도화 구분, 기능점수 단가자료 등
소계				2	2	4.0 Week
합계				20	35	55.0 Week
4. 0Week를 1MM(Man/Month)로 환산		5	9	14MM		

또한 요구사항수용표는 제안서 작성 가이드로의 역할을 하고, 수주 후 감리를 위한 요구사항 추적표, 프로젝트 위험요소 대상을 파악하는 데 도움이 된다.

제안요청서의 요구사항에 대하여 어떻게 해결할 것인지, 인원은 얼마나 소요될 것인지, 제안서를 작성하기 위해 필요한 자료는 무엇인지를 정의하고 있음을 알 수 있다.

제안서를 작성하기 위한 요구사항수용표를 토대로 제안서를 작성하고, 프로젝트가 수주되면 요구사항수용표는 요구사항정의서와 요구사항추적표로 이용할 수가 있는데, 요구사항정의서 및 요구사항추적표는 프로젝트 수행결과물에 대한 감리 및 발주사에 대해 프로젝트의 인수테스트에 대한 증빙자료로 활용되는 중요한 자료가 된다.

다음 표는 요구사항정의서와 요구사항추적표의 사례이다.

표 Ⅱ-9 요구사항정의서 예

관리번호	요구사항 명	요구사항원천(출처)	요구부서(요구자)
REQ_C2_001	현행 데이터 아키텍처 모델(개괄, 개념, 논리, 물리)현행화	제안요청서 (12쪽), 제안서(Ⅱ, 3, 2, 2, 1-(6), 사업수행계획서(15쪽)	정보관리과
요구사항내용	• G기관의 ITA F/W을 기반으로 Mixed Approach 방식의 현행화 • 개괄, 개념, 논리, 물리 아키텍처 구축 방안 • 아키텍처에 대한 변경관리는 현행 데이터 아키텍처 수립 후 G기관의 데이터 모델 운영방안에 준하여 진행		
수용구분	수용		
수용방안	1. 2008년 9월 1일 기준 • G기관의 ITA를 기반으로 Mixed Approach 방식의 현행화 - G기관 정보기술아키텍처 (EA/ITA)구축사업단에서 작성하는 산출물 참조예정 - WBS에 반영하여 수행 • 개괄, 개념, 논리, 물리 아키텍처 구축 방안 - 역공학 방법론 적용 - 개괄-> 물리-> 논리-> 개념 데이터 아키텍처 수립하는 방법으로 구축 수행 - WBS에 반영하여 수행 • 아키텍처에 대한 변경관리는 현행 데이터 아키텍처 수립후 G기관의 데이터 모델 운영방안에 준하여 진행 - 개괄, 개념, 논리, 물리 아키텍처 구축 후 변경된 사항을 반영하여 모델을 현행화 - WBS에 반영하여 수행		

표 Ⅱ-10 요구사항추적표 예

ID	구분		수행 결과	제안 요청서 ID	제안서 ID	사업수행 계획서 ID	추가요구사항 ID	최종 산출물	담당자	비고
	대과제 (단계)	세부과제								
REQ-C2-001	현행 데이터 아키텍처모델 (개괄, 개념, 논리, 물리) 현행화	G기관의 ITA F/W를 기반으로 Mixed Approach 방식의 현행화 개괄, 개념, 논리, 물리 아키텍처 구축 방안 아키텍처에 대한 변경관리는 현행 데이터 아키텍처 수립 후 G기관의 데이터 모델 운영방안에 준하여 진행	완료	C2-RFP-001	C2-PRP-001	TAP-C2-001		데이터구성도/정의서 개념데이터관계도/기술서 데이터교환기술서 ※주1) 논리데이터모델 데이터교환설계서 ※주2) 물리데이터모델 ※주1), 주2) 는 업무, 응용 아키텍처에서 먼저 정의한 후 데이터아키텍처에서 데이터 관점으로 정의가 가능함	홍일동	
REQ-C2-002	데이터 표준과의 연계	데이터 표준 적용 원칙에 따른 데이터 표준적용 절차 제시	완료	C2-RFP-002	C2-PRP-002	TAP-C2-002		데이터 표준과의 연계방안 정의서	홍이동	
REQ-C2-003	메타관리항목 도출	데이터 아키텍처 관리항목을 도출하고 메타시스템 요건으로 정의	완료	C2-RFP-003	C2-PRP-003	TAP-C2-003		데이터 표준과의 연계방안 정의서	홍삼동	

1.7 프로젝트 기간 산정 및 범위 예측

소프트웨어 프로젝트를 수행할 때 사용할 수행 방법론을 제안서에 제시해야 한다. 수행방법론은 수행 단계-활동-상세활동이 정해지고 그에 따라 산출물이 정해지는데, 개략적으로 산출물의 양을 추정한다.

투입되는 인력이 산출물을 작성하는 데 소요되는 기간을 산정하고, 제안요청서에서 제시된 전체 일정을 수행 방법론의 단계-활동-상세활동에 매핑하면 산출물을 작성하는 일정이 수립되게 된다.

일정 수립이 여의치 않으면 투입인력의 등급을 높이거나, 인원수를 늘이거나 해야 하는데, 전체적인 일정 수립이 여의치 않을 때는 제안 불참을 고려해야 한다.

표 Ⅱ-11 프로젝트 기간 산정 예시

단계	활동	주요내용	산출물	페이지	소요	담당자	일정
업무 환경 분석	업무구조 현황 분석	운영/관리 단계별 주요 업무내역 및 절차 분석	업무기반 현황 분석서	20	2주	홍일동	1월1주~2주
	법제도 분석	업무 기반 표준(관련 법률 및 규정) 분석	업무기반 표준 분석서	15	1주	홍일동	1월2주
	이해관계자 분석	업무 관계자별 역할모형 및 소유자 분석	업무역할 모형 분석서	10	1주	홍일동	1월2주
정보화 현황 분석	정보구조 현황 분석	응용시스템 기능 현황 분석	정보구조 현황 분석서	10	2주	홍이동	1월1주~2주
		응용시스템 데이터 현황 분석		20	2주	홍삼동	1월1주~2주
	정보인프라구조 현황 분석	정보화 현황 및 적용기술 분석	정보인프라 현황 분석서	10	1주	홍이동	1월2주
	사용자요구사항 분석	정보화 수요조사 및 수용기술 분석	정보화 요구 분석서	30	2주	공동	1월2주~3주
	선진사례 분석	선진사례(정보화, 운영 및 관리 업무체계) 분석	정보화 사례 분석서	15	2주	공동	1월2주~3주
정보화 실행계획수립	정보화전략계획 수립	정보화 전략 수립 및 방향 설정	정보화 전략서	10	1주	공동	1월4주
	정보화 이행과제 정의	정보화 이행 및 세부과제 정의	정보화 이행과제 정의서 - 데이터표준화 과제 - 데이터품질관리체계 수립 과제 ※ 데이터품질인증 연계	15->40	1주	공동	1월4주

업무 구조 개선 모형 정의	업무 개선모델 설계	업무 개선모델 및 개선방향 도출	업무 개선모델 설계서	5	1주	홍일동	2월1주
	업무 개선과제 정의	업무 개선과제 정의	업무 개선과제 정의서	10	1주	홍일동	2월1주
	업무관리 표준화계획 수립	업무 표준화 계획 수립	표준 업무 지침서	10	1주	홍일동	2월1주
데이터 구조 개선 모형 정의	정보 관리체계 설계	관리 대상정보 관리체계 (수집 및 활용) 수립	정보 관리체계 설계서 - 정보수집, 점검, 가공, 활용	15	2주	홍삼동	2월2주~3주
	정보 분류체계 정의	관리 대상정보 분류체계 정의	정보 분류체계 정의서	15	2주	홍삼동	2월2주~3주
	데이터표준 정의	관리 대상정보 (항목, 서식, 표준코드) 표준 정의	대상정보 표준 정의서 - 데이터 용어표준 정의서 - 서식표준 정의서 - 표준코드 정의서	15->40	2주	홍삼동	2월2주~3주
	데이터아키텍처 정의	데이터베이스 아키텍처 (테이블, 칼럼, 속성) 정의	(데이터)아키텍처 정의서 - 주제영역 정의서 - 업무기능 정의서 - 엔티티 정의서 - 애트리뷰트 정의서 - 릴레이션십 정의서 - 물리적 데이터요소 정의서 - 테이블 정의서 - 칼럼정의서 - 데이터베이스 정의서 - 코드 정의서 - 데이터사전 정의서 ※ 엑셀로 제공, 파워포인트에는 전체결과만 작성 ※ 행정정보 데이터베이스 표준화지침 준수	100->300	2주	홍삼동	2월2주~3주
	데이터관리 표준화계획 수립	관리 대상정보 표준화 지침, 관리 매뉴얼 개발	표준화 지침, 관리 매뉴얼 - 데이터표준화 지침, 데이터표준 등의 관리 매뉴얼 ※ 행정정보 데이터베이스 표준화지침 준수	100->200	2주	홍삼동	2월2주~3주
	응용시스템 개선모형 정의	업무시스템 기능요소 및 세부 요구사항 도출	SW 세부 기능명세서	20	1주	홍이동	2월3주

정보화 사업계 획수립	정보인프라 개선모형 정의	기반시스템 기능요소 및 구성 계획수립	HW 세부구성명세서	10	1주	홍이동	2월3주
	소요예산산출	소요예산 추정 (원가산정 및 용량산정)	소요예산 산출내역서	10	1주	홍이동	2월4주
	이슈사항 정의	정보화사업 위험 및 이슈사항 도출	이슈사항 정의서	5	1주	홍이동	2월4주
	제안요청서 작성	제안요청서 (RFP) 작성	제안요청서	50	1주	홍이동	2월4주
정보 시스템 운영계 획수립	성과관리 업무 설계	운영단계 성과 관리체계 구축 계획수립	성과관리 업무 설계서	30	1주	홍일동	2월3주
	정보시스템 운영계획 수립	정보시스템 운영 및 개선 계획 수립	정보시스템 운영계획서	30	1주	홍삼동	2월3주
	현장적용계획 수립	단계별 현장 적용 계획 수립	현장적용계획서	15	1주	홍일동	2월4주
	제도적 개선	운영/관리 매뉴얼 및 제 규정 개정 방안 수립	매뉴얼 및 규정(안)	150	1주	홍삼동	2월4주
계(산출물 페이지)				745			

제 2 장

제안서 작성 준비

2.1 제안팀 편성 및 업무분장

제안서를 작성할 제안팀을 편성하고 업무를 분장한다. 프로젝트 규모에 따라 달라지지만, 제안 PM, 품질관리자, 일반관리부문 담당자, 기술부분 담당자로 분류한다. 작성 시 제안서 작성 착수에서 제출에 이르는 전체 과정의 일정 및 품질을 관리할, 품질관리 역할을 수행할 직원의 할당과 업무 수행은 매우 중요하다.

중소규모 프로젝트에 관련된 제안서를 작성할 경우에 PM이 역할을 수행하는 경우도 있으나, 독립적으로 이러한 역할을 수행하는 담당자를 지정하여 제안서를 작성한다.

감리 역할 수행자로 지정을 받은 사람은 제안서 표준, 템플릿, 일정, 회의록 등을 관리하며 작성된 제안서가 표준을 준수하고, 그 내용이 우수한지를 검사한다.

또한 일정대로 제안서가 작성되는가를 체크하여 문제가 발생하지 않도록 제안서 팀과 제안서의 품질을 관리한다.

표 Ⅱ-12 제안팀 편성 및 업무분장

구분	담당명	역할/책임
제안 총괄	제안 PM	• 제안서 기획, 작성, 제출 과정의 제안활동 통제 • 일정관리, 제안서 품질관리, 제안서 작성 원가/비용관리, 제안서 버전관리
관리	품질관리자	• 표준제안서 템플릿 제공 • 제안서 작성 일정 독려 • 제안서 품질관리 • 제안서에 첨부될 각종 서류, 증빙 제출관리 • 제안서 종합
제안서 작성	기술부문 담당자	• 기술 및 전략 부문 작성
제안서 작성	일반관리부문 담당자	• 개요 부문, 업체 소개, 프로젝트관리 일반 등의 내용 작성 • 제안서 취합, 인쇄, 바인딩 등

2.2 스토리보드 작성

스토리보드(storyboard)는 가상 제안서를 의미한다. 대개 제안요청서에서 요구하는 제안서 목차에 대하여 담당자를 정하고, 각 담당자가 작성할 제안서 내용에 대해 개략적으로 작성해 놓고, 제안서 작성에 참여할 모든 인원들이 전체적인 제안서 체계와 내용을 이해하게 하는 데 도움을 주는 기법이다.

스토리보드를 통하여 제안 PM은 제안서 제출기한에 맞게 제안서 작성을 통제할 수 있고, 각 담당자가 어떤 내용을 작성할지, 어떤 내용이 중요한지 등에 대해서 파악할 수 있는 수단이 된다.

표 Ⅱ-13 스토리보드 작성 예시

목차	제안서 작성 방안	분량	작성자
Ⅰ. 제안개요			
1. 수행 목표 및 필요성			
가. 수행 목표			
TAKIMS 구축 컨설팅 용역	시스템 구축을 위한 근거 마련과 추진전략 수립 (그림으로 도시)	2	홍일동
나. 필요성			
1) '97년 융합장치 검사 기관이 G기관과 민간 지정정비 사업자로 이원화됨에 따라 경쟁구도가 형성되었으며, 이로 인한 G기관의 융합장치 검사 점유율은 점차 하락되어 융합장치 검사제도 운영을 책임지고 있는 G기관의 입지가 축소되고 있음	제도 변경으로 인한 외부 위협의 발생 및 지속적 증대	2	홍일동
2) 이에 G기관은 융합장치 검사사전 안내 및 특화서비스 제공 등의 지정정비사업자와 차별화된 서비스 전략으로 대고객 서비스를 제공하고 있으나, 이는 융합장치 검사 시점에 행하는 일회성 행사이므로 지속적인 고객관리에 문제점이 제기되므로, 융합장치 검사 우수고객 확보를 위한 시스템 구축이 필요	약점을 보완하여 경쟁력을 강화하고 외부 위협에 대처 필요		
3) 또한, G기관은 융합장치종합검사시스템을 운영하는 국내 유일 기관이므로 G기관에서 보유중인 융합장치 관련 전산자료의 부가가치 창출을 위한 콘텐츠 발굴과 관련기관 시스템과의 데이터 연계 등 지속가능한 신규 수입원 창출 방편으로 포털사이트인 TAKIMS개발이 요구됨	G기관 강점을 기반으로 사업 기회 창출 요구발생		

항목	내용	분량	담당
2. 수행범위			
새로운 융합장치 관리 방법을 기반으로 우수고객 확보를 위한 시스템 구축 Role Model에 대한 사업타당성 조사	사업타당성 분석	2	홍일동
시스템 구축을 위한 정보전략계획 수립	BPR/ISP		
IT성과물 가치 증대를 위한 활성화 방안 마련	아이디어 제시 수준		
기존 VIPS의 대국민 서비스 개선방안 마련	기존 서비스 개선		
TS멤버십 회원을 위한 콘텐츠 개선방안 마련	기존 서비스 개선		
3. 추진체계 및 전략		6	홍일동
4. 제안의 특징 및 장점2			
5. 향후 발전방향 및 기대효과2			
Ⅱ. 제안업체 일반			
1. 일반현황 <별지 서식 제1호, 제2호>2		1	홍사동
2. 조직 및 인원		1	홍사동
3. 주요사업내용		2	홍사동
4. 주요사업실적 <별지 서식 제3호>		4	홍사동
5. 지명도 및 인지도		2	홍사동
Ⅲ. 기술부문			
1. 과업수행 방안			
가. 제안사 BPR/ISP 방법론 소개 BPR/ISP 단계별 절차 및 특징		1	홍일동
나. 관리방법론			
1) 위험관리	프로젝트 진행상의 이슈 장기화 대처 프로젝트 이슈관리에 의한 예방	1	홍이동
2) 사원관리	인력, 장비, 소모품, 업무추진비 등 근태 및 산출물 품질관리 등	1	홍이동
3) 진도관리	WBS에 의한 일정 관리MS Project 또는 엑셀 적용	1	홍이동
4) 보안관리	출입자 통제, 자료 통제근무장소 출입 통제, 장비 보안 강화	1	홍이동
5) 형상관리	대상: 완료보고서 항목구성 및 버전관리	1	홍이동

		6) 문서관리	대상: 산출물 전체 표준 목차와 템플릿 사용으로 구성 체계와 형식 통일	1	홍이동
		7) 품질관리	대상: 산출물 전체 구성 항목의 완전성, 내용의 적합성, 표준 준수여부 등 확인	1	홍이동
2. 과업수행 단계 및 절차표준제안서를 기반으로 보완하여 완성					
	가. 착수단계			2	홍일동
		1) 수행 조직 구성 및 환경 설정			
		2) 사업수행계획 수립			
	나. 현황분석단계				
		1) TAKIMS 서비스 환경분석	정보화 관련 이슈 사항 조사	4	홍일동
		가) 시장 분석			
		나) 고객분석			
		다) 경쟁자 등 이해관계자 분석			
		2) TAKIMS 내부역량 분석		2	홍일동
		가) 사업추진전략 분석			
		나) 사업추진조직 분석			
		3) TAKIMS 관련 업무현황 분석	조직 및 업무프로세스 이슈사항 도출	4	홍일동
		가) 업무기능 분석			
		나) 프로세스 분석			
		다) 정보 분석			
		4) TAKIMS 정보화 현황 분석	정보화 이슈사항 도출	2	홍일동
		가) 기존시스템 현황 분석			
		나) 사용자 요구사항 분석			
		5) TAKIMS 서비스 선진사례 분석	벤치마킹, Best Practice 및 시사점 도출	2	홍일동
		6) 신규 사업 타당성 분석		1	홍삼동
		7) 이슈사항 종합 및 개선과제 도출		1	홍일동
	다. 미래모형 설계 단계				
		1) TAKIMS 사업 모델 설계	확장된 신규 사업 모델을 설계	1	홍일동
		2) TAKIMS 정보화 목표 설정	TAKIMS 관련 정보화 비전 설정	1	홍일동

과업	비고	투입	담당
3) TAKIMS 목표 모델 설계	업무, 데이터, 응용, 인프라 관점의 모델 설계	1	홍일동
라. 이행계획 수립 단계로드맵 작성 및 소요예산 산정			
1) 로드맵 작성		4	홍일동
2) 소요예산 산정			
3) 신규 사업 타당성 분석 보완			
마. 종료단계			
1) 산출물 완성 및 검수		3	홍일동
2) 최종보고			
3. 과업내용 : 방법론에 따라 수행하되 제안요청에 의하여 수행할 과업의 수행 방안 작성			
가. 신규사업 모델 개발			
1) 융합장치 검사 서비스 고객분석			
TAKIMS 시스템 활용대상 이해관계자 정의	고객 분류 및 정의 고객에 대한 이해를 기반으로 고객 모형을 설계	1	홍일동
이해관계자 별 서비스제공 모형 및 절차 개발	서비스 모형 설계(요구사항 분석이 선행되어야 함) ※ 다음 항목(고객 요구사항 정의) 이후로 순서를 바꾸는 것이 적절	1	홍일동
2) 융합장치 검사 관련 이해관계자(협력사, 경쟁사 등) 분석			
서비스 이용자(융합장치 소유자, 정비업소, 카드사 등), 유영자(G기관 직원), 시스템 관리자의 요구사항 조사	사용자 요구사항 정의 고객 요구사항 정의 (Use Case Diagram 및 Event Scenario 기법을 사용하여 작성하는 방안 제안)	1	홍삼동
3) G기관 보유 역량 분석			
G기관의 고객관리 실태 및 우리나라 융합장치 관리 상황 분석	통계자료 및 주요 현안 파악	1	홍삼동
유관정보시스템 현황 분석(기능구조, 데이터구조, 인프라구조 등)	기술현황 분석 데이터 중심의 분석(부분적인 데이터 아키텍처 수립하는 방안 제안)	1	홍일동

		4) 융합장치 검사 관련 신규 사업 모델 정의			
		시스템 활성화와 수익률 향상을 위한 신규 서비스 모델 발굴	부가서비스 아이디어 제시	2	홍삼동
	나. 사업타당성 분석				
		1) 신규사업 추진 모델의 실행 가능성 및 시장성 검증			
		정보화 투자 타당성(IT ROI) 검토	IT ROI	2	홍삼동
		정보화 성과 측정을 위한 비용지표 및 효과지표 도출	지표 설계	1	홍삼동
		정보화 투자비용 분석	원가 분석	1	홍삼동
		정보화 투자 대비 성과 분석	기대효과 분석	1	홍삼동
		정보시스템의 경제적 가치 측정	수익성	1	홍삼동
		2) 실행가능성 및 수요조사, 시장성 조사 등의 실증적 분석에 기반을 둔 사업추진 전략 수립			
		모든 고객들이 쉽게 접근하여 이용할 수 있도록 대국민 접근성이 강화된 시스템 구성	추진전략의 방향(G기관은 Universal, Ubiquitous 서비스를 지향)아이디어 제시 필요	1	홍일동
		TS 멤버십 제도(개인, 기업형) 운영, 인터넷 차계부(Life Cycle 관리), 인터넷 차계부를 통한 융합장치 품질보증, 융합장치 검사/정비 할인, 융합장치, 검사대행 등이 다양한 서비스 제공, 융합장치 검사원 커뮤니티 제공, 고객 DB를 이용한 마케팅/영업 정보 제공 등 필요한 기능 및 서비스 모형 정의	검사 예약, 신한카드 가입 시 수수료 할인 혜택 제공 등 촉진책 시행중기존 서비스 분석 및 개선방향 제시	1	홍삼동
		정보격차해소에 관한 법률 제7조 (장애인/노령자 등의 정보접근 및 이용보장)의 규정에 의한 웹접근성을 고려한 응용시스템 구축 모형 정의	매체에 따른 콘텐츠 개발 ※시각장애인은 음성으로, 청각장애인은 동영상으로, 노령자는 자판 대신 마우스 클릭으로 등	1	홍일동
		3) 시스템 활성화 방안 제시			
		G기관 내 · 외부 보유자원 DB 연계 · 전산화를 통한 수요자 편의성 증대	보유 및 관계기관 DB를 기반으로 부가 서비스 제공데이터 공동활용, 연계 방안 제시(부분적인 데이터 아키텍처 수립하는 방안 제안)	1	홍일동

수요자층(기업, 일반사용자 등) 확대 방안(홍보 등) 강구	연계 서비스 아이디어 제시	1	홍일동
시스템 활성화를 위한 신규 서비스 모형 개발	아이디어 제시	1	홍일동
외부 대국민 접근성 향상을 위한 검색포털 사이트 연계방안 수립	연계 대상 검색포털 조사현황 및 활용 아이디어 제시 수준	1	홍일동
다. 선진사례 연구(벤치마킹)			
1) 선진국의 융합장치 검사관련 시스템 및 서비스 현황 조사			
일본 융합장치기계 공구협회(JASEA) 등 서비스 현황 조사	자료수집 및 정리 G기관의 협력 필요	1	홍일동
2) 세계 융합장치관련 기구의 활동현황 및 서비스 조사			
세계 융합장치연맹 FIA(영국 본사), ADCD(독일), AAA(미국),JAF(일본) 등의 서비스 현황	자료수집 및 정리 G기관의 협력 필요	1	홍삼동
라. 신규사업 추진을 위한 정보화 전략 계획 수립			
1) 기존 시스템 현황 분석			
VIPS를 포함한 G기관의 전산 인프라 현황 분석	G기관 제안요청서에 나타난 시스템 현황 자료 일부 인용	6	홍오동
VIPS(융합장치검사통합시스템): 융합장치관련민원행정망과 연계하여 융합장치 검사업무를 수행하는 국가기간망			
VITPS(융합장치검사운영전산시스템): 융합장치 검사통합시스템(VIPS)과 연계하여 검사소의 융합장치 검사 업무 운영을 지원하는 검사소 단위의 업무 시스템			
VIPS(융합장치검사청렴도향상시스템): RFID를 이용하여 융합장치검사 과정을 투명하게 감시하고 검사원별 책임제도를 지원하는 시스템			
융합장치관련민원행정종합정보시스템: 융합장치/이륜융합장치/건설기계/융합장치 동원업무/융합장치관련 법규위반사항 정보통합 부문 관련 37개 서브시스템			
종합개발원융합장치보험정보시스템: 융합장치 보험처리 내역			
2) 시스템 To-Be 모델 수립			
Green IT 기술과 G기관의 전산 인프라를 최대한 활용한 고효율 시스템 구축 모델 설계	인프라 공유방안	1	홍오동
융합장치 검사 고객관리와 구조변경 전자 승인 전반에 대한 업무 프로세스 정의 및 구축방법 제시	구조변경 전자승인 업무프로세스 정의 및 구축 방법 조사 필요	1	홍오동

		업무구조, 응용시스템(기능)구조, 데이터구조 등의 목표시스템 구축모형 정의(TAKIMS 구축 용역 이전 기본적인 정보시스템 설계 작업 수행 후에 제안요청서 작성)	업무기능분류체계, 응용기능정의, 데이터 모델 작성 방안 제시 시스템 구축 사업 발주를 위한 RFP 초안 (기능점수 방식의 원가 산정 방안 제시)	2	홍삼동
		G기관의 융합장치검사시스템(VIPS) 및 데이터 연계를 위한 유관시스템과의 연계모형 정의		1	홍오동
		안정적 서비스 제공을 위한 정보인프라 구축모형 정의	24 * 7 운영을 위한 데이터센터 설계 (시스템 이중화 보안 시스템 강화 시스템 장애 대비 백업 및 아카이빙 방안 재해 대비 소산 및 복구 방안)	1	홍오동
		정보격차해소에 관한 법률 제7조 (장애인/노령자 등의 정보접근 및 이용 보장)의 규정에 의한 웹접근성을 고려한 응용시스템 구축 모형 정의	매체에 따른 콘텐츠 개발 ※시각장애인은 음성으로, 청각장애인은 동영상으로, 노령자는 자판 대신 마우스 클릭으로 등	1	홍오동
	마. 온라인 마케팅 활성화 방안 수립				
		1) 융합장치 검사 대고객 포털의 서비스 활성화를 위한 온라인 프로모션, 이벤트 등 마케팅 활성화 전략 수립	아이디어 제시	1	홍사동
		2) 마일리지 서비스 등 우수고객 확보 및 고객 이탈 방지를 위한 마케팅 활성화 방안 수립	아이디어 제시	1	홍사동
		3) 융합장치고도화 시스템과 VIPS, 융합장치 관리사업자 등과의 전산 정보연계 활성화를 위한 방안 수립	아이디어 제시	1	홍사동
		4) 각 마케팅 효과에 대한 정량적 지표 제시	지표 도출 ※유사사례 예시	1	홍사동
	바. 이행계획 수립 및 소요예산 산정				
		1) 사업성과 조기달성을 위한 단계별 이행 계획 수립			
		정보화 이행과제 우선순위 선정	중요도, 긴급성 등의 평가기준 수립 후 평가중간보고시 워크숍 형태로 우선순위 선정	1	홍일동

구분	내용	수량	담당
정보화 이행과제별 세부추진계획 수립	로드맵 작성 및 세부 과제 정의	1	홍일동
단계별 사업수행전략 수립	단계별 중점 추진 과제 정의	1	홍일동
2) TAKIMS 발전을 위한 중장기 계획 수립			
정보화 이행과제에 대한 중장기 사업 및 예산계획 수립	예산안 작성	1	홍삼동
3) TAKIMS 이용 수수료(예: 가입비, 전산정보 제공수수료등) 산정	아이디어 제시 ※유사사례 예시	1	홍삼동
4) 시스템 구축에 대한 제안요청서 등 제시			
정보화 전략계획에 의한 '10년 시스템 구축 범위 확립과 소요예산, 제안요청서 등 제시	시스템 구축 사업 발주를 위한 RFP 초안 (기능점수 방식의 원가 산정 방안 제시)	1	홍일동
Ⅳ. 사업관리부문			
1. 추진일정계획			
계약체결일로부터 4개월	사업기간이 통상적인 경우보다 1~2개월 짧음 위험관리 필요 과업수행 단계 및 절차에 따라 작성	1	홍이동
2. 산출물 관리계획			
1) 계약체결일로부터 4개월	WBS에 의한 일정 관리 MS Project 또는 엑셀 적용	4	홍이동
2) 일일, 주간, 월간보고서(진척현황, 진도, 이슈 사항, 처리결과 등)			
3) 중간보고서(현황 및 이슈사항 분석결과, 개선과제 도출 결과, 향후 추진일정)			
4) 완료보고서			
3. 보고 및 검토계획			
1) 착수보고		4	홍이동
2) 일일, 주간, 월간보고			
3) 중간보고			
4) 완료보고			
4. 수행조직 및 업무분장 <별지 서식 제4호>		1	홍이동

	5. 참여인력 및 이력사항 <별지 서식 제5호, 제6호>				6	홍사동
	6. 품질보증방안				1	홍이동
V. 지원부문						
	1. 교육 및 기술이전					
			1) 컨설팅 결과 교육 및 기술이전	교육 실시 3시간/회 * 2회(중간보고, 완료보고 시점에 실시)	1	홍사동
	2. 유지보수방안					
			1) 유지보수 방안(시스템 구축 업체에 대한 자문 제공)	자문 실시 3시간/회 * 3회 (시스템 구축 사업 착수시, 분석단계 산출물 검토시, 설계단계 산출물 검토시	1	홍사동
	3. 기밀보안					
			1) 기밀 보안 방안	출입자 통제, 자료 통제 근무장소 출입 통제, 장비 보안 강화	1	홍이동
	4. 기타사항					
계					124	

2.3 컨소시엄사간 업무분장 협약

일정 규모 이상의 프로젝트는 2개 이상의 전문기술을 가진 업체들의 컨소시엄으로 구성되어 프로젝트 제안을 하는 경우가 일반적이게 된다.

이때 업무분장 등의 협약을 문서화해 놓지 않으면 제안서 작성과정에서 뿐만 아니라 수주를 하여 프로젝트를 수행하는 과정에서 여러 가지 어려움이 발생하게 된다.

제안요청서에서도 컨소시엄으로 참여하는 업체들에 대해 내부 협약서 및 각서 등을 요구하는 경우가 일반적이다.

표 II-14 컨소시엄사간 업무분장 협약서 구성내용 예시

구성요소	내용	비고
과제명	제안 대상 과제명	
수행기간	제안서 작성기간	
과제비용(예산)	제안 대상 과제의 비용	1. 제안서를 작성하는 비용 명시 2. 수주 후 프로젝트 수행시의 프로젝트 비용에 대한 배분 명시
과제책임자	제안서 작성 책임자(제안 PM)	
총괄책임자	제안서 작성 책임자의 소속 부서 최상위 관리자	
협약당사자	컨소시엄에 참여하는 주관기업과 참여기업의 대표자	
목적	협약을 맺는 목적	
사업의 수행	권한과 책임을 가지고 성실하게 수행	1. 협약에 참여하는 기업들의 제안서 작성 역할과 권한, 책임의 상세한 명시 2. 수주 후 프로젝트 수행 시 역할과 권한, 책임의 상세한 명시
컨소시엄 운영	컨소시엄의 운영, 과제개발 진행 과정 및 기술 · 경영 정보교류 등에 대하여 상호 협력	
부담금	제안 작성 및 프로젝트에 참여하는 참여기업의 공동부담금(현물, 현금) 명시	
협약의 변경	협약내용과 과제수행 내용의 변경	
협약의 해약	협약해약 사유 명시	
장비 및 시설의 소유	당해 제안서 작성 수행 결과로 얻어지는 유형적 결과물	
과제수행 결과물의 귀속	소유권과 활용권한	
기타	협약의 수정, 보완 필요시 변경 가능	
관계규정 등의 준용	정부나 공공기관 법률의 준용에 대한 제약사항	
첨부자료	제안요청서 등	
협약일자	협약서에 서명한 일자	
서명	협약당사자들의 주소, 대표이사 서명 등	

제 3 장

제안서 작성

3.1 경쟁사와 차별화된 조견표 작성

제안서를 작성하는 데 있어서 내용을 알차게 적는 것도 매우 중요한 일이지만, 정성껏 작성한 내용을 읽어줄 심사위원에 대한 배려는 매우 중요하다.

경쟁사는 없는데, 제안사만 있는 내용이라면 심사위원들에게 좋은 인상을 주는 것은 당연한 일이다.

대규모의 프로젝트를 제외하고는 중소규모의 프로젝트에서는 조견표를 첨부하지 않는 경우가 많은데, 작성된 제안서에 대해서 누락된 내용이 없는지를 평가하는 측면에서도 매우 중요한 작업이라고 할 수 있다.

조견표를 작성할 때, 심사위원에게 쉽게 눈에 띄게끔 조견표를 작성하는 방법도 필요하다.

제안서 작성일정과 품질을 관리하는 역할을 맡은 팀원이 조견표 작성을 책임지고 수행하는 것이 바람직하다.

다음 3종류의 조견표는 나름대로의 특징을 가지고 작성된 표이다.

사례1은 제안요청서의 요청내용에 대해서 해결방안을 상세하게 기술함으로써, 기술적으로 자신있다는 것과 많은 정성을 기울여 제안서를 작성했다는 것을 은근히 자랑하고 있어서 심사위원들로부터 좋은 평가를 받을 수 있다.

사례2는 평가항목에 대해 수용여부가 체크됨으로써 내용적으로 미흡한 조견표가 되었다.

사례3은 평가항목에 대해 효과적인 조견표 작성이 되었다고 할 수 있다.

이들의 장점을 섞어 요구사항 반영과 평가항목에 대한 매핑이 적절하게 조화된 조견표가 작성된다면 심사위원들에게 좋은 평가를 받는 조견표가 될 수 있을 것이다.

표 Ⅱ-15 조견표 작성 예-1

1) 제안요청내역에 의한 조견표

제안 요청서 Page	제안요청사항	제안서 관련 목차	Page
35	- 프로젝트의 효율성을 제고할 수 있도록 제안자가 수행한 작업추진과정과 내용을 실무추진단이 파악할 수 있도록 검증 · 승인절차 등에 대한 방안을 제시	Ⅲ.5.2 사업진척도 관리방안	Ⅲ-113
35	- 업무진척도(정기 · 비정기)에 대한 보고방법과 절차 등에 대한 사항을 제시	Ⅲ.5.2.2.2 보고 및 검토계획	Ⅲ-123
35	· 위험요소 관리방안	Ⅲ.5.3 위험요소 관리방안	Ⅲ-128
36	- 프로젝트 환경 이동, 인력 변경 등 프로젝트 수행과정에서 발생할 수 있는 위험 요인에 대한 관리방안을 제시	Ⅲ.5.3.4 예상위험 및 대응방안	Ⅲ-128
36	· 품질보증 계획 및 활동	Ⅲ.5.4 품질계획 및 활동	Ⅲ-133
37	- 사업결과에 대한 산출물의 품질목표가 달성할 수 있도록 원활한 품질활동 절차 및 수행내역에 대하 계획을 제시	Ⅲ.5.4 품질계획 및 활동	Ⅲ-133
37	· 기밀보안	Ⅲ.5.4 품질보증 계획 및 활동	Ⅲ-133
38	- 기밀보안 대책, 프로젝트 참여요원에 대한 보안의식 고취 방안 등을 제시	Ⅲ.5.5 기밀보안	Ⅲ-166
40	4) 교육 및 기술 지원부문 가) 교육훈련계획	Ⅳ. 교육 및 기술지원	Ⅳ-1
40	· 사용자, 관리자 등 시스템의 이용대상자별로 구분하여 교육내용, 교육기간, 교육방법, 인원 등을 상세히 제시	Ⅳ. 1. 교육훈련계획	Ⅳ-1
40	- 자체 보유하고 있는 전문 교육시설 현황 제시	Ⅳ. 1.5 자체보유 전문교육시설	Ⅳ-6

표 Ⅱ-16 조견표 작성 예-2

평가항목		수용여부	제안서 해당 페이지
컨설팅계획 부문	1. 유사분야에서의 경험	○	Ⅰ-3. Ⅲ-5
	2. 대상사업의 이해도	○	Ⅰ-4. Ⅲ-2. Ⅲ-3. Ⅲ-6
	3. 컨설팅 전략	○	Ⅰ-3. Ⅲ-1
컨설팅 부문	1. 기능 및 성능	○	Ⅲ장 모든 페이지
	2. 개발방법론	○	Ⅲ-1
관리부문	1. 경영상태	○	Ⅱ-4
	2. 사업수행조직	○	Ⅳ-2
	3. 품질보증방안	○	Ⅳ-4

표 Ⅱ-17 조견표 작성 예-3

1) 평가항목 조견표

구 분		구 분	구 분	구 분
개발 계획 부문	유사분야 에서의 개발경험	• 개발경험의 유사성 • 개발경험 건수 및 시기 • 개발분야의 규모 및 역할 • 자체개발기술 등 관련기술 보유	Ⅰ.5. 유사분야 프로젝트 수행 경험 및 실적	Ⅰ-11, 12, 15 Ⅰ-19, 21, 23, 28, 29
	개방대상 사업의 이해도	• 개발목표 및 내용의 이해도 • 문제파악의 정확성 • 업무분석체계의 정확성 • 목표시스템 구성의 적정성 • 제안요청서와의 무합성	Ⅱ.1.1 사업추진 배경 및 필요성 Ⅱ.1.2 사업 목표 Ⅱ.3.1.3 목표시스템 구성 방향	Ⅱ-2～7 Ⅱ-12～15
	개발전략	• 추진전략의 창의성 • 추진전략의 타당성 • 적용기술의 혁신성 • 적용기술의 최신성 • 제안기술의 실현가능성	Ⅱ.3.1.3 목표시스템 구성 방향 Ⅱ.3.2.2.1-(2) 데이터 품질관리전략 수립	Ⅱ-12～15
개발 부문	기능 및 성능	• 기능요구 충족도 • 성능요구 충족도 • 운용요구 충족도 • 표준요구 충족도 • 사용자편의성 충족도	Ⅱ.3.2.2.2-데이터 품질관리 자동화 구현	Ⅱ-96～180
	개발방법론	• 개발절차의 타당성 • 개발산출들의 적정성 • 도구와 기업의 적정성과 경험 • 적용방법론의 경험	Ⅲ.1 프로젝트 개발 방법론	Ⅱ-96～180
	개발환경	• 개발장비 보유현황 및 확보방안 • 개발도구 보유현황 및 확보방안	Ⅱ.3.3 도입대상 하드웨어 내역 및 적응방안 Ⅱ.3.4 도입대상 소프트웨어 내역 및 적응방안	Ⅱ-181～192 Ⅱ-193～201

3.2 수행방법론 정제

일정과 위험, 범위 등을 감안하여 수행방법론을 현실에 맞게 정제하는데, 프로젝트 범위와 수행할 업무를 정확히 파악하는 것이 매우 중요하다.

다음 표에서 보면 정보화전략계획(ISP; Information Strategic Planning)은 일반적으로 환경분석(기업 내외부 환경분석, 최신 기술추세 분석), 현황분석(업무현황 분석, 정보화 및 정보기술현황 분석), 문제점 및 개선방안 도출, 목표설계, 과제 도출 및 이행계획 수립의 절차로 수행되어지나, 프로젝트 수행 대상 고객의 요구사항이 명확하지 않고, 업무 범위가 확정되어 있지 않은 특수한 프로젝트 수행 환경이라면 수행 방법론 또한 이를 참고하여 정제되어야 한다. 산출물 또한 명확하게 제시하지 않고 일반적인 이름을 사용하되 종류가 최소화되게 하는 것이 프로젝트 수행에 도움이 된다.

표 Ⅱ-18 정보화전략계획 수립 수행방법론 정제 예시

단계	활동	상세활동	산출물
정보화방향 확인	정보화방향 분석계획		정보화방향 분석서
	정책결정자 인터뷰		
	사업환경 분석		
	정보화방향 확인		
현황분석	현황분석 계획 수립		현행 업무운영 분석서
	업무현황 분석	콘텐츠 분석	현행 정보기술 분석서
		업무 프로세스 분석	
	정보화현황 분석	정보 아키텍처 분석	
		인프라 아키텍처 분석	
		정보관리 아키텍처 분석	
	현황분석 이슈/개선기회 파악		
	개선기회 종합		
개선모델 설계	개선과제도출		개선모델 수립서
	과제별 개선방향 도출		
	개선모델 수립	업무개선모델	
		정보기술개선모델	
통합이행계획	이행과제 종합		통합이행계획서
	단계별 이행계획 수립		
	비용 산정 및 기대효과 분석		
	변화관리계획 수립		

3.3 일정계획 수립 모의실험

제안요청서에서 제시한 프로젝트 수행 일정은 계약서의 완료시점과 직결되는 중요한 시점이므로 무조건 해당 일자에 프로젝트가 종료된다는 가정 하에서 제안서의 전체 내용이 작성이 되어야 한다.

제안요청서에서 제시하는 일정은 대부분 발주사에서 개략적인 프로젝트 수행절차와 그에 대한 개략적인 일정을 나열해 놓은 것에 불과하기 때문에 제안서를 작성하는 입장에서는 프로젝트의 실제 수행일정을 감안하여 일정계획을 수립할 필요가 있다.

표 Ⅱ-19 일정계획 수립 모의실험 절차

순서	활동	비고
1	제안요청서의 제안내용 분석	발주사의 제안요청에 대한 정확한 의도 파악
2	분석된 제안내용에 대한 해결방안 식별	해결방안은 최신 기술의 적용, 설문조사 및 인터뷰, 국내외 선진사례 벤치마킹 등을 통하여 이루어지나, 유사 경험 보유 또는 결과에 대한 확신이 있어야 함
3	해결방안에 대한 상세 활동 식별	상세 활동 : work unit, WBS(Work Breakdown Structure)의 구성요소
4	상세 활동에 대한 산출물 정의	
5	산출물 작성에 소요되는 인력자원(Week/Man) 산출	
6	수행방법론에 상세 활동 매핑	수행방법론의 단계(Stage) - 활동사항(Activity) - 상세 활동사항(Task) 중 활동사항 또는 상세 활동사항에 매핑
7	상세 활동들 간의 연관관계(선후 관계, 병렬수행 관계, 반복수행 관계 등) 식별	MS-Project 등 일정계획 수립 자동화도구를 활용 가능
8	제안요청서에서 제시된 시작일시-종료일시를 준수하는 선에서 작성된 일정계획의 모의실험(시뮬레이션)	
9	반복적인 모의실험을 통해 최적의 일정계획 도출- 일정을 줄이기 위한 추가 인력투입 또는 상위등급 기술자 투입- 보고서 작성 및 검토, 각종 보고 및 워크숍 등의 일정 감안	

3.4 제안서 작성일정 수립 및 통제

대부분의 제안서들이 제안 마감일 직전까지 담당자들이 밤을 새우며 마무리하는 경우가 일반적이다.

이렇게 급하게 만들어진 제안서들은 대부분 눈에 띄게 오탈자가 있거나, 페이지가 잘못 부여 되었거나, 기타 결정적인 오류가 있어서 심사위원들의 기분을 상하게 하는 경우가 많다.

따라서 충분한 시간을 가지고 제안서를 제출하기 위해서는 일정 및 품질관리를 잘해야 한다.

표 Ⅱ-20 제안서 작성일정 계획대비 실적 예시

과업	일시	진행상태	이슈사항
제출마감일	10/20(화) 오후 2시	완료	제안발표자료는 요약서를 참고하여 PM이 제작함
요약서 작성	10/19(월) 오후 5시	완료	
제안서 인쇄	10/19(월) 오후 5시	완료	
제안서 보완 완료	10/17(토) 오전 10시	완료	
제안서 초벌 인쇄, 검토, 보완	10/16(금) 오전 10시	완료(디자인 포함)	보완필요 부분 각 협력사들에 배포, 오후11시까지 수정판 웹하드에 올림
제안서 최종 검토	10/15(목) 오후 7시	완료	초안 미완료 19장. 미완료부분은 오후 11시 완료, 디자인 검토 완료
제안서 초안 검토	10/14(수) 오후 7시	초안 미완성으로 검토회 연기	협력사A 제안서 작성 인력 투입 지연(협력사B의 홍일동부장이 목요일 오전까지 작성하기로)
제안서 초안 완료	10/14(수) 오후 7시	부분완료	제안서 작성표준에 맞출 것
제안서 작성	10/09(금)~10/14(수) 오후6시	부분완료	
제안서 작성 협의	10/08(목) 오후 7시	완료	제안 PM이 개략적인 제안서 작성을 위한 스토리보드 작성하여 협의 자료로 활용

3.5 투입인력 등급 및 규모 산정

발주사에서 요청한 프로젝트의 종류에 따라 투입되는 인력의 등급 및 규모가 달라지는데, 정보화 전략계획(ISP) 수립과 같은 컨설팅 프로젝트의 경우에는 원칙적으로 고급기술자 이상의 인력이 투입되어야 하고, 정보시스템 개발 프로젝트의 경우에는 10년 전후의 시스템 개발 경험을 가진 중급기술자이면 프로젝트를 훌륭하게 수행할 수 있다. 데이터베이스 구축과 같은 경우에는 1~2년 정도의 시스템 개발 경험을 가진 중급기술자를 포함하여 그 이하의 경험을 가진 인력이 투입되어 프로젝트를 수행하는 경우가 대부분이다.

투입인력 등급 및 규모는 프로젝트 예산을 산정하는 데 중요한 요소가 된다.

투입인력 등급 및 규모를 산정하는 방법은 다음 표와 같다.

표 Ⅱ - 21 투입인력 등급 및 규모 산정

순서	활동	비고
1	수립된 일정계획의 상세 활동사항과 관련된 산출물을 검토한다.	
2	산출물의 내용과 분량을 예측한다. - 산출물의 내용을 작성할 수 있는 기술자 등급을 식별 - 산출물 템플릿(목차, 작성절차, 사례 등) 검토	• 컨설팅 프로젝트의 경우 - 현황분석 : 고급기술자 이상 - 목표설계 : 고급기술자 이상 - 이행계획 수립 : 고급기술자 이상 • 시스템 개발 프로젝트의 경우 - 요구사항 분석 : 유사 업무경험이 있는 중급기술자 이상 - 시스템 설계 : 유사경험이 있는 중급기술자 이상 • 데이터베이스 구축 프로젝트의 경우 - 현황분석 및 설계 : 중급기술자 이상 - 데이터베이스 구축 : 초급기술자 이상
3	소요 인력의 등급과 인원수를 산정한다.	• 산정 요소 - 컨설팅 프로젝트 : 산출물 내용 및 분량 - 시스템 개발 프로젝트 : 산출물 내용 및 분량, 프로그램 본수 - 데이터베이스 구축 프로젝트 : 구축 테이블 수
4	각 단계별 투입인력의 등급별 투입인원 수를 산정한다.	
5	투입인력 등급별, 월별 투입인원 수를 산정한다.	
6	투입인력에 대한 예산을 산정한다.	• 투입인력 등급 * 등급별 단가※ 등급별 단가는 최근의 소프트웨어 개발비를 참조한다. - 한국소프트웨어산업협회 '2009년도_SW기술자_노임단가' - 소프트웨어사업_대가의_기준 (지식경제부고시_제2010-52호)

3.6 A3 페이지 작성

A3 페이지는 해당 제안서에서 가장 강조하고 싶은 부분에 대해 심사위원들에게 어필하는 효과가 있고 실제로 짧은 시간 내에 얘기하고 싶은 내용을 전달할 수 있는 강력한 수단이다.

심사위원 입장에서도 제안서에 A3 페이지가 있으면 보고 싶은 유혹을 참기 힘들고, 경쟁사의 제안서에 A3 페이지가 없을 경우에는 상당한 호감을 가지게 될 수 있다.

A3는 많은 내용을 1~3페이지에 요약해서 짧은 시간에 보여주고 싶다든가, 강조하려는 부분에 대해서 사용하는 작성 기법이다.

표 Ⅱ-22 A3 페이지 활용 예시

강조 사항	내용
목표시스템 구성도	사용자 기능, 관리자/운영자 기능 전체 목록
목표시스템 운영개념도	사용자, 교환정보, 목표시스템 구성도(통합/연계), 기본인프라, 연계시스템
하드웨어구성도(네트워크 포함)	외부 타 기관(정보이용, 정보제공)의 하드웨어구성도, 내부 하드웨어구성도
네트워크구성도	외부 타 기관의 네트워크구성도, 내부 네트워크구성도※ 방화벽 및 이중화(고가용성, High Availability) 구조 강조
소프트웨어구성도	소프트웨어 상세내역
현행 업무의 이해	제안 요청사항과 해결방안 요약
내부시스템 통합/연계 방안	내부시스템에서 수행하는 복잡하고 비정형 정보요청의 상호 연관관계 분석, 정리
표준화 대상	사용자 인터페이스 분야, 응용 분야, 플랫폼 분야, 시스템 연계 분야, 데이터 분야, 통신 분야, 국제화 분야, 보안 분야 등의 표준화 방법, 내용 요약
시스템 시험방안	대상 업무들에 대한 단위시험(논리적 오류), 통합시험(인터페이스 오류), 시스템 및 성능시험(사용자요구)의 전체 요약
사업추진전략	※ 전략도출을 위한 프레임워크 : 1,2,3항의 상호연관도 1. 본 사업의 특징, 사업의 고려사항, 사업수행 시사점 2. 핵심성공요소(영문으로 이니셜 만듦, ORIGIN(Organic, Reliability, Interaction, Guarantee, Inspection, Network)) 3. 여러 가지 전략
개발방법론 적용방안	※ 구축 대상별 적용경로(적용방법론) 선정 및 핵심 태스크 테일러링(정제) 1. 구축 대상 별 특징 정의(구축범위, 특징 및 요건) 2. 표준경로 선정(웹개발 방법론, 패키지 구현방법론, 아키텍처 구축방법론 등) 3. 상위 수준 테일러링 4. 각 적용 경로 별 특징
전체 추진일정	개별 시스템들의 개발일정을 A3 1페이지에 모두 표현

3.7 기타 제안서 작성 기법

기타 효과적으로 제안서를 작성하는 방법은 다음 표와 같다.

표 Ⅱ-23 기타 효과적인 제안서 작성방법

이슈사항	대응방안/식별방안
경쟁력 있는 유사 프로젝트의 레퍼런스 보여주기	• 회사소개 부분의 실적에서 관련된 실적의 강조 • 투입인력의 실적 강조 • 개요부분의 제안목표 달성전략 부분에서 강조
제안서 마무리 단계에서 유의할 점	• 오/탈자 확인 • 페이지 숫자 등의 확인 • 인쇄 시 버전 바뀌는 일, 버전이 달라서 인쇄가 잘못 되는 일 등의 확인
제안서와 사업수행계획서의 차이	• 제안요청서에 대해 제안서를 작성 • 사업 수주를 한 이후, 실질적으로 사업을 수행하기 위한 계획서를 말함 • 제안서에서 제안한 사업수행계획을 실질적으로 커스터마이징하고, 발주사의 추가 요청사항을 반영하여 사업수행계획서를 작성함
고객이 요구한 제안의 목차의 준용 또는 파기	• 특별한 사정이 없으면 준용하는 것이 좋음 • 목차뿐만 아니라, 평가항목들도 검토하되, 경쟁사가 개입한 흔적이 보이거나, 논리적으로 변경이 필요하다면 변경하여 작성
전문용어 사용	• 전문용어는 피하되, 사용할 경우에는 주석을 달든지, 다른 페이지에 용어 정의를 하여 제출한다
준비된 제안서와 준비 안 된 제안서 구별	• 오/탈자, 도식화, 조견표, A3 페이지 등의 존재 • 디자이너의 손길을 거친 깔끔한 그림 및 Indentation 형태 • 요구사항에 대한 상세하고도 섬세하게 도식화된 내용
제안요약서 페이지	• 제안요청서에 구체적인 페이지 수가 포함되어 나오는 경우가 많음 • 대략 제안서 페이지 분량의 4~5분의 1 정도 • 제안요약서를 토대로 제안발표자료가 만들어짐을 감안할 것

제 4 장

제안요약서 작성

심사위원들은 대부분 제안발표자가 발표하기 전에, 제안과 관련된 자료들을 대충 읽어보고 어떤 내용이 담겨 있는지를 빠른 시간 내에 파악하려고 노력한다. 제안 자료를 읽다가 눈에 띄는 부분에 대해서는 밑줄도 긋고, 궁금한 부분에 대해서는 체크 표시를 하여 제안발표 시간에 들어보기도 하고 질문도 한다. 따라서, 심사위원들로 하여금 조견표->제안요약서->제안서의 순서로 읽어볼 수 있도록 친절하게 자료를 구성하고 안내하는 것이 중요하다.

제안요약서를 작성하는 것은 프로젝트 유형과 규모 및 발주사 환경에 따라 여러 가지 다양한 형태로 작성할 수 있겠지만 대부분 작성된 제안서에서 중요한 부분만을 간추리는 것이 일반적이다.

특히 제안발표 시에 강조할 부분에 대해서는 반드시 포함될 수 있도록 한다.

다음 표는 일반적인 제안요약서 작성 시 가이드라인이다.

표 Ⅱ-24 제안요약서 작성 가이드라인

가이드라인	설명
제안요약서는 제안서의 10분의 1 수준	• 제안요청서에서 제안요약서의 분량을 제시해주는 경우도 있지만, 대부분의 경우 제약조건을 포함하지 않음 • 최근에는 제안서의 3~5분의 1 수준으로 작성하는데, 무성의하게 제안서를 간추리기 때문임
모든 페이지는 그림으로 표현하라	• 도식화 패턴을 사용하여 제안서의 여러 페이지의 내용을 1 페이지로 축약하여 표현 • A3 페이지를 활용하는 것도 좋은 방법임
차별화 포인트를 강조하라	• 제안서는 문제점에 대한 상세한 해결방안들을 기술한 것이지만, 제안요약서는 중요한 핵심 사항, 특히 제안사의 강점 부분을 필수적으로 포함시킬 것 • 제안서의 내용을 제안요약서에 전략적(요청사항 - 문제점 - 해결방안 - 과제 - 목표 - 목표달성 후 효과)으로 구성함
주저리주저리는 금물! 핵심만 언급	• 요약서는 1도1페이지, 1키워드1페이지의 형태로 작성함 • 도식화 패턴을 사용하여 작성
문제의 발현과 해답은 그 페이지에서 끝내라	
전체 시스템과 연동시키고 방향성을 고려하라	• 전략적인 사고체계와 논리적인 구성을 제안요약서 작성 구조로 활용

표 Ⅱ-25 제안요약서 작성 시 논리적인 구성 예

요구사항	전개과정에 대한 시스템 Image
문제가 무엇인가? 어떻게 개선하고자 하는가?	청취한 니즈에 대해서, 현상분석->문제점 식별->개선안 도출
무엇이 필요한가?	시스템화 과제(대상/목표) 도출
어떠한 방향으로 가야 바람직한가? 고려해야 할 사항은 무엇인가? 제공하거나 받아야 할 사항은?	과제해결을 위한 포인트로서, CONCEPT-> 고려사항/전제조건 ->개선방안
무엇을 할 것인가? 어떻게 해야 하는가?	전개 과정은 대상 업무 정의->단계별 수행과제
어떻게 달라지는가?	해답으로서, 시스템상/효과/비전

위의 표는 논리적인 구성에 대한 예시로서 제안요약서를 작성할 때, 중요한 기획기법으로 활용할 수 있다.

프로젝트에 따라서는 제안요약서를 생략하는 경우도 있는데, 제안요약서를 토대로 제안발표자료를 만들게 되므로 일련의 절차들이 원만하게 진행되도록 한다.

다음 표는 제안서와 제안요약서의 내용과 분량을 비교한 사례를 예시했는데, 중요한 것은 제안서와 제안요약서, 제안발표자료가 서로 연계되게끔 구성하는 것이 매우 중요하다.

표 Ⅱ-26 규모가 작은 컨설팅 제안서와 제안요약서 비교 사례

제안서		제안요약서	주요내용
목차	페이지	페이지	
표지, 목차, 간지	7	2	N/A
제안개요	15	3	수행목표, 필요성, 사업추진전략
제안업체 일반	15	2	유사분야 사업실적
기술부문	60	12	제안사 방법론, 신규 사업모델 개발, 사업타당성 분석, 선진사례 연구, 온라인 마케팅 활성화 방안, 이행계획 수립 및 소요예산 산정
사업관리 부문	14	3	추진일정계획, 수행조직 및 업무분장, 참여기술자 자격사항 요약
지원부문	5	0	N/A
계	116	22	

표 Ⅱ-27 규모가 큰 컨설팅 및 시스템구축 제안서와 제안요약서 비교 사례

제안서		제안요약서	주요내용
목차	페이지	페이지	
표지, 목차, 간지	7	7	N/A
제안사 일반현황	28	28	연혁 및 일반현황, 유사분야 프로젝트 수행경험 및 실적
제안기술	220	105	사업목표, 사업수행범위, 사업추진 범위 및 시스템 구축방안, 제안사의 제안의 특징과 강점, 기대효과, 전체목표시스템구성도(A3), 목표시스템 구축전략(A3)
사업관리 및 품질보증	86	18	프로젝트 개발방법론, 프로젝트 수행절차, 프로젝트 관리체계, 프로젝트 추진일정, 프로젝트 추진일정(A3), 사업관리 추진전략(A3)
교육 및 기술지원	180	7	교육훈련계획, 유지보수계획, 기술이전계획, 기타 지원사항
기타사항	18	5	전문기술 중소협력업체 및 활용방안, 기타 제안과 필요사항
계	539	170	

표 Ⅱ-28 대규모 시스템 구축사업 제안서와 제안요약서 비교

제안서		제안요약서	주요내용
목차	페이지	페이지	
표지, 목차, 간지	18	8	N/A
제안개요	23	23	제안배경 및 목적, 제안의 범위, 사업에 대한 이해, 사업추진전략, 제안의 특장점, 기대효과, 협조요청사항, 사업추진전략의 도출(A3)
제안업체일반사항	21	3	회사소개(컨소시엄사 포함)
기술 부문	364	52	시스템 구축방안, 소프트웨어 개발방안, 표준화 방안, 시스템 시험방안, 시스템 운영방안, 시스템구성도(A3), 구성장치 및 세부규격(A3)
사업관리 부문	37	8	사업관리방법론, 품질보증계획, 위험관리계획, 추진일정계획, 업무보고 및 검토계획, 수행조직도, 투입인력요약, 추진일정계획(A3)
지원부문	22	5	교육훈련계획, 유지보수계획, 기술이전계획, 기밀요청 및 빙상계획방안
기타	12	4	전문 업체 활용방안, 상호협력내용, 개인정보대체방안(추가제안)
계	497	101	

제 5 장

제안발표 준비

5.1 비우호적인(곤혹스러운) 예상 질문 작성

심사위원들의 성격이나 심사분위기와 무관하지 않겠지만, 몇몇 심사위원들의 곤혹스러운 질문에 대해 준비하고 있지 않으면 제안발표를 잘 해놓고도 수주에서 떨어지는 경우가 종종 있다.

심사위원들의 질문에 결코 부정적이거나 감정이 들어간 답변을 하는 것은 금물이다.

어떤 답변을 하든지 꼬투리를 잡고 늘어질 것은 뻔 한 일이기에 트집을 잡을 핑계거리를 주지 않는 것이 상책인데, 그렇게 하기 위해서는 준비를 하는 것이 좋다.

표 Ⅱ-28 비우호적인 질문과 대응방안

비우호적인 질문	대응방안(답변)
20분 정도 제안 설명을 들었는데, 핵심 포인트가 없다. 어떻게 생각하십니까?	당황하지 말고, 핵심만 설명하기
20분 정도 설명을 들었는데, 무슨 말을 하는지 도통 이해를 못하겠다. 무엇을 설명하려고 한 것입니까?	당황하지 말고, 핵심만 설명하기
발표하시는 분께서 본 프로젝트를 알고 발표하신건지 모르겠습니다. 딱 잘라서 본 프로젝트의 성공요소는 무엇입니까?	당황하지 말고, 핵심 성공요소만 설명하기
프로젝트 규모도 크고, 복잡한데 이 정도로 적은 인원을 투입하여 프로젝트를 성공시킬 수 있겠습니까?	투입인력의 우수성, 고급이상의 기술자, 경험 등의 설명 필요 시 발주사와 협의하여 인원 추가투입 고려할 것임
제안사에서 제안한 기술에 대해서는 실적이 거의 없는데 프로젝트를 성공시킬 수 있겠습니까?	최선이 아니면 차선이라고, 경험이 있는 인력의 투입을 강조, 유사한 프로젝트 수행실적 강조
제안서 몇 쪽에서는 이렇게 구축한다고 해놓고, 몇 쪽에서는 저렇게 구축한다고 하였는데 잘 모르기 때문에 이렇게 상이하게 작성하지 않으셨나요?	일단 제안서 작성 잘못을 인정하되, 내용으로는 오류가 아님을 설명

제안서가 오/탈자가 너무 많아 읽어보는 데 짜증이 나는데, 제안 준비를 제대로 하신 겁니까?	당황하지 말고, 잠깐 사과하고 태연스럽게 정정해줄 것
프로젝트 기간이 짧기에 산출물들에 대한 품질관리 활동이 강조되어야 하는데, 이 많은 산출물들에 대해 어떤 식으로 품질관리 활동을 하여 높은 품질을 확보하실 것입니까?	프로젝트 팀에서는 품질관리 활동, 회사 차원에서는 품질보증 활동을 철저히 하겠음

5.2 우호적인 예상 질문 작성

우호적인 예상 질문에 대해서는 찾아온 기회를 놓치지 않고 간결하되 인상적으로 답변을 하여 전체 분위기를 우호적으로 만들어야 한다.

표 Ⅱ-29 우호적인 질문과 대응방안

우호적인 질문	대응방안(답변)
PM께서 제안 작업을 하시면서 본 과제 수행의 문제점을 모두 파악하셨을 텐데, 본 과제를 수주하여 수행할 때 어떤 점이 가장 큰 문제이고 또 그것을 어떻게 해결하시겠습니까?	요구사항이 불명확한 것 프로젝트 수행 기간이 짧은 것 프로젝트를 수행하면서 이행과제를 도출해야 하는 것 등의 애로사항과 해결방안 설명

5.3 일반적인 예상 질문 작성

비우호적인 질문과 우호적인 질문은 특별한 경우에 발생하며, 수주의 성패에 큰 영향을 미치는 경우가 대부분이어서 이런 기회를 반드시 잡아야 한다.

일반적인 경우에는 작성된 제안서와 발표 자료에 대한 질문이 대부분이므로, 제안발표를 하기 전에 예상 질문과 응답에 대한 체크리스트를 만들어서 제안발표 준비를 한다면 자신감도 있고 무엇보다도 심사위원들에 대해 준비되어 있다는 느낌을 주게 되어 높은 평가점수를 받을 수 있는 장점이 있다.

더욱 중요한 것은 제작된 제안서와 제안발표자료를 여러 번 숙독할 수 있다는 것인데, 혹시 발생할 수도 있는 심사위원들의 제안서 및 제안발표자료 관련 예상치 못한 질문에 답변을 할 수 있는 준비를 하게 하는 효과가 있다.

표 Ⅱ-30 일반적인 예상 질문 예시_PM이 작성함

순서	예상질의사항	답변	비고
1	당 기관에서 수행하는 과제에 대한 현재 상황을 파악하고 있습니까?	• 당 기관에서 ISP수립 등을 많이 한 업체 및 관련실무자와 현상에 대한 정보를 얻었고, 2. '2009년도 산업정보화촉진 시행계획(안)' 을 주로 참고했습니다.	1. 프로젝트 대상이 되는 과제와 주관처, 상세내역 등의 파악.
2	당 기관에서 수행하는 과제에 대한 발주부서(실. 국 등)들에 대한 상황을 알고 있습니까?	• 과제 발주된 주관부서(Owner)와 발주된 과제에 대한 내용을 파악하고 있습니다. • 과제수행 환경과 내역에 대하여 어느 정도 파악하고 있습니다.	
3	프로젝트 수행의 결과인 운영체계 수립후 현행처럼 실국에서 발주되었던 과제관리가 정보화담당관실에서 수행되게 됩니까.	• 현상분석을 해보아야 결과가 나올 것 같습니다.	
4	과제를 수행 시에 과제 관련한 법 · 제도 측면의 분석도 수행이 됩니까?	• 필요시에는 분석을 할 것입니다.	
5	당 기관 자체의 정보화과제도 이번 프로젝트의 대상이 되는 겁니까? 그렇다면 정보화 담당관실에서 주관하는 과제만 해당되는 것입니까?	• 당 기관 자체의 전산시스템 구축 등에 대한 내용은 이번 프로젝트에서 제외되는 것으로 알고 있습니다.	
6	현재 투입규모 19.8MM가 적정한 규모라고 보십니까?	• 저희가 입수한 자료와 정보에 의하여 인원계획을 수립한 것이므로 큰 문제가 없다고 생각합니다. • 그러나 현재 당 기관 과제수행 관련한 현황에 비추어3. 당사의 전문가, 기구축된 템플릿 등을 활용하면 큰 문제가 없다고 생각했으나, • 필요할 경우 인원 추가투입 계획을 가지고 있습니다.	
7	IV-23의 투입인력내역의 전체 MM와 이력사항의 MM 수치가 맞지 않는데, 어떻게 된 겁니까?	• 투입인력내역의 전체MM를 기록한 내용이 사실과 부합한다고 보시면 됩니다.	
8	투입인력 이력사항의 참여율이 50% 미만이 5명인데, 과제가 제대로 수행이 되겠습니까?	• 프로젝트 수행에 반드시 필요한 전문지식과 경험을 가지고 계시는데, 유명한 분들이어서 시간이 없는 경우를 고려하여 그렇게 편성합니다. • 비록 적은 시간 작업을 하시지만, 현장투입이 아닌 현장이외 시간은 많이 투입되어 일을 하게 되는 형식이 될 것입니다.	

9	IV-23의 투입인력내역의 MM와 이력 사항의 참여율 수치가 맞지 않는데, 어떻게 된 겁니까?		홍길동(0.9->0.6), 홍이동(0.8->0.6)
10	투자대비효과(ROI)분석을 위해서 어떤 모델을 적용할 것인가?	• 제안사의 모델을 사용할 예정인데, 전체적인 성과평가 모델과 조화를 이루도록 할 것입니다.	
11	타당성분석을 위해서 어떤 모델을 적용할 것인가?	• BSC모델을 기반으로 하여 과제에 대한 타당성 분석을 실시합니다.	
12	우선순위분석을 위해서 어떤 모델을 적용할 것인가?	• BSC모델을 기반으로 하여 과제에 대한 우선순위 분석을 실시합니다.	
13	사업과제평가를 위해 어떤 모델을 적용할 것인가?	• BSC 모델을 사용합니다.	
14	당 기관의 과제관리 수준을 파악하고 있는가? 있다면 어떤 수준이라고 생각하는가?	• RFP와 당 기관 프로젝트를 수행한 분들에게서 제가 획득한 정보에 의하면 현황은 이렇습니다. • 전체적인 관리표준과 EA 등의 관리체계가 필요합니다.	
15	산업정보화 관련 경영전략 분석은 어떤 식으로 진행하려고 하는가?	• 현행 산업정보화 관련 경영전략 분석 • 외국이나 국내 선진사례 수집 • 벤치마킹 • 향후 산업정보화 관련 경영전략 수립	
16	산업정보화 관련 정보화정책 분석은 어떤 식으로 진행하려고 하는가?	• 현행 산업정보화 관련 정보화전략 분석 • 외국이나 국내 선진사례 수집 • 벤치마킹 • 향후 산업정보화 관련 정보화전략 수립	
17	IT Governance를 수행할 때, IT조직체계 이외에 업무조직이나 문화 등을 고려하여 추진할 것인가?	• 당연히 업무조직이나 문화 등을 고려하여 추진한다.	
18	IT 프로젝트가 비즈니스에 어떤 영향과 효과를 보여주는지 KPI나 ROI 분석이 필요하다. 이런 분석을 어느 정도까지 고려하고 있는가? 이에 대한 평가방법이나 적절한 방안을 가지고 있는가?	• 과제성과평가팀이 이미 가지고 있는 평가모델, KPI 등을 가지고 현재 상황에 맞게 커스터마이즈한 후, • 당 기관 TFT팀 등과 협의하여 결정할 예정임. • 수행하는 과제에 맞게 평가방업이나 수행방안을 정할 예정임.	

19	선진사례수집을 통한 산업정보화고도화 방안은?	• 세계적인 연구조사기관인 메타그룹과 MoU(Memorandom of Understanding, 기술협력 양해각서)를 체결함. • 산업정보화 관련 과제관리조직 및 운영체계에 대한 선진사례 수집. • 수집된 자료를 벤치마킹하여 목표 사업추진 운영체계의 수립.	
20	산업정보화 환경분석 부분이 누락되어 있는데, 이에 대한 방안은?	• 일반적인 부분이라 뺐습니다만 • III-7.사업과제 수행절차 및 활동내역 (III-57 페이지)에 기술했는데 산업환경조사분석, 망사업기술동향분석, 중소기업정보화환경분석 등의 업무활동들을 수행할 예정입니다. • 산업정보화 관련 사업부문(7개 부문)별로 관련 환경분석을 수행할 예정입니다.	
21	과제에 대한 사용자만족도 분석방안이 있는데, 너무 광범위하여 단기간내에 수행하는 것이 어려울 것 같습니다. 이에 대한 방안은?	• 당 기관에서 관리하는 과제에 대하여 설문조사 등 사용자만족도 조사를 수행할 예정입니다. • 설문대상 및 설문내용은 프로젝트 시작 후 정의할 예정입니다.	
22	III-13 페이지의 차이분석 예를 보여주는 그림에서 AS-IS, TO-BE 그림을 그리되, EA예를 보여주었는데 알맞은 예가 아닌 것으로 생각된다. 왜 EA 예를 들었는가?	• 지적 잘 하셨습니다. 지적하신대로 적절한 사례는 아닌데, 차이분석이라는 개념을 쉽게 이해할 수 있는 예로서 대상을 EA로 선정하였습니다.	
23	III-13 페이지의 차이분석 절차를 보여주는 예에서 산업정보화 예를 들지 않고 EA구축하는 예를 들었는가?	• 사례가 적절하지 않은 것을 인정합니다.	
24	III-15 페이지에서 투자대비 효과분석 방안에 대하여 사전효과분석->진행효과분석->사후효과분석의 순서로 진행되는 과정을 기술했는데 이러한 순서로 투자대비효과 분석을 수행할 것인가?	• 투자대비 효과분석 방안에 예시를 한 내용은 일반적인 절차를 설명하는 내용입니다. • 본 프로젝트에서는 현 과제에 대한 투자대비효과 분석부분을 이러한 기준으로 살펴보고, • 재정립된 과제에 대한 투자효과분석이 시행될 것입니다.	
25	III-18 페이지 통합이행계획 수립을 구성하는 항목 중 '시스템통합성' 항목이 나오는데 과제에 대한 이행계획 수립이므로 '시스템' 이라는 용어가 생략되어야 할 것이 아닙니까?	• 과제라고 하는 것이 더 나을 것 같습니다. • 과제는 대부분이 정보화에 관련된 것이므로 시스템이라고 하여도 크게 문제될 것 같지가 않아서 고치지 않았습니다.	

26	III-19 페이지의 IT Governance 에 대한 질문입니다. IT Governance는 시스템에 대한 내용인데 사업추진 운영체계를 만드는데 왜 IT Governance를 적용하려고 하는지요?	• 일관된 방법론으로 운영조직 등 추진체계를 분석하기 위하여 인용을 했고, • IT Governance 방법론 중 일부를 적용하여 사업관리 및 운영체계를 제작하려고 했습니다.	
27	IT Governance의 내용을 모두 적용하려고 하는 것인지?	• 우리 회사의 IT Governance 방법론의 전체 구성을 설명하려고 했고, • 당연히 프로젝트 추진 시에는 활동과 산출물들이 조정이 되어야 할 것입니다.	
28	III-39의 사업과제별 평가방안에서 사업과제별로 타당성을 평가할 것인지?	• 당연히 사업과제별로 타당성을 평가할 예정입니다.	
29	과제별로 우선순위를 평가하기 위한 방법을 미리 준비하고 있는가?	• 성과평가를 담당할 컨설턴트들이 2004년 국회예산정책처에서 정보화사업 평가모델 및 체계를 만들었고, • 이러한 모델이 향후에 국회예산정책처에서 모든 정보화 사업 평가 모델로 채택하여 적용할 계획으로 있습니다. 주) 신성장산업 투자성과 평가를 위한 기초연구 - 공공부문의 정보화 평가기법 개발	
30	성과측정 방법론은 어떤 것을 사용할 것이며, 그 수준은 어떠한가?	• pBSC방법론을 사용할 것이며, 2. CSF도출, 과제별 KPI도출, KPI에 기반을 둔 기여도 산출의 순서로 진행할 예정임.	
31	IT Management 방법론과 IT Governance 방법론의 차이는 무엇인가?		
32	II-55의 통합방법론에서 EAP방법론과 '종합일정계획수립' 활동과의 연관성이 되어있는데 무엇을 말하는가?	• 박스가 잘못 들어간 것 같습니다. • 발표 자료에 나와 있는 그림을 참고하시면 될 것 같습니다.	
33	제출시기가 표시가 안 되어 있는데 어찌된 것일까요?	• 로드맵 수립과 운영체계수립이 순차적인 부분과 병행적인 부분이 중복되어 일어나므로 보고서 제출시기를 협의코자 공란으로 놓아두었습니다. • 지금 생각으로는 프로젝트 종료시점인 최종 월에 제출했으면 합니다.	
34	IV-2.에서 중간보고시에 어떤 내용을 보고할 것인가?	• 현황을 분석하고, 과제를 진단한 데에 대한 내용의 보고. • 목적 : 방향이나 결과에 대한 승인. • 이슈사항에 대한 논의와 협의.	

35	IV-14 페이지에 있는 것처럼 형상관리를 제안서대로 할 것인가?	• 원칙적으로 제안서에 나와 있는 내용에 대하여 범위 등을 프로젝트 시작 시에 당 기관과 협의하되, 문제가 없는 부분들은 제안서의 내용을 준수하도록 할 예정임. • 문제인 부분은 대상이 없다거나, 일정이나 업무범위로 인하여 수행이 불가능한 부분에 대해서는 당 기관과 협의하여 수행할 예정입니다.	
36	V-2 페이지의 교육훈련계획에 대하여, 프로젝트 기간 중에 실시할 것인가? 교육을 수행할 인원이 선정되어 있는가?	• 프로젝트를 수행하는 컨설턴트가 직접 수행할 예정입니다. • 제안사의 직원이 교육하는 교육에 무료로 수강하게 하는 방안입니다.	
37	V-2 페이지의 교육 장소에 '사내교육실' 이라고 했는데 어디를 말하는가?	• 당 기관의 교육을 수행할 수 있는 장소를 말합니다.	

이번에는 제안서 및 제안발표자료 제작에 참여한 작성자가 예상질의사항 및 답변사항을 작성한 내용이 다음 표와 같다.

표 Ⅱ-31 작성자의 입장에서 본 예상질의사항

순서	예상질의사항	답변
1	1장-나. 사업추진현황에서 추진사업에 대한 사업부문 분류와 평가 및 문제점의 근거는 무엇인가?	• 당 기관의 '2009년 산업정보화촉진시행계획(안)' 을 참고하였는데 • 약 18개 사업과제를 유형별로 7개 부문으로 분류하여 정리하였습니다. • 과제의 평가와 문제점에 대하여는 자료에 나와 있는 내용을 이해하여 정리하였습니다.
2	1장. 사업추진목표에서 제안요청서상의 목표들로부터 사업추진목표를 4가지로 표현했는데, 이 부분으로 충분하다고 판단하는지?	• 제안요청서에 명시된 목표들을 달성하기 위한 최소공배수의 개념으로 목표를 재 도출했습니다.
3	1장과 4장의 사업추진전략의 내용이 서로 다른데 그 이유는?	• 4장의 추진전략은 프로젝트를 추진하는 프로젝트관리 측면에서의 접근전략이고, 1장의 사업추진전략은 산업정보화 마스터플랜수립 과제차원의 사업추진전략입니다.
4	제안사는 컨소시엄을 구성하지 않고, 단독으로 입찰에 참가하였는데, 본 사업의 모든 분야에 전문 인력을 확보하고 있는가?	확보된 전문 인력의 설명

5	사업의 범위가 포괄하는 대상이 많은데, 투입인력 계획이 적정한 것인지?	• 사업(산업정보화 사업과제가 대상)의 범위와 예상활동들을 기준으로 산정한 것입니다. • 프로젝트 진행시 위험관리를 충실하게 함으로써 프로젝트 수행에 지장이 없도록 하겠습니다.
6	제안사는 컨소시엄을 구성하지 않고, 단독으로 입찰에 참가하였는데, 본 사업의 모든 분야에 전문 인력을 확보하고 있는가?	• PM이 주관하되, • 다른 팀에서 CROSS-CHECKING하고 • 자문교수진이나 외부전문가를 활용하여 품질관리를 철저히 하도록 함.
7	도구와 기법의 적정성과 경험에서, 기법은 방법론으로 이해되는데 도구는 어떤 툴을 사용할 것인가?	• 프로젝트관리 도구 설명
8	산업정보화 환경분석 방안은?	• 제안사의 방법론에 절차 및 산출물이 나와 있습니다.
9	사업평가를 위한 pBSC의 CSF도 모든 사업에 일률적으로 적용하기는 곤란한데 그 대안은?	• 사업의 특성에 맞는 CSF를 도출하고, 그에 따른 KPI 식별
10	평가모델의 CSF, KPI 도출항목의 타당성은 어떻게 객관화시킬 것인지?	• 본 프로젝트에 참여하시는 전문가교수님의 사례를 활용할 예정이며, • 도출된 CSF, KPI는 TFT팀의 검토를 거쳐 타당성을 검증받도록 함.
11	사업과제별 타당성분석 프레임워크에 고려대상을 효익, 비용, 위험으로 분류하고 위험에 대한 내용이 누락되어 있는데 수행대상에 포함되는 것인지?	• 수행대상에 포함됨.
12	제출할 산출물이 명확하지 않은데, 산출물의 대상은?	• 수행할 방법론에 산출물이 명시되어 있음
13	산출물 제출시기가 누락되어 있는데 제출시기는?	• 분석, 설계가 종료되는 중간보고 시점, 최종감리 직전 제출
14	보안관리의 대상과 방법이 누락되어 있는데, 본 프로젝트에서 대상과 방법을 정의한다면?	• 보안관리 부분의 내용 추가해서 설명
15	제안서상에 기밀보안체계 부분이 누락되어 있는데, 어떻게 운영할 것이며, 어떤 대책을 가지고 있는지?	• 정부 및 공공기관 보안표준지침을 준수할 예정
16	프로젝트 수행시 전문 업체 활용방안은?	• 컨소시엄으로 이미 참가해 있음
17	메타그룹의 역할은?	• 국내외 선진사례 벤치마킹 작업 수행
18	사업수행 TFT의 구성(인원)과 역할은? (즉, 평가를 수행하기 위한 산자부측 인력은 TFT로 충분한가? 아니면 별도의 지원조직이 필요한가?	• TFT로 충분함

학계의 저명한 교수님으로부터 제안서 및 제안발표자료를 숙독한 이후에 예상질의사항을 도움 받았는데 다음 표와 같다.

표 Ⅱ-32 외부전문가의 입장에서 본 예상질의사항

순서	예상질의사항	답변
1	일반적인 기업정보화 평가와 공공정보화 평가의 차이점은 무엇이라고 생각하십니까?	• 재무측면) 정부-비용, 효율적 자원 이용, 성공적인 임무완수 기업-이윤, 높은 투자이익, 재무적 성공 • 고객측면) 정부-국민의견파악, 고객목표성취, 고객주제 기업-수익성고객확보, 고객니즈 충족, 고객만족 • 내부비즈니스프로세스측면) 정부-효율적 자원 할당, 행정프로세스개선, 프로세스효율성 기업-낮은 생산 비용, 지속적인 프로세스 개선, 프로세스최적화 • 학습및성장측면) 정부-인력숙련향상, IT인프라, 아키텍처, IT생산성향상, 지식관리 기업-IT성과, 효익, ERP
2	공공정보화 평가와 산업정보화 평가의 차이점은 무엇이라고 생각하십니까?	• 정부부문의 전략지도 행정성과기여-행정성과향상, 행정투명성향상, 행정비용절감 국민(기업)-만족도향상, 비용부담감소 정보시스템-행정 서비스 니즈 파악, 서비스품질향상, 획득, 개발, 유지보수, 운영 혁신 및 성장-업무만족도향상, 전문화, 정보자원관리향상, 안전성향상 • 산업부문의 전략지도 재무-매출향상, 기업가치증대 고객-고객만족도향상, 고객확보/유지율증가, 브랜드이미지증가, 시장활성화 학습및성장-직원만족도향상, 정보화인력전문화, 정보화투자증대
3	기존 산업정보화 평가의 문제점은 무엇이라고 생각하십니까?	• 각 산업의 독특한 특성이 있기 때문에 공통분모를 도출하는 것이 어려움. • 따라서 공통적인 부분을 도출한 후에, 특정 부문에 맞게 커스터마이즈함.
4	사전평가 방법과 사후평가방법의 차이점은?	• 평가지표의 진화, 변경2. 목표대비 실적의 분명한 비교가 가능
5	구체적인 ROI가 측정될 수 있습니까.	• 기존 측정 자료가 준비된다면 측정될 수 있음
6	기여도를 어떻게 산출하는 것인지?	• 정성적인 측정요소들을 도출한 후, 정량적인 지표를 이용하여 정량화
7	산업정보화 평가를 위한 향후 조직 운영방안은?	• 바람직한 조직체계(운영체계, 관리체계를 포함)를 만들어서2. 실질적인 실행이 가능하게끔 법적, 제도적인 방안을 강구하고3. 당 기관 자체적으로 실행이 가능하게 하되4. 제안사가 계속적인 지원(멘토링도 생각).

8	산업정보화를 위해 수많은 과제가 수행되었고, 수행이 될 예정인데, 여러 분야(7개 이상)에 걸쳐있는 다양한 내용들을 일관되게 평가할 수 있는 방안은? 그리고 이렇게 수많은 과제들을 몇 명의 컨설턴트가 충분히 내용을 이해하고 평가할 수 있는지?	• 유사 과제들을 평가했던 평가체계 및 전문가 활용.2. 수많은 과제들을 그룹핑하여 적은 부문으로 분류한 후에3. 해당 부문에 대한 평가체계를 만들어서 수행함.
9	산업정보화를 위한 벤치마킹 대상 내용과 대상 조직은?	• 산업정보화 비전, 전략 • 산업정보화 과제 내용 • 과제 성과평가 체계 • 과제 운영체계, 관리체계
10	산업정보화 사업의 로드맵 재정립을 위한 주요성공요소는?	• 사업과제들의 사업성과(사전, 진행, 사후) 재평가 체계수립 • 타당성조사, 우선순위, 과제의 연관성분석, ROI분석
11	산업정보화 사업의 비전을 수립하는 방법은?	• 방법론의 설명
12	이러한 로드맵을 재정립하기 위해서는 다양한 의견을 수렴해야 하는데, 객관적으로 어떻게 수렴해야 하는지?	• 설문조사 및 교수 등 전문가 활용 • TFT팀의 활용
13	기술제안서 평가항목에 대한 확실한 차별성을 가지고 계시는지?	• 선진사례의 연구(산업정보화 방향 등, 운영체계연구, 과제성과평가연구) 메타그룹 전문가 참여 • 정부부처나 공공기관 성과평가체계 제작전문가 참여 • EA기반의 ISP수립 경험, IT Process정립 프로젝트 경험 다수 보유
14	조직체계운영방안을 IT Governance 관점으로 접근하는 것은 적절하지 않다고 생각합니다. 정보기술이나 정보시스템 측면보다 사업과제 측면에서 접근해야 한다고 생각합니다.	• 과제가 정보시스템 구축 및 운영과 관련이 되어있고, • 이를 관리하는 조직의 운영체계를 진단하고 새로이 정립하는 과정이어서 우리 회사의 EA 관련 IT Governance 방법론과 IT Management 방법론을 활용하여 당 기관에 맞는 방법론을 새로이 커스터마이즈할 예정입니다. • 제안요청서에서 EAP를 통한 구조화 방안을 적용할 수 있도록 연구하라고 되어 있어서 활용방안을 분석할 예정입니다.
15	III-43 페이지에 있는 '나. 로드맵 재정립을 위한 우선순위 평가' 와 III-12 페이지에 있는 '3.정보화전략계획 재정립 및 로드맵 수립방안' 이 서로 내용상으로 불일치하는 것 같습니다.	• 제안서 내용의 수정 보완 후, 제안 설명회에 임함

실제로 제안 설명회에서 아래 표와 같은 질문이 심사위원들에게서 있었는데, 미리 예상 질문과 답변을 준비한 효과에 대해 검토한 결과는 다음 표와 같다.

표 Ⅱ-33 제안발표회에서 있었던 질문사항과 준비된 답변사항의 결과

순서	질문 내용	준비된 답변과의 비교
1	당 기관 과제 관련하여 산업정보화 업무를 충분히 파악하고 제안서를 작성한 것인가?	준비된 답변에 있음
2	국회예산정책처에서 수행한 평가체계가 당 기관에 맞을 수 있는 것인가? 당 기관에 맞는 평가체계가 있어야 할 것이다.	예상외의 질문 참석한 외부 전문가가 답변함
3	투입되는 인원 중 대부분이 수석급 이상이고, 선임급이 적은데, 실제로 일은 선임급이 하는데 누가 일을 할 것인가?	유사한 답변의 준비
4	여러 가지 방법론을 사용하여 과제를 수행할 예정인데, 방법론의 최종적인 확정이 있어야 할 것 같다. 어느 시점에 방법론의 확정이 있을 것인가?	예상외의 질문 PM이 지혜롭게 답변함
5	무엇을 하겠다는지 잘 모르겠다. 정확한 실제 사례와 가상적인 예상되는 결과물들을 보여줘야 할 것이다.	유사한 답변의 준비 제안서의 산출물 명시 및 사례 명시의 필요성
6	메타그룹과 언제 협약을 맺었는가?	유사한 답변을 준비했으나, 심사위원의 질문은 현실적이고 구체적임

사례로 든 제안발표회는 전문기술과 지식을 가진 심사위원들이 다수 있었고, 제안사에 우호적이지 않은 분위기가 있었지만 사전에 충분한 준비가 없었다면 크게 낭패를 볼 수 있었던 사례이다.

5.4 컨소시엄사간의 역할분담

제안발표회에 참가할 컨소시엄사들은 심사위원들의 질문에 대하여 답변사항들을 미리 예상하고 이에 대한 대응전략을 수립하여야 한다.

기본 원칙은 발표자가 심사위원들의 질문에 우선적으로 답변을 하되, 심사위원이 만족하지 않은 경우에 컨소시엄사 답변자를 지목하여 답변을 하게 하여야 한다.

표 Ⅱ-34 컨소시엄사간의 Role Play 예시

담당자	질문 내용	답변	비고
답변원칙	PM이 답변을 하고나서, 질문자가 만족하지 않을 때 PM의 허락을 얻어 Role을 담당하기로 되어 있는 컨소시엄 업체 담당자가 답변을 한다.		
제안 발표자 (PM)	• 프로젝트 관리방법 • 제안발표자료 내용의 확인 • 제안서 내용의 확인	• 프로젝트관리자로서의 역할, 특징(강점) 부각시킴 • 요약된 발표자료 및 제안서 내용에 대한 심도 깊은 이해와 경험에 기초한 성의 있는 답변	제안발표의 성공은 PM의 자신만만하고 지식과 경험이 많음을 심사위원들에게 어필하는 데 있음
방법론 담당	• 사용방법론의 적정성, 공인성 확인 • 단계별 활동의 적정성, 합리성 확인 • 산출물의 적정성, 내용, 품질확보 방안	• 사용방법론의 적용사례/경험 설명 • 단계별 활동의 커스터마이징 부각 • 산출물 작성 사례 및 표준 준수	지나치게 많은 산출물의 종류와 분량은 정제되지 않았음을 나타내는 것일 수도 있음
기술 담당	• 사용할 기술의 최신성, 적정성 확인 • 사용할 기술의 경험 및 숙련도 확인 • 통합, 연계, 상호운용성 확인	• 사용할 기술의 활용사례, 숙련도 높은 투입인력 및 경험 부각 • 통합 및 연계, 상호운용성 확보	수준 높은 기술에 대한 경험과 지식이 있는 인력의 제안발표 참여는 필수임
선진사례 담당	• 선진사례 벤치마킹 방안 • 선진사례 분석 기간, 참조대상의 적정성 • 선진사례 대상 기업/기관의 범위, 대상 수	• 선진사례 대상 선정의 이유 설명 • 선진사례 대상 기업/기관의 프로젝트 수행 경험 부각	
기타	• 컨소시엄 구성의 적정성 • 컨소시엄 조직에 대한 PM 장악능력 • 컨소시엄 전문기술의 적정성 확인	• 컨소시엄사와의 협업사례 및 경험 설명 • 컨소시엄 참여인력의 풍부한 경험 소개	

제 6 장

제안발표자료 제작

15분에서 20분에 걸쳐 발표하는 제안 설명회 자리는 프로젝트 수주를 결정짓는 자리라고 해도 과언이 아니다.

많은 발표 경험을 가진 발표자라고 하더라도 중요한 평가를 받는 자리에서 받는 부담감은 매우 큰 것이고, 짧은 시간 내에 함축적으로 심사위원들에게 강렬한 인상을 주어야 한다.

특히, 시간을 효율적으로 잘 배분해야 하는데, 발표 자료를 시간 내에 의도한대로 발표를 하기 위해서는 발표 자료의 분량과 구성이 매우 중요하다.

대부분의 발표자들은 제작해 놓은 제안요약서에서 핵심적인 부분만 골라내어 발표 자료를 만들고 그것을 바탕으로 발표를 하는데, 해당 과제의 문제점과 해결방안에 대한 경험과 지식을 다수 보유하고 있지 않는 한 엉성한 발표 자료가 되기 쉽다.

큰 문제가 없는 한, 발표할 PM이 직접 발표 자료를 제작하고 발표연습을 한다면 가장 좋은 결과를 얻을 것이다.

발표 자료는 제안요청서의 제안서 작성지침 및 심사기준에 준하여 목차 등을 정하는 것이 효과적이다.

다음 표는 최근의 제안요청서에 포함되어 있는 컨설팅 및 시스템 구축 제안서 작성지침과 심사기준의 예시이다.

표 Ⅱ-35 컨설팅 제안서 작성지침 예시

작성항목	작성방법	참고
Ⅰ. 제안개요	제안사는 본 사업의 제안내용을 명확하게 이해하고, 본 제안의 목적, 범위, 목표 및 전략, 전제조건 및 제안내용의 핵심 기술전략, 제안의 특징 및 장점을 요약하여 기술	
Ⅱ. 기술부문		
1. 세부사업 수행내용 및 수행방안	본 사업을 성공적으로 추진하기 위한 사업수행방법론과 단계별 추진절차, 수행내용 등을 제시	

2. 각종 분석기법, 접근방안	현황 분석, 수준 진단 및 과제 도출 등을 위한 각종 기술적, 과학적 접근 방법을 제시	
3. 벤치마킹 범위 및 방법?	외부 선진사례, 공사와 유관기관 등에 대해 조사대상기관의 범위, 분야별(조직, 인력, 자원, 시스템 등) 벤치마킹 범위 제시	
4. 최신 기술 적용에 대한 사항	공사의 정보화수준 향상을 위한 최신 기술(모바일, GIS, 영상 등)의 접목에 대한 제안, 관련 기술 보유, 구축사례 등	
5. RFP 제공 수준	단기, 중기 과제들의 RFP 수준(기능점수 산정, 분석, 설계 등)에 대한 제시	
Ⅲ. 사업관리부문		
1. 프로젝트 관리방안	구축체계, 보고체계, 구성요소, 위험요소, 변경 등의 프로젝트 관리 방안 및 절차에 관한 방안 제시	
2. 추진일정계획	단계별 일정, 우선순위, 소요자원 분배계획 제시	
3. 업무보고 및 검토계획	사업 기간 동안 이루어질 보고 및 검토계획을 상세하게 제시 (주간보고, 월간보고, 수시보고 등)	
4. 산출물 제출계획	제안사의 컨설팅방법론에 근거한 공정 단계별 산출물의 종류, 내역, 제출시기, 부수 등 기술 ※ 공사 방법론에 의한 산출물은 계약 후 협의	
5. 품질 보증계획	용역 사업의 품질을 보증할 수 있도록 조직, 방법, 절차, 내용 등 제시	
6. 수행조직 및 업무분장	본 사업을 수행할 조직 및 업무분장 사항을 상세하게 제시	
7. 투입인력 및 이력사항	본 사업을 수행할 인력을 공정 단계별로 제시하고, 인력의 이력사항 첨부	
Ⅳ. 지원부문		
1. 일반현황	제안사는 일반현황 및 주요연혁, 최근 3년간 자본금 및 부문별 매출액, 사업실적 등을 명료하게 제시 ※ 최근 3년 : 2007년, 2008년, 2009년	서식1~2, 서식7
2. 조직 및 인원	제안사의 조직 및 인원현황 제시	서식 3~5
3. 주요 사업내용	제안사의 주요 사업내용을 분야별로 구분하여 제시	
4. 주요 사업실적	해당사업과 관련이 있는 최근 3년간 주요 사업실적 제시	서식 6
Ⅴ. 기타	기타 제안사가 사업과 관련되어 필요한 내용 기술	

표 Ⅱ-36 컨설팅 심사기준 예시

구분	평가항목	평가요소	배점	평가방법	평가구분
기술능력평가	유사분야 용역수행 실적	- 최근 3년간 정부부처 및 공공분야 용역 수행 실적	5	절대평가	객관적 지표에 의한 평가
	사업수행조직 (상주인력 기준)	- 사업 참여 인력의 기술수준	5		
		- 인력확보 및 구성의 적정성	5		
	경영상태	- 기업 신용 평가	5		
	제안 개요	- 사업추진목표 및 사업의 이해도 - 추진전략 등	10	상대평가	주관적 평가
	기술 부문	- 사업수행 및 컨설팅 방법론 - 세부사업수행내용 및 수행방안 - 각종 분석에 사용되는 기술적/합리적 도구, 접근방법 - 벤치마킹 범위 및 방법 - 최신 기술 적용에 대한 사항- 단기과제의 RFP 제공 수준	10		
	사업관리 부문	- 사업수행조직, 품질보증방안, 프로젝트관리방안 - 사업 추진 절차, 일정의 적정성 - 과업일정 별 인력운용 계획의 적정성	20		
	지원부문	- 교육훈련, 지원계획 등의 적정성 - 기타 지원 사항(환경 및 장비 등)	5		
계			65		

표 Ⅱ-37 시스템 구축 제안서 작성지침

작성항목	작성방법	비고
Ⅰ. 사업수행계획 부문 1. 유사분야 개발경험 2. 사업의 이해도 3. 사업수행 전략	해당사업과 관련이 있는 최근 3년간의 주요 사업실적(건수, 시기, 규모 및 역할 등)을 제시하여야 한다. 자체개발기술 등 관련기술 보유현황을 기술하여야 한다.	
	제안사는 해당사업의 제안요청 내용을 명확하게 이해하고 본 제안의 목적, 범위, 전제조건 및 제안의 특징 및 장점을 요약하여 기술하여야 한다. 목표시스템 구성도 및 구성 체계를 제시하여야 한다.	

	제안사는 사업을 효과적으로 수행하기 위한 추진전략 및 주요 적용기술을 제시하여야 한다. 특히, 대상 업무별 개발방안(통합/연계 범위 관련 적절한 방안 제시 등), Prototype 구현 등 개발에 대한 전반적인 방안을 제시한다.	
Ⅱ. 개발부문 1. 시스템 구축방안 가. 시스템 사양 및 기능 나. 구성장치 내역 및 세부규격 2. 개발방법론 가. 개발방법론 활용방안 나. 산출물 내역 3. 개발환경	시스템을 하드웨어 부문, 소프트웨어 부문, 기타 부문 등으로 구분하여 각 구분별 구성장치의 사양 및 기능을 제시하여야 한다.(특히, 장비의 최대사양 중 제안 사양을 명확히 제시)	
	시스템 구성장치의 내역을 설치장소별로 구분하고 그에 대한 세부규격을 제시하여야 한다.	
	개발방법론에 따른 제출할 산출물의 종류 및 내역, 제출시기를 기술한다.	
	개발 장비 및 개발도구 보유현황 및 확보방안을 기술한다.	
Ⅲ. 관리부문 1. 일반현황 2. 조직 및 인원 가. 제안사의 조직 및 인원 나. 수행조직 및 업무분장 다. 투입인력 및 이력사항 3. 품질보증방안 4. 관리방법론 5. 일정계획	제안사의 일반현황 및 주요 연혁, 최근 3년간의 자본금 및 부문별 매출액, 신용평가기관의 신용도 등을 명료하게 제시하여야 한다. [붙임 1, 2호 서식]	
	제안사(컨소시엄 포함)의 조직 및 인원현황을 제시하여야 한다.	
	본 사업을 수행할 조직 및 업무분장 내용을 상세히 제시하여야 한다. - 용역책임자는 임원급으로 제시 - 제안사가 하도급 의사가 있는 경우, 해당 업무 및 (예상)하도급 업체를 제시함 - 컨소시엄 업체가 있는 경우 업무분장 내역에 공동수급업체별 참여비율을 명시	
	본 사업을 수행할 투입인력(PM, PL, 주요 기술자 등)에 대한 이력사항을 제시하여야 한다. [붙임 3호 서식] ※단, '인력투입방식' 에 의한 계약인 경우, 전체 인력 제시 - 컨소시엄 이외의 인력은 하도급으로 간주되므로, '나. 수행조직 및 업무분장' 에 하도급 의사를 표시하지 않는 경우, 컨소시엄 구성원의 자사인력으로 대체되어야 함(파견근로자는 원소속사 및 파견근로자 임을 명기) - 성명, 소속, 최종학력, 해당분야근무경력, 보유 자격증 현황, 본 사업참여임무, 기술등급, 목표투입공수(M/M), 최근3년간 주요 경력 ※단, 상용S/W, 패키지 등의 서비스 지원이력, 외부 자문인력 등 통상적인 개발인력이 아닌 경우는 도급으로 간주하지 않음	
	품질보증을 위한 조직 및 인원, 방법, 절차, 내용 등을 제시하여야 한다. - 국제 소프트웨어 개발 프로세스 품질인증 획득 여부 등 사업자 품질보증 능력을 기술	

	위험관리방안, 자원관리방안, 진도관리방안, 보안관리방안, 형상관리방안, 문서관리방안을 제시하여야 한다.	
	제안요청서의 사업 추진예정 일정을 참조하여 추진일정을 상세히 제시하여야 한다. - 추진일정에는 단계별 목표를 정의하고, 자원배분계획을 포함하여 기술 - 사업기간 동안 이루어질 보고 및 검토계획(월간, 주간, 일일, 수시보고, 단계별 검토회의 등)을 제시	
Ⅳ. 지원부문 1. 시험운영방안 2. 교육훈련계획 3. 유지보수방안 4. 보안 준수방안 5. 비상대책	대상 업무별 단위시험, 통합시험 등에 대한 전반적인 방안을 제시하여야 한다.	
	개발완료 후의 시스템의 이용 및 관리운영에 관한 전반적인 방안을 제시한다. - 시험운영방법, 내용, 일정, 조직 등을 기술	
	사용자, 관리자 등 시스템의 이용대상자별로 구분하여 교육훈련 방법, 내용, 교육일정, 교육훈련 조직 등을 상세히 제시하여야 한다.	
	장애처리절차, 유지보수체제 등 유지보수를 위한 종합적인 방안이 제시되어야 한다. - 유지보수 범위 및 기간 등을 포함하여 기술 - 패키지 소프트웨어에 대한 SW 임치 계획 기술	
	기밀보안 체계 및 대책, 저작권 존중여부 명시, 시스템 보안성 확보 방안과 개인정보보호 대책을 제시하여야 한다.	
	백업/복구 및 장애대응 대책을 제시하여야 한다.	
Ⅴ. 전문 업체 참여 및 상호 협력 부문 1. 전문 업체 참여 2. 상호협력 3. 중소기업 보호/육성	제안에 참여한 전문 업체 기술 및 자질, 활용방안 등을 제시하여야 한다.	
	컨소시엄 구성에 따른 기대효과, 소프트웨어산업진흥법에 의한 공제사업 재원조성 참여 실적, 소프트웨어산업진흥법에 의한 소프트웨어사업자 신고제도의 이행 실적 등을 제시하여야 한다.	
	GS인증제품 제안내역, 중소기업의 컨소시엄 참여 및 규모, 중소업체 보호/육성을 위한 법령 준수 실적 등을 제시하여야 한다. - 법령 위반에 따라 제재 받은 사항은 필히 기재위 항목에서 제시되지 않은 기타 내용을 기술한다.	

표 Ⅱ-38 시스템 구축 심사기준

대항목	중항목	평가요소	배점기준
개발계획부문	유사분야에서의 개발경험	- 개발경험의 유사성 - 개발경험 건수 및 시기 - 개발 분야의 규모 및 역할 - 자체개발기술 등 관련기술 보유	30
	개발대상사업의 이해도	- 개발목표 및 내용의 이해도 - 문제파악의 정확성 - 업무분석체계의 명확성 - 목표시스템 구성의 적정성 - 제안요청서와의 부합성	
	개발전략	- 추진전략의 창의성/타당성/혁신성/최신성/실현가능성	
개발부문	기능 및 성능	- 기능요구/성능요구/운용요구/표준요구/사용자편의성 충족도	25
	개발방법론, 개발환경	- 개발절차의 타당성 - 개발 산출물의 적정성 - 도구와 기법의 적정성과 경험 - 적용방법론의 경험 - 개발 장비 보유현황 및 확보방안 - 개발도구 보유현황 및 확보방안	10
관리부문	경영상태	- 재무구조 - 신용 평가기관의 신용도	10
	사업수행조직	- 조직체계의 적정성 - 참여인력의 적정성	
	품질보증방안	- 품질보증계획의 적정성 - 품질보증인력의 자질 - 사업자 품질보증 능력 - 국제 소프트웨어 개발 프로세스 품질인증 획득 여부	
	관리방법론	- 위험관리/자원관리/진도관리/보안관리/형상관리/문서관리 방안의 적정성	
	일정계획	- 세부 활동 도출 및 기간의 타당성 - 세부 활동 배열의 합리성 - 중간목표 정의의 타당성 - 자원배분의 합리성	
지원부문	시험운영	- 시험운영 방법/내용/일정/조직의 적정성	5
	교육훈련	- 교육훈련 방법/내용/일정/조직의 적정성	

	유지보수방안	- 유지보수계획/조직/절차/범위/기간의 적정성	
	기밀보안	- 기밀보안 체계의 적정성 - 기밀보안 대책의 확신성 - 저작권존중여부	
	비상대책	- 백업/복구 대책 - 장애대응 대책	
전문 업체 참여 및 상호협력 부문	전문 업체 참여	- 전문 업체 기술의 부합성 - 전문 업체 자질 - 전문 업체 활용방안의 적정성	10
	상호협력	- 컨소시엄구성의 적정성 - 소프트웨어산업진흥법에 의한 공제사업 재원조성 참여 - 소프트웨어산업진흥법에 의한 소프트웨어사업자신고제도의 성실한 이행	
	중소기업	- 중소기업 GS인증제품 적용여부 및 규모	10
	보호/육성	- 중소기업의 컨소시엄 참여 여부 및 규모 - 중소업체 보호/육성을 위한 법령 준수 여부 - SW임치제도 활용여부	
		계	100

제안요청서의 작성지침과 심사지침을 잘 이해한 다음에는 제안발표자료의 목차를 정해야 한다.

최근 2년간 수주에 성공한 제안발표자료의 목차를 분석하여 전략적 사고체계에 맞춰 발표자료 목차를 구성하는 방법을 습득하기로 한다.

다음 표는 이러한 목적으로 구성된 제안발표자료의 목차이다.

표 Ⅱ-39 전략적 사고체계로 구성된 발표자료 목차 예시

사례1. D기관 품질관리 시스템 개발	사례2. K기관 운영 · 관리시스템 구축	사례3. BPRISP 및 표준관리시스템 구축	사례4. 체계구축 BPRISP
I. 제안개요 1. 제안 배경 2. 제안의 목표 3. 사업범위 4. 목표시스템 구성도 5. 목표시스템 구축전략	• 사업용어 사전 정의 및 사업 이해 : 하고 싶은 말 I. 제안개요 1. 제안배경 2. 제안 목적 3. 제안범위 4. 제안의 특징 및 장점 5. 기대효과 6. 향후 발전방향	• 발표순서 : 제안에 앞서 전체 소개 I. 사업의 이해 1. 사업의 추진배경 및 목적 2. 사업 수행의 핵심성공요소 3. 사업 수행 전략 4. 5대 핵심과제 도출	I. 사업의 이해 1. 사업 추진 배경 및 목적 2. 사업의 범위 3. 현 체계 문제점 4. 패러다임Shift를 위한 제안사의 의지

N/A	N/A	N/A	II. 사업 추진 전략 1. 사업의 특징 2. 사업성공전략
II. 시스템 개발방안 10대 구축전략에 대한 구축방안 제시, 품질관리 변화관리 프로그램 적용, 기대효과, 향후 미래모습	III. 기술부문 1. 시스템 구성 2. S/W 개발방안 3. 표준화 방안 4. 보안 및 개인정보보호 방안 5. 시스템 시험 및 운영방안	II. 사업 수행 방안 과제1, 과제2, 과제3, 과제4, 과제5.에 대한 각각의 과제수행방안	III. 사업 수행 방안 1. 미래 목표이미지 2. 사업 수행 절차 및 방법론 3. 핵심 추진 과제
III. 사업관리/지원방안 1. 사업관리 추진전략 2. 통합방법론 3. 추진 일정 4. 추진 조직 5. 프로젝트 관리 6. 지원부문	IV. 사업관리방안 1. 품질보증계획 2. 추진일정계획 3. 수행조직 및 투입인력 V. 사업지원방안 1. 교육훈련계획 2. 유지보수 및 기술이전 계획 3. 자문단 구성	III. 사업 관리 방안 1. 사업수행 방법론 2. 추진조직 체계 3. 추진일정	IV. 사업 관리 방안 1. 사업 추진일정 2. 사업 수행조직 및 수행인력 계획 3. 왜 T컨소시엄인가?
IV. 맺음말 N컨소시엄의 장점 V. 질의응답 Q&A	II. 제안업체 일반 1. 제안업체 소개 2. 주요사업실적 VI. 추가제안 1. 웹진/전자책 지원 2. 모바일 서비스 지원 3. 워크숍 개최	IV. 준비된 T 컨소시엄 성공을 약속하는 T컨소시엄 역량	V. 맺음말

전략적 사고방식으로 체계적으로 구성된 발표 시나리오를 소개하기로 한다.

발표 자료의 내용과 구성체계가 짜이면 제작을 하되, 가장 중요한 자료이므로 디자이너의 포장을 거쳐 최종본이 나오는 것이 바람직하다.

표 Ⅱ-40 전략적 사고방식으로 구성된 발표 시나리오 예시-1

순서	내용
1	Why : 왜 이 과제를 수행해야 하나? 과제 수행 배경 및 필요성
2	Why : 과제 수행 목적과 내용
3	How to Approach : 과제 수행 방법론 체계적인 과제수행 절차, 다양한 방법론의 커스터마이징
4	How to Read and Support : 어떻게 수행하고 지원해야 하나? 수행 기술, 사업지원 및 관리방안
5	제안사 Competition : 왜 제안사여야 하는가? 제안사가 수행할 수밖에 없는 이유

표 Ⅱ-41 전략적 사고방식으로 구성된 발표 시나리오 예시-2

순서	내용
1	제안에 앞서 : 사업의 이해 사업의 추진배경 및 목적 사업 수행의 핵심성공요소 사업 수행 전략 핵심과제 도출
2	무엇을 해야 하는가 : 사업수행방안 단위과제들의 수행방안(내용, 시스템 구성, 절차, 기법, 목표설계(안))
3	어떻게 할 것인가 : 사업관리방안 사업수행 방법론 추진조직 체계 추진일정
4	왜 제안사여야 하는가 : 준비된 제안사 성공을 약속하는 제안사 역량

제7장

제안발표

7.1 발표하고 싶어질 때까지 반복해서 발표 연습

제안발표자료가 완성되면, 제안 발표자는 제한 시간 내에 발표 자료를 거의 암기할 수 있도록 반복해서 발표 연습을 하는 것이 매우 중요하다.

프로젝트 수주를 결정짓는 자리에서, 그것도 결정 열쇠를 쥐고 있는 심사위원들 앞에서 편안한 마음이 되는 것은 매우 어려운 것이 될 수도 있지만, 그러한 어려운 상황들을 극복하는 유일한 방법은 계속적인 발표 연습을 하는 도중에 문뜩 찾아오는 발표하고 싶은 마음이 드는 순간을 맞이해야 한다.

발표 연습을 하다 보면 부족한 부분들이 많이 나오고 부족한 부분들을 보완하기 위해 노력하는 가운데 발표가 완벽한 상태로 되어간다.

이러한 상태로 발표를 하다 보면, 심사위원들에게는 발표자의 자신감과 준비성 등에 대해서 좋은 평가를 하게 되는 경우가 일반적이다.

제안서와 제안요약서 등을 작성하는 것도 중요하지만, 발표자인 PM은 필히 그에게 부여된 기회를 붙잡기 위하여 반복적인 연습을 필히 해야 한다.

실제로 발표장에 가기 전에, 발표 연습을 자체적으로 수행하는 것도 좋은 방법이 된다.

예상 질문들에 대하여 질문하고 답변을 하는 발표 연습은 꼭 필요하다.

제안서 및 제안요약서, 제안발표자료 작성에 참여하지 않고 발표를 잘한다는 것만으로 제안발표를 하게 하는 경우가 있는데 심사위원들에게서 좋은 평가를 받을 수 없고, 많은 노력을 기울여 제안서 등을 작성한 팀원들에게도 무책임한 일이므로, 미리 발표자를 선임하여 제안서 작성 작업을 해야 한다.

대부분의 제안 설명회에서는 프로젝트를 수행할 PM이 발표하도록 제안요청서에 못 박고 있으며 당연한 일이라고 생각한다.

표 Ⅱ-42 발표 연습 방법

구분	내용
발표 연습 효과	• 자신감을 가질 수 있다. • 문제점을 파악할 수 있다. • 예상 질문에 대비할 수 있다. • 시간 조절을 할 수 있다.
발표 연습 방법	• 단어 별로 익히지 말고 포인트 별로 익혀라. • 시각 기자재를 활용하여 발표 연습 하라. • 실제 상황을 연출하라. • 시작과 마무리를 철저히 기획하라.
발표 연습 순서	• 1단계 발표 연습 - 주요사항: · 도입부에서 결론 부까지 전체를 일관되게 이야기 함 · 문제점을 메모함 - 체크항목: · 청중이 이해할 수 있는가? · 말의 흐름이나 구성에 문제는 없는가?
	• 2단계 발표 연습 - 주요사항: · 전달에 주의하면서 발표 연습 수행 - 체크항목: · 의자에서 일어나는 방법은 좋은가? · 걸음걸이와 자세는 바른가? · 효과적인 보디랭귀지를 사용하고 있는가? · 발음은 명료한가?
	• 3단계 발표 연습 - 주요사항: · 비주얼 기기를 사용하여 수행 · 문제점을 정정하고 부족한 설명 보강 - 체크항목: · 말에 조리가 있는가? · 논리의 비약은 없는가? · 데이터나 자료는 충분한가? · 사실과 의견의 균형은 잡혀 있는가? · 비주얼은 효과적인가?

7.2 발표 기술

제안 발표를 하는 발표자는 일반적으로 통용되는 발표 기술을 숙지하여 실전에 활용할 필요가 있다.

일반적으로 통용되는 발표기술에 대해서 다음 표에 설명한다.

표 Ⅱ-43 발표 기술_발표 준비

구분	내용
발표 3P	• 목적(Purpose) - 무엇 때문에 발표하는가? - 고객은 당신에게서 무엇을 바라고 있는가? - 당신은 고객에게서 무엇을 바라고 있는가? • 청중(People) - 그들은 누구인가? 왜 여기에 모였는가? - 그들은 무엇을 기대하는가? - 그들의 지식수준은 어느 정도인가? - 그들의 선호도/호응도는? - 그들의 제약점은 무엇인가? - 누가 진정한 의사결정자인가? - 고객의 수, Demographic, 고객의 Level, 고객의 자세 · 태도, 고객 속에 숨어있는 중요 인물 - 참석자에 대한 기대사항 수집 • 장소(Place) - 발표 장소에 대해 체크한다. - 위치(Location), 발표장(회의장)의 형태와 크기, 조명, 의자와 테이블의 종류와 배치
발표 목적과 목표	• 목표를 문장화하는 것이 발표자 스스로를 속이지 않도록 해 주며 그것은 발표자 자신과의 계약서임 • 무엇을 위해 발표를 하는가? • 참석자는 무엇을 기대하는가? • 참석자들로부터 얻고자 하는 것은 무엇인가?
청중 분석 핵심사항	• 청중의 규모 • 청중의 성별 • 청중의 연령 • 청중의 사회적, 경제적 지위 • 청중의 국적 • 청중의 지식수준 • 청중의 호의 정도 • 핵심인물(Key Man) : 의사결정권자

발표 장소 분석	• 가장 소홀하기 쉬운 것이 발표 장소 분석 • 발표 장소 분석 - 사전에 위치를 조사(소요시간, 교통수단) - 시작 30분전에 도착하여 분위기 파악 • 주어진 공간과 설비를 최대한 활용하고, 가장 어울리는 무대장치를 설치하는 것이 중요 • 장소분석의 3항목 - 발표 회의장 : 이동거리, 주차환경 - 실내 환경 : 크기, 출입구 위치, 조명, 전원 등 - 설비 종류 : 지원 가능한 기기의 종류 • 실내 환경의 분석 - 조명, 실내온도, 습도, 의자와 테이블 상태 - 실내의 크기와 청중의 수 고려 - 실내공간의 레이아웃 - 시청각 기기 등 • 기기를 많이 쓸수록 문제가능성도 많음 • 발표에 사용되는 제반 기기의 조작법에 대해 발표자는 충분히 유지하고 있어야 함

표 Ⅱ-44 발표 기술_발표 수행

구분	내용
발표 수행	1. 나의 열성이 청중에게 전달될 수 있도록 활동적이고 적극적으로 발표를 진행한다. 2. 나의 발표가 자연스럽도록 과장되지 않은 적절한 제스처를 활용한다. 3. 명확하고 힘 있는 목소리로 발표를 진행한다. 4. 질문에 대해 다섯 단계를 지키며 성의 있는 대답을 한다. 5. 나의 시선은 항상 청중에게로 향한다.

표 Ⅱ-45 발표 기술_발표자 체크리스트

순서	진단 항목
1	나는 항상 프레젠테이션을 준비하기 전에 목표를 명확히 한다.
2	나는 항상 프레젠테이션을 준비하기 전에 청중에 대해 철저히 분석한다
3	나는 항상 프레젠테이션을 구성하기 위해 주 의제들을 먼저 설정하고 2~3개의 핵심 의제로 그룹화 한다.
4	나는 프레젠테이션주제가 정해지면 그에 대한 철저한 연구조사를 함으로써 청중의 질문에 충분히 대비한다.

5	나는 프레젠테이션 서두에 청중의 관심을 나에게 집중시키고 효과적으로 동기 유발을 시킨다.
6	나는 프레젠테이션 결론에서 본론의 내용을 다시 정리하고 효과적인 최종 마무리 문장으로 끝맺는다.
7	내가 준비하는 시각자료는 간단명료해서 쉽게 이해되고 청중들에게 깊은 인상을 주어 오래 기억되도록 한다.
8	나는 시각 자료에 의존하는 프레젠테이션이 아니라 프레젠테이션의 효과를 극대화하기 위해 시각자료를 사용한다.
9	나는 프레젠테이션을 논리적으로 전개하여 청중을 설득시킨다.
10	나는 프레젠테이션을 수행할 때 나의 열정을 청중들에게 전달하기 위해 최선을 다한다.
11	나는 내 프레젠테이션을 통해 청중들이 얻을 수 있는 이익을 명확히 전달한다.
12	나는 열정적으로 청중들과 Communication한다.
13	프레젠테이션 도중에 나의 시선은 시각자료에 있지 않고 항상 청중을 향한다.
14	메모지를 사용할 경우 항상 핵심단어만 적어 놓아, 청중을 향해 원고를 읽는 오류를 범하지 않는다.
15	발표 연습은 항상 실제 상황처럼 서서하며 시각자료까지 활용한다.
16	나는 항상 예상 질문에 대한 답을 준비하며 질문 응대에 대한 연습을 한다.
17	나는 항상 프레젠테이션전에 먼저 강의 장에 도착하여 자리를 배치하고, 시각 기자재를 사전에 점검한다.
18	나는 항상 청중들과 적절한 Eye-Contact를 한다.
19	나는 자연스럽게 제스처를 하고 청중 앞에 서더라도 당황하지 않고 자연스러운 움직임으로 발표를 진행한다.
20	나는 적절하고 명쾌한 목소리로 프레젠테이션을 진행한다.

7.3 기타 제안 발표 기법

기타 효과적으로 제안 발표를 하는 기법은 다음 표와 같다.

표 Ⅱ-44 기타 발표 기법

이슈사항	대응방안/식별방안
5분 만에 400Page 제안서에 대한 심사위원의 검토 불가능	• 물리적으로는 무리함. 따라서 제안서 및 제안요약서의 친절한 안내와 정성이 필요함 • 제안발표자의 중요성이 부각되는 이유

까다로운 심사위원	• 심사를 하기 위해 온 사람 • 질문 한마디는 해야 하는데 그럴듯한 질문으로 발표자를 곤혹스럽게 할 마음이 많음 • 알바 한다는 생각으로 옴. 빨리 업무를 끝내고 복귀했으면 함 • 까칠한 성격을 가진 사람이 반드시 있음
콕콕 찌르는 심사위원	• 질문하는 항목에 대해 전문기술과 경험을 보유하고 있음 • 잘못된 내용에 대해서는 과감하게 질문을 함
제안발표자의 제안에 대한 이해력	• 제안서 작성, 제안요약서 작성, 예상 질의응답 작성 등에 직접 참여하는 것이 가장 바람직함 • 제안발표 준비를 열심히 함으로써 제안에 대한 이해력을 높임
제안 PT의 첫 인사	• 제안발표에 참여하게 해준 감사함 • 참석인사 소개
제안 PT에 반드시 참가해야 할 구성원	• 요소기술 전문가 • 제안발표자가 답변을 하기에 부족한 부분을 작성한 제안담당자
제안발표 순서 정하는 법	• 제안서 접수순서와 반대로 제안발표 순서 정함 • 추첨을 통해 제안발표 순서 정함
제안발표 순번에 따라 제안발표하는 요령	• 맨 처음에 발표하는 경우, 발표를 잘하면 뒤의 발표자가 손해를 봄 • 중간에 발표하는 경우, 발표를 잘하면 높은 점수를 획득하게 되나 심사위원들이 앞선 발표자들의 발표를 통하여 학습을 하게 되어 질문이 많을 수 있음 • 마지막에 발표하는 경우, 심사위원들이 빨리 끝냈으면 하는 마음을 갖게 됨
제안서 작성 담당자의 능력 파악 방법	• 이력서상으로 실적을 파악 • 면담을 통해 경험과 지식 파악 • 제안서 작성능력을 통해 파악

제 8 장

표준제안서 제작 및 활용

8.1 일반적인 표준제안서 제작도구

일반적인 표준제안서 제작도구는 제안서 작성도구, 클립아트, 제안서 작성지침으로 구성되어 있다.

제안서 작성도구로 사용되는 도식화 그림은 대부분 파워포인트로써 되어 있기 때문에 제안서를 작성할 때 많은 도움을 줄 수 있다.

실제로 제안서를 작성하면서 많이 사용되는 도식화 그림들은 따로 정리하고 DB로 모아놓아 유사한 제안서 제작에 활용하는 것이 효과적이다.

제안서 작성지침으로서의 파워포인트 작성가이드는 프로젝트 유형별로 많이 사용되는 도식화와 표현(패턴)을 체계적으로 정리하고 설명한 것으로서, 단시간에 파워포인트로 된 제안서를 제작하는 데 효과적이다.

제안서 스토리보드 가이드는 텍스트 형태의 제안방안이 포함된 문장들을 구조적으로 도식화하기 위해 체계적으로 논리화시키는 데 도움을 주는 기법이다.

표 Ⅱ-45 일반적인 표준제안서 제작 도구 구성요소 예시

대분류	중분류	설명
제안서 작성 도구	간단도식화(원형_글박스, 순서도, 조직도, 표)	• 글박스 : 텍스트 형식의 글을 박스내에 담아 구조적, 체계적으로 정리하여 보여주는 수단 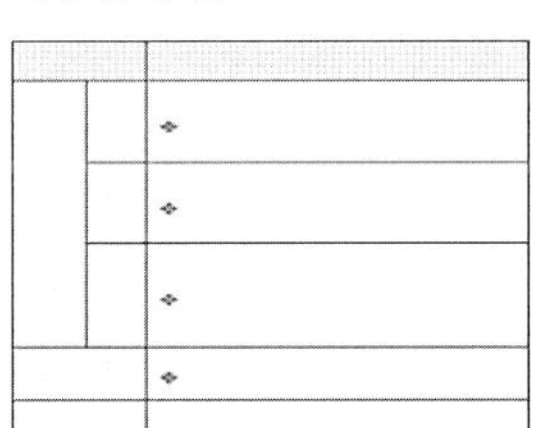 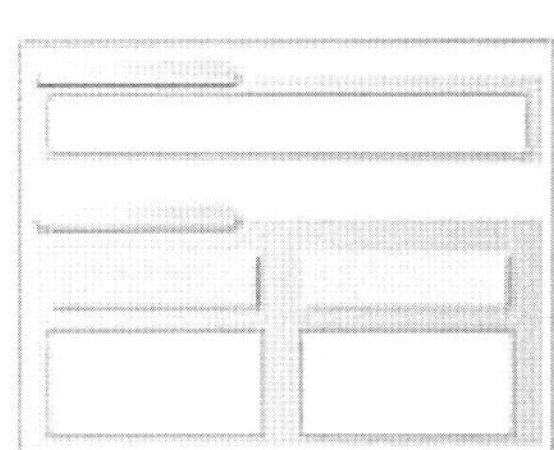

제안서 작성 도구	간단도식화(원형_글박스, 순서도, 조직도, 표)	• 순서도 : 업무처리 절차 등 순서를 가지고 있는 내용들을 박스 안에 포함시킨 후, 박스간의 흐름순서에 따라 처리절차를 표현함 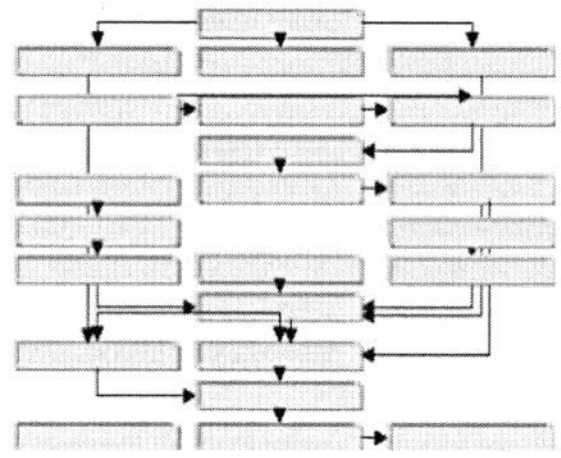 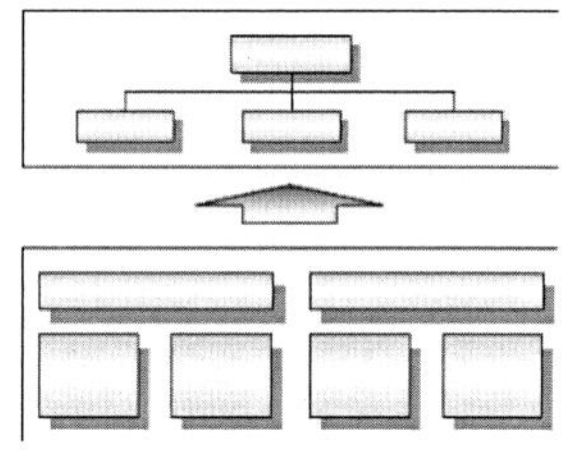
		• 조직도 : 조직 간의 관계를 박스로 표현함 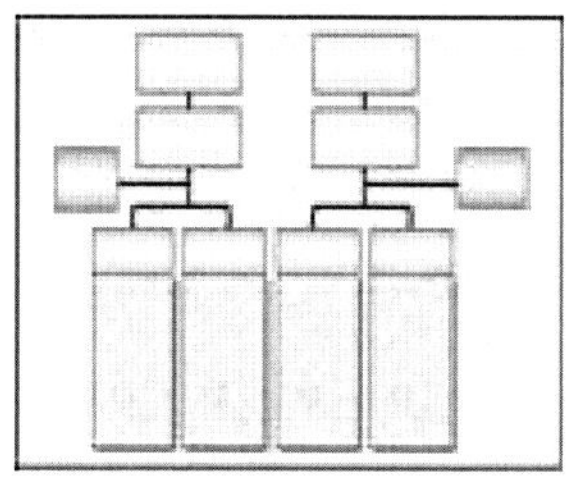
		• 표 : 표 형태의 박스로 텍스트 내용을 표현함 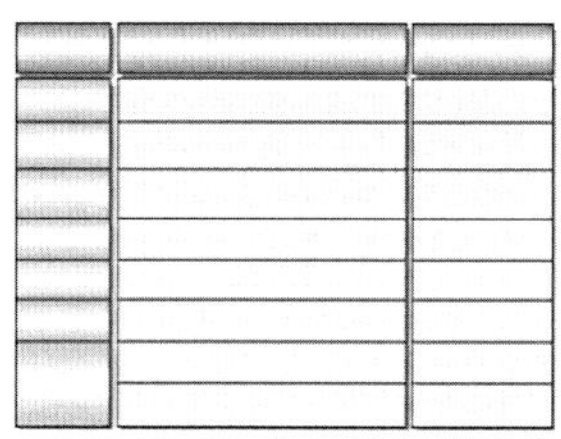
	간단도식화(가공_글박스.패턴)	원형과 비교하여 논리적인 체계가 이미 만들어져 있는 글박스와 순서도를 활용하여 표현하고자 하는 내용을 보여줌 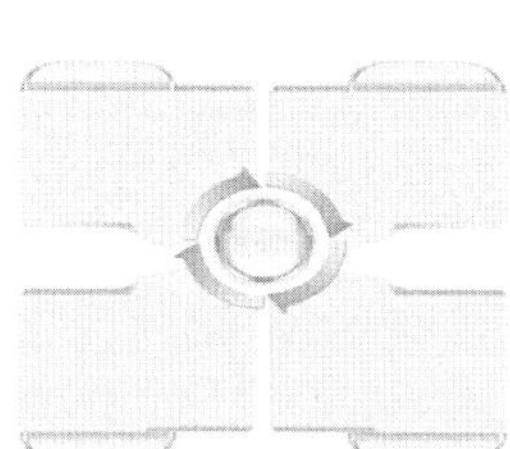 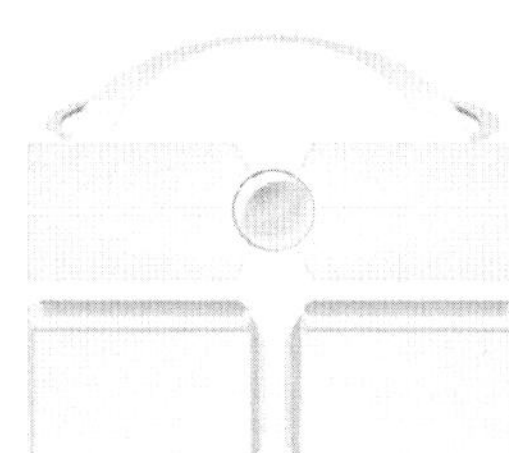
	복잡도식화(글박스와 순서도복합)	글박스가 다수 포함되어 있고, 그들간의 연관관계가 매우 복잡한 내용을 표현 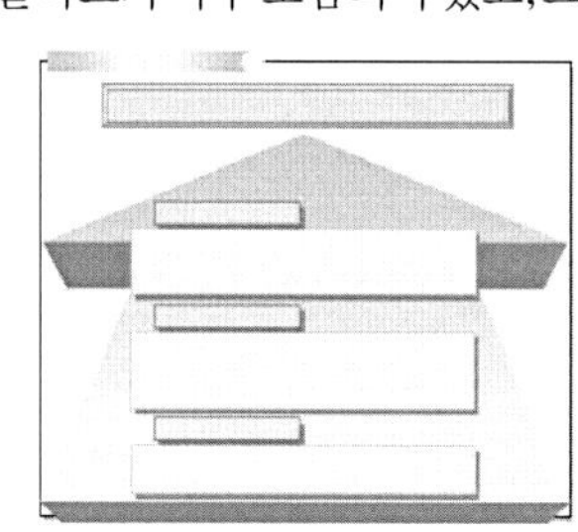 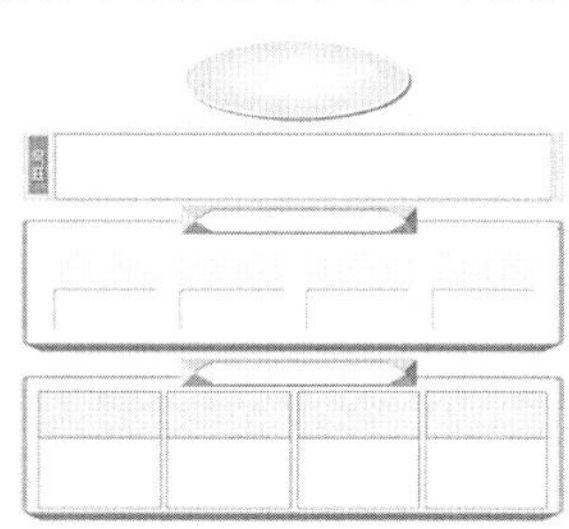

<table>
<tr><td rowspan="2">제안서
작성
도구</td><td>제안서표현전략
(패턴)</td><td>목적설명, 표형식, 방안 및 요소설명, 비교(대칭), 단계표현, 기타 도형
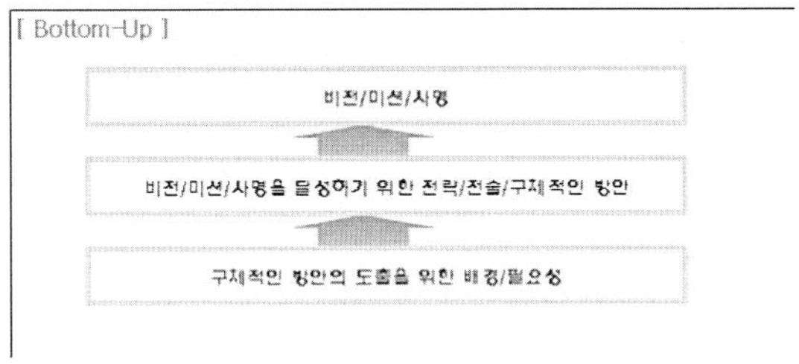

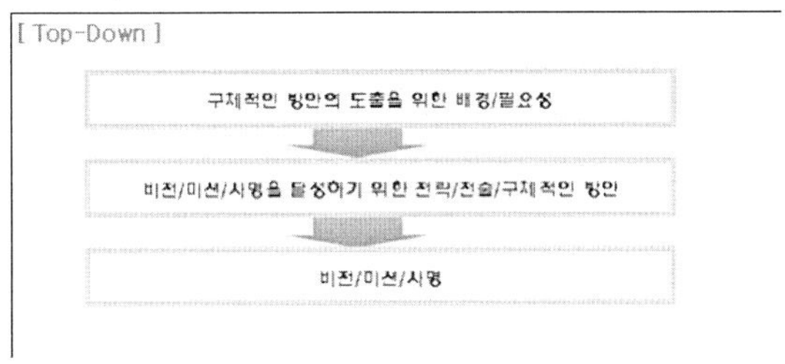
</td></tr>
<tr><td>제안서 작성
템플릿</td><td>제안서 작성에 많이 사용되는 도식화 아이콘, 패턴, 색깔, 가이딩 메시지 등의 사용방법
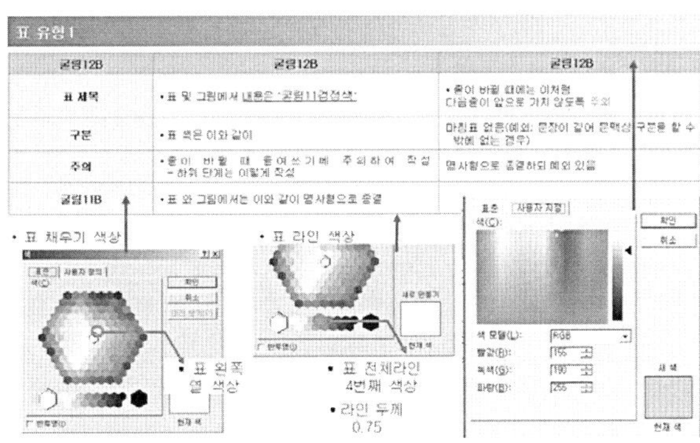
</td></tr>
<tr><td rowspan="2">클립아트</td><td>일반</td><td>일반적인 아이콘(icon) 그림 및 이미지
 </td></tr>
<tr><td>배경</td><td>배경 판넬(Panel)
</td></tr>
</table>

<table>
<tr><td rowspan="2">클립아트</td><td>아이콘</td><td>다양한 이미지
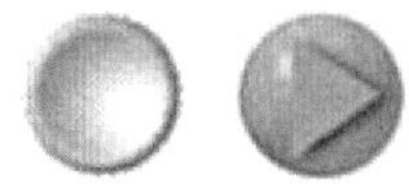</td></tr>
<tr><td>기타</td><td>판넬과 이미지의 조합 등
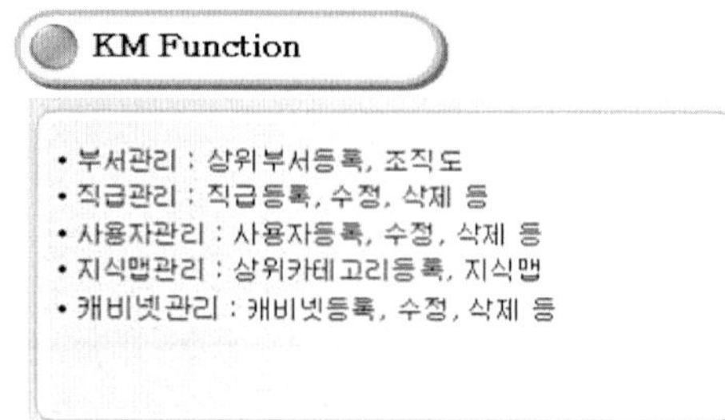
</td></tr>
<tr><td rowspan="2">제안서
작성지침</td><td>파워포인트
작성가이드</td><td>• 파워포인트를 이용하여 제안서를 작성하는 방법의 가이드
• 제안서 작성도구와 클립아트를 이용하는 방법
사례) 표지, 간지 작성법
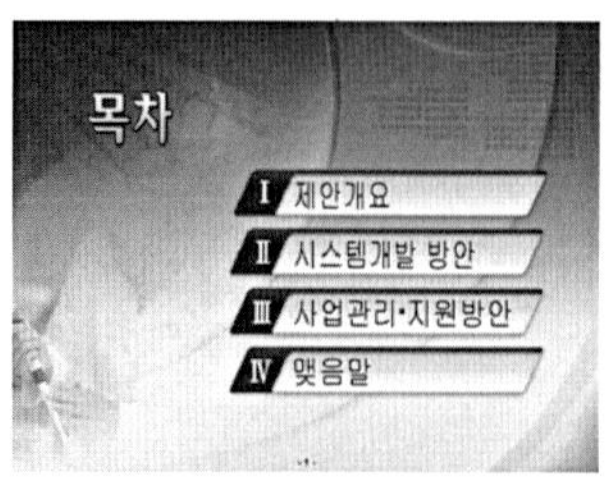

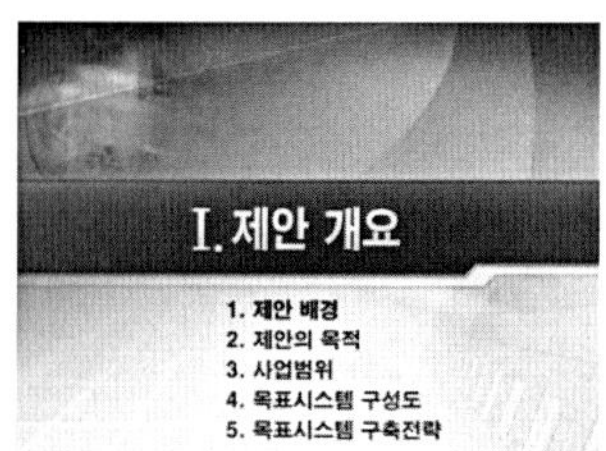
</td></tr>
<tr><td>제안서
스토리보드
작성가이드</td><td>• 프로젝트 유형별 표준 스토리보드 탬플릿 수록
• 표준 스토리보드는 제안요청서의 제안서 작성지침을 참고함
<table>
<tr><th>목차</th><th>작성포인트</th><th>담당</th></tr>
<tr><td>I. 제안개요</td><td>o 본 사업의 제안내용을 명확하게 이해
- 제안요청서의 요구사항분석
o 본 제안의 목적, 범위, 목표 및 전략, 전제조건 및 제안내용의 핵심 기술전략, 제안의 특징 및 장점을 요약하여 기술
- 이전 사업의 결과보고서, 제안요청서 등의 분석
- 제안요청 담당자 질문
- 유사사업 경험자와의 미팅</td><td>홍일동 수석</td></tr>
<tr><td>II. 기술부문
1. 세부사업 수행내용 및 수행방안</td><td>o 본 사업을 성공적으로 추진하기 위한 사업수행방법론과 단계별 추진절차, 수행내용 등을 제시
- 필요한 방법론 수집
- 방법론 커스터마이징
- 산출물의 정확한 종류 및 작성할 내용 예시</td><td>홍이동 책임</td></tr>
<tr><td>2. 각종 분석기법, 접근방안</td><td>o 현황 분석, 수준 진단 및 과제 도출 등을 위한 각종 기술적, 과학적 접근방법을 제시
- 설문조사 기법
- 인터뷰 기법
- 수집된 자료 분석 기법
- 유사 과제 결과물 분석</td><td>홍삼동 책임</td></tr>
<tr><td>3. 벤치마킹 범위 및 방법</td><td>o 외부 선진사례, 공사와 유관기관 등에 대해 조사대상기관의 범위, 분야별(조직, 인력, 자원, 시스템 등) 벤치마킹 범위 제시
- 프로젝트 일정, 범위내에서 접근</td><td>홍사동 수석</td></tr>
<tr><td>4. 최신 기술 적용에 대한 사항</td><td>o 공사의 정보화수준 향상을 위한 최신기술(모바일, GIS, 영상 등)에 접목에 대한 제안, 관련 기술 보유, 구축사례 등
- 최신기술 트랜드 분석
- 공사에 맞는 최신기술 적용방안</td><td>홍삼동 책임</td></tr>
</table></td></tr>
</table>

8.2 표준제안서 DB 구축

8.2.1 제안서 작성표준 제작

제안서를 작성할 때 가장 먼저 하는 일은 선정된 제안서 작성 담당자들에게 제안서 표준 템플릿과 작성지침을 나눠주는 일이다. 제안서 표준 템플릿은 일반적으로 표지, 목차, 간지, 조견표, 인사말, 제안서 각 부문의 양식(Numbering 체계상에서 최하위 Number까지의 양식)과 제안요청서에서 요구한 형식의 양식(예를 들면 투입인력 프로파일)과 도식화 도구를 말한다.

여기서 도식화 도구는 제안서 작성 기간과 품질을 좌우하는 중요한 수단이 되는데, 통상적으로는 PM이 속한 주관 기업에서 기업 비밀이라고 하여 제공되지 않을 수 있고 또 준비를 하지 않는 경우도 많아서, 제안서를 자주 작성하는 경우에는 개인적으로 도식화 도구를 준비하여야 한다.

제안서 표지, 간지, 목차, 각 부문의 양식 등은 독자들이 손쉽게 구할 수 있을 것이므로 여기서는 제안서 표준 작성지침 사례를 대상으로 제안서를 작성하는 표준지침을 설명하기로 한다.

다음 표는 제안서 본문 내용에 대한 글꼴과 글자 크기, Numbering 체계에 따라 제안서 본문을 작성한 예시이다.

일반적으로 제안서 작성표준과 관련된 글꼴을 제안서 작성자들에게 제공한다.

표 Ⅱ-46 제안서 표준 작성지침 예-1

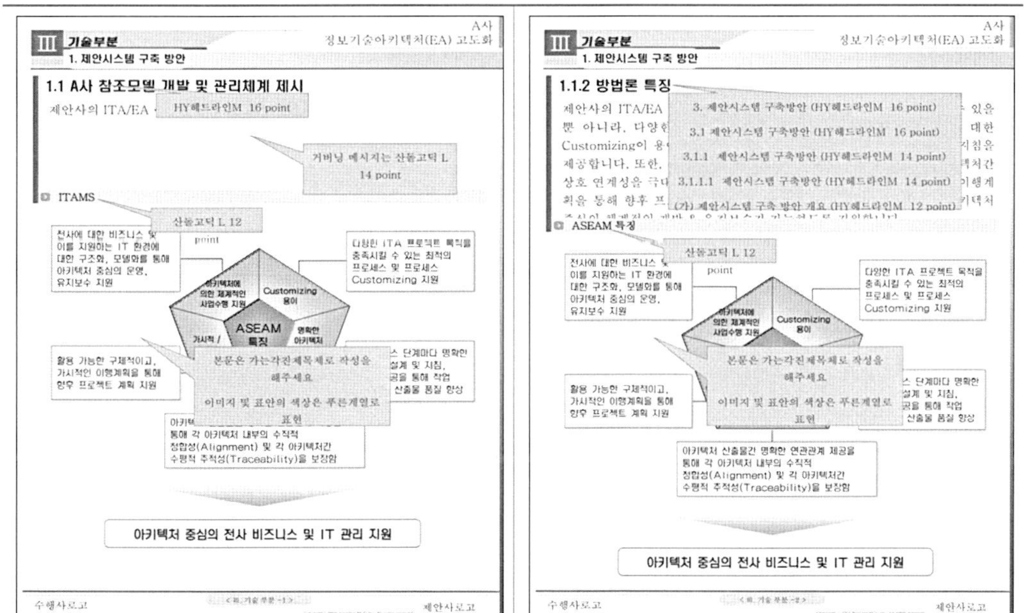

다음 표는 제안서 본문 내용과 투입인력을 작성하는 표준 템플릿이다.

표 Ⅱ-47 제안서 본문과 투입인력 작성 템플릿_A4 예

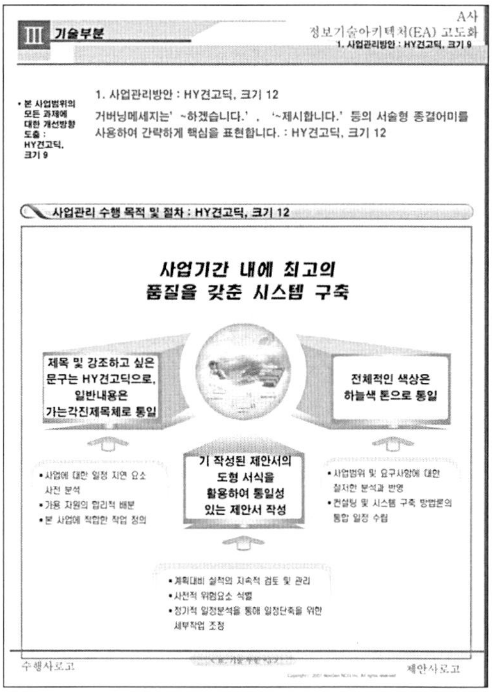
III 기술부분

A사
정보기술아키텍처(EA) 고도화
1. 사업관리방안 : HY견고딕, 크기 9

• 본 사업범위의 모든 과제에 대한 개선방향 도출 : HY견고딕, 크기 9

1. 사업관리방안 : HY견고딕, 크기 12

거버닝메세지는' ~하겠습니다.' , '~제시합니다.' 등의 서술형 종결어미를 사용하여 간략하게 핵심을 표현합니다. : HY견고딕, 크기 12

사업관리 수행 목적 및 절차 : HY견고딕, 크기 12

수행사로고 제안사로고

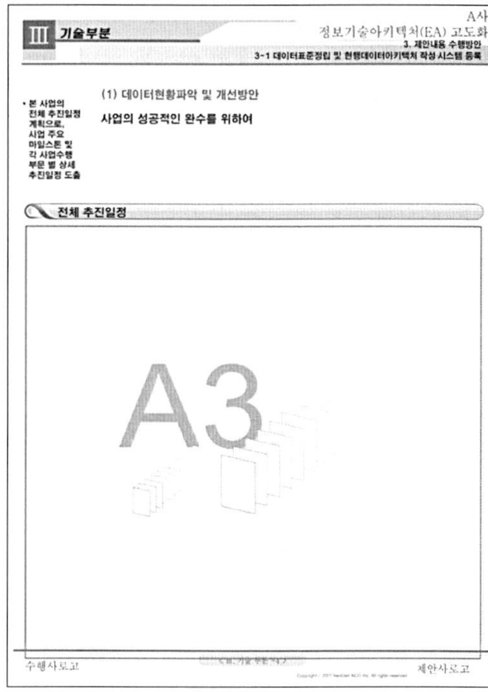
III 기술부분

A사
정보기술아키텍처(EA) 고도화
3. 제안내용 수행방안
3-1 데이터표준정립 및 현행데이터아키텍처 작성 시스템 등록

• 본 사업의 전체 추진일정 계획으로, 사업 주요 마일스톤 및 각 사업수행 부문 별 상세 추진일정 도출

(1) 데이터현황파악 및 개선방안

사업의 성공적인 완수를 위하여

전체 추진일정

수행사로고 제안사로고

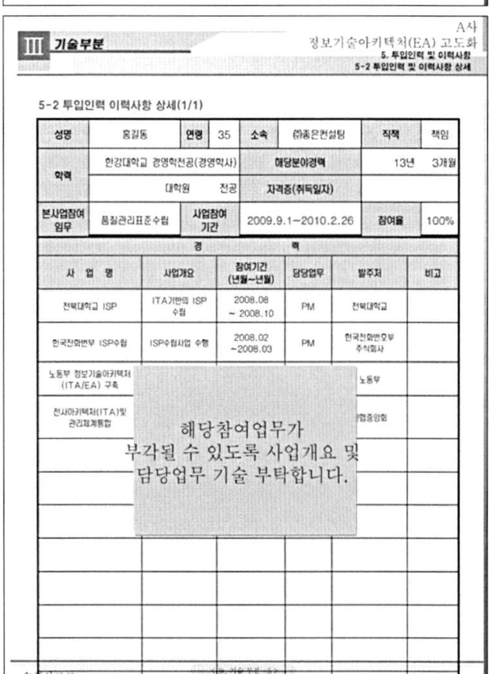
III 기술부분

A사
정보기술아키텍처(EA) 고도화
5. 투입인력 및 이력사항
5-2 투입인력 및 이력사항 상세

5-2 투입인력 이력사항 상세(1/1)

성명	홍길동	연령	35	소속	㈜좋은컨설팅	직책	책임
학력	한강대학교 경영학전공(경영학사)			해당분야경력		13년	3개월
	대학원 전공			자격증(취득일자)			
본사업참여 임무	품질관리표준수립	사업참여 기간	2009.9.1~2010.2.26			참여율	100%

경력					
사 업 명	사업개요	참여기간 (년월~년월)	담당업무	발주처	비고
전북대학교 ISP	ITA기반의 ISP 수립	2008.08 ~ 2008.10	PM	전북대학교	
한국전화번부 ISP수립	ISP수립사업 수행	2008.02 ~2008.03	PM	한국전화번호부 주식회사	
노동부 정보기술아키텍처 (ITA/EA) 구축				노동부	
전사아키텍처(ITA)및 관리체계통합				협중앙회	

수행사로고 제안사로고

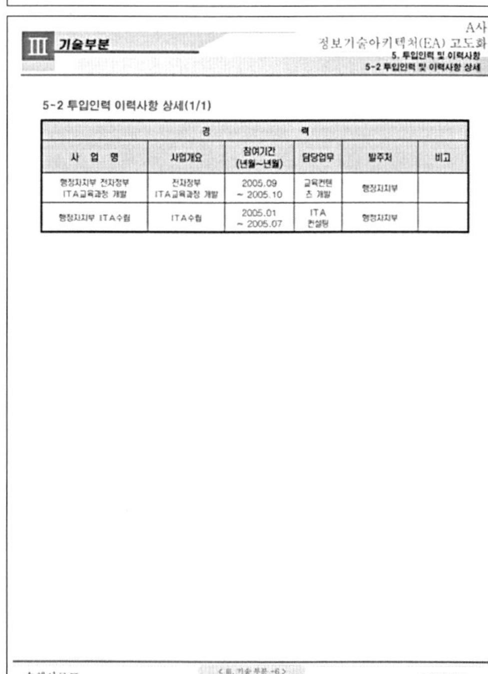
III 기술부분

A사
정보기술아키텍처(EA) 고도화
5. 투입인력 및 이력사항
5-2 투입인력 및 이력사항 상세

5-2 투입인력 이력사항 상세(1/1)

경력					
사 업 명	사업개요	참여기간 (년월~년월)	담당업무	발주처	비고
행정자치부 전자정부 ITA교육과정 개발	전자정부 ITA교육과정 개발	2005.09 ~ 2005.10	교육컨텐츠 개발	행정자치부	
행정자치부 ITA수립	ITA수립	2005.01 ~ 2005.07	ITA 컨설팅	행정자치부	

수행사로고 제안사로고

다음은 본문내용을 요약하여 보여주는 데 활용되는 A3 크기의 제안서 템플릿이다.

표 Ⅱ-48 제안서 본문 작성 템플릿_A3 예

다음 표는 인사말을 적어놓은 템플릿이다.

표 Ⅱ-49 제안 인사말 템플릿 예

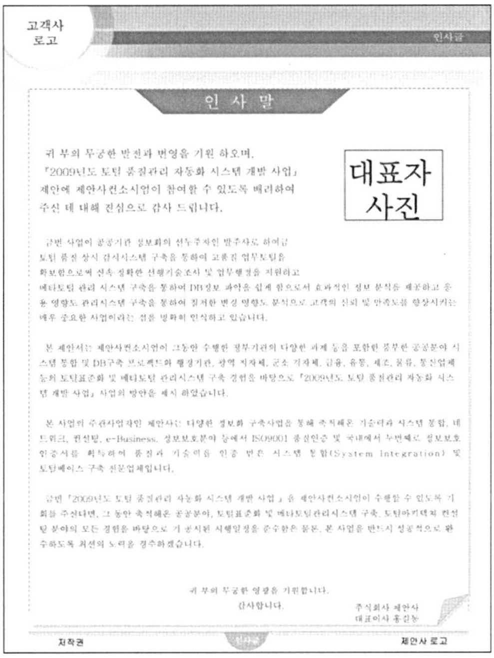

그림 Ⅱ-1 업무절차 개선 프로젝트 정의 절차를 보여주는 도식화 사례

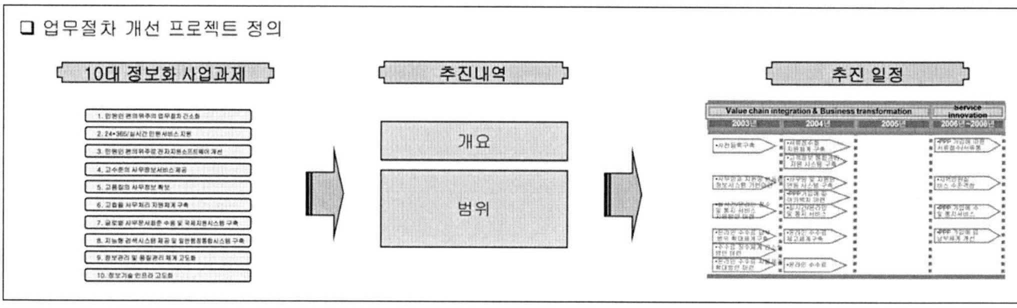

8.2.2 제안서 도식화 패턴 분류

도식화는 일반적인 텍스트 문장을 도형과 도형(들)을 다양한 형태로 맞추고 엮어 일정한 구조를 가지게 한 것을 뜻하며, 모든 제안서는 일정한 도식화 패턴이 있다.

대부분의 도식화는 표현하려는 목적에 맞게 도형에 대하여 목적의 설명, 분류, 구분 설명, 방안 설명, 비교, 매핑, 순차 흐름 설명, 단계별 활동 설명, 확대 설명, 강조를 위하여 도형을 배열하여 표현할 수 있다. 행정부처나 공공기관들에서 발주되는 제안요청서는 제안서를 작성할 때 요구하는 제안서 목차가 대동소이한 형태로 작성할 것을 요구한다.

따라서, 제안서를 작성할 때 제안서의 내용별로 도식화 패턴을 분석하여 DB로 구축해 놓으면 재사용이 충분히 가능해져 제안서 작성시간을 획기적으로 단축할 수 있다.

다음 그림은 제안서 작성 시 각 단원의 수행 절차를 나타내는 도식화 사례로서, 도식화된 그림만으로도 나타내려는 의도를 쉽게 이해할 수 있다.

전체 그림은 업무절차 개선프로젝트가 10개 나왔는데, 각 과제에 대하여 추진내역이 기술되고

그림 Ⅱ-2 정보전략 수립 절차를 보여주는 도식화 사례

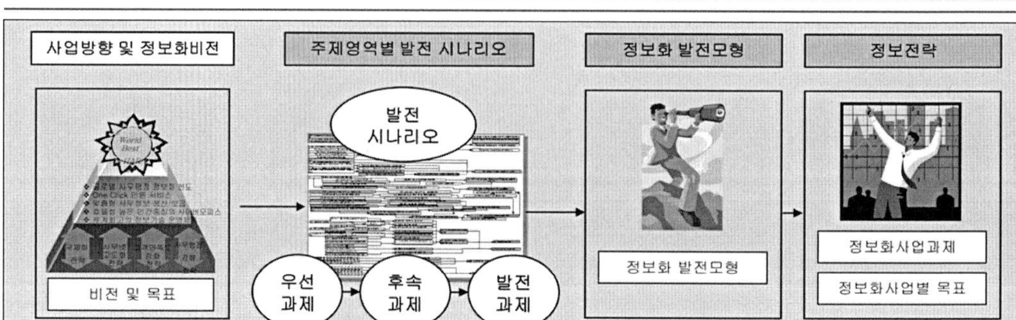

그림 Ⅱ-3 법/제도 목표모델 정의

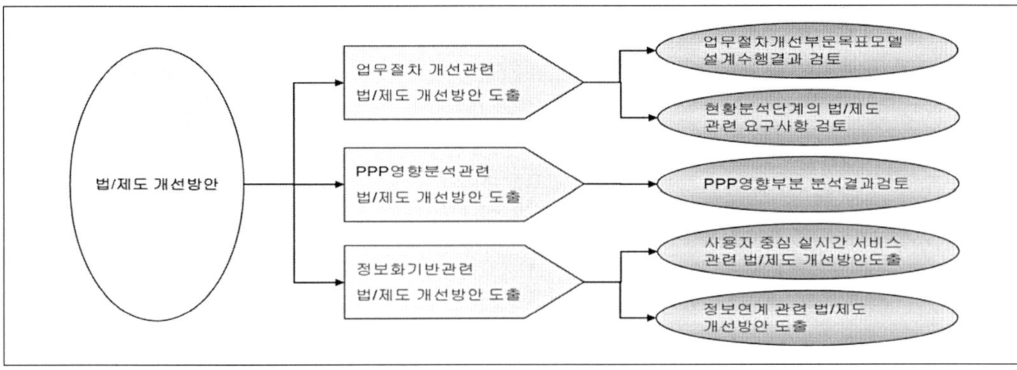

각 과제에 대한 추진일정이 도출되며, 각 과제들간에는 어떤 연관관계가 있는 지를 알게 해 준다.

그림Ⅱ-2는 정보전략 수립 절차를 어떻게 수행하는 가를 쉽게 이해할 수 있게 한다.

그림Ⅱ-3은 법/제도 목표모델을 정의하는 절차를 쉽게 이해할 수 있게 한다.

모든 제안서들에 사용된 도식화 방법을 분석하면 대체적으로 몇 가지 유형으로 나뉘어지며, 유형별로 도식화 패턴을 정리하고, 정리된 도식화 패턴을 제안서의 목차와 매핑하면서 업종별, 프로젝트 규모별, 프로젝트 종류별로 분류하여 변경관리 및 진화관리를 하며, 도식화 DB를 구축하고 관리한다면 제안서 작성 품질이나 생산성 측면에서 상당한 효과를 거둘 수 있을 것이다.

대부분의 제안서 작성자들이 기존 제안서를 'Copy and Paste' 형태로 재사용하는 데 급급한데, 기존 도식들을 많이 변경하고 새로운 도식을 삽입하다 보면, 오히려 시간이 더 걸리고 결과물의 품질도 낮게 나오는 수가 많다.

다음 표는 도식화 방법과 도식화 패턴에 대해 설명한 표이다.

표 Ⅱ-50 일반적인 도식화 방법과 도식화 패턴

도식화 방법	도식화 패턴	도식화 패턴 사례
목적의 설명	하향식 전개	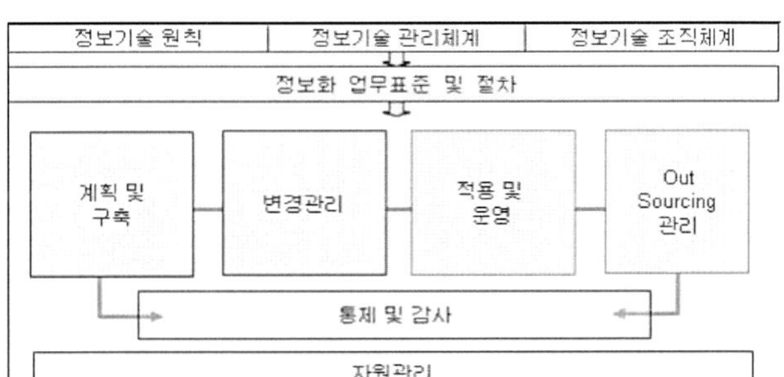

<table>
<tr><td rowspan="2">목적의 설명</td><td>상향식 전개</td><td>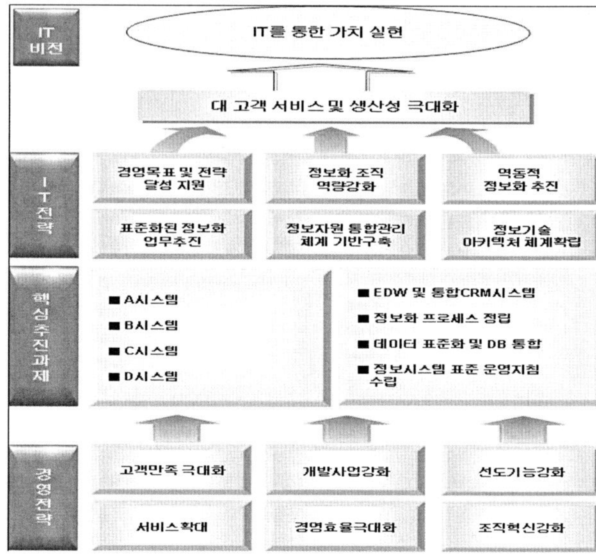
</td></tr>
<tr><td>좌측에서
우측으로 전개</td><td>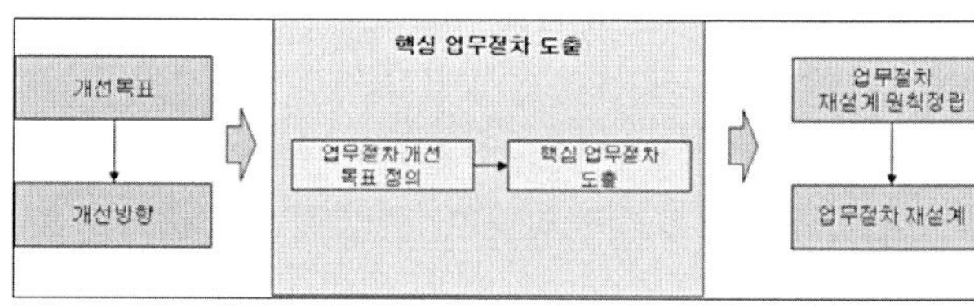
</td></tr>
<tr><td rowspan="2">분류</td><td>2단분류</td><td>
<table>
<tr><th>Phase</th><th>Task</th><th>주요내용</th><th>Output(산출물)</th></tr>
<tr><td rowspan="4">정보화 현황분석</td><td>정보구조 현황 분석</td><td>응용시스템 기능 및 데이터 현황 분석</td><td>정보구조 현황 분석서</td></tr>
<tr><td>정보인프라구조 현황 분석</td><td>정보화 현황 및 적용기술 분석</td><td>정보인프라 현황 분석서</td></tr>
<tr><td>사용자요구사항 분석</td><td>정보화 수요조사 및 수용기술 분석</td><td>정보화 요구 분석서</td></tr>
<tr><td>선진사례 분석</td><td>선진사례(정보화, 운영·관리 업무체계) 분석</td><td>정보화 사례 분석서</td></tr>
</table></td></tr>
<tr><td>3단분류</td><td>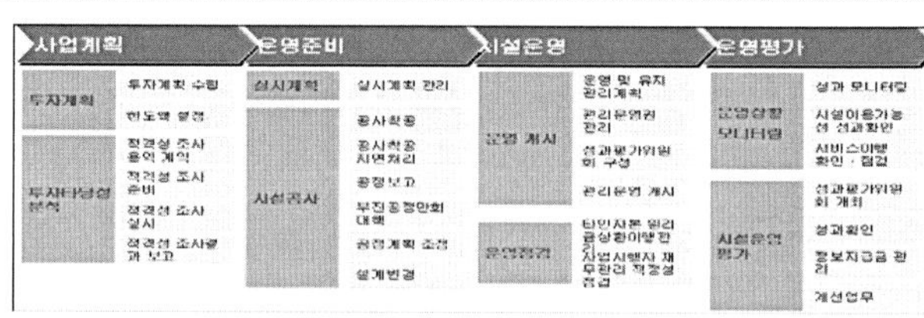
</td></tr>
<tr><td>구분 설명</td><td>구분별 상세설명</td><td>
<table>
<tr><td>대민업무</td><td>• 민원인 중심의 절차간소화
• 고객편의를 위한 고객정보 통합관리 수준 향상
• XML 기반 측량소프트웨어 개선</td></tr>
<tr><td>지리정보</td><td>• 고품질 지리정보생산 및 포털서비스 제공
• 지리정보 기반데이터의 재설계를 통한 정확성 및 확장성 제고</td></tr>
<tr><td>사무처리</td><td>• 글로벌 지재권사무처리 시스템 구축
• XML 기반 문서표준 수용
• 지리사무 편의성 개선 및 지원 고도화</td></tr>
<tr><td>정보관리</td><td>• 정보기술 변화에 대한 대응력 제고 및 정보자원 관리체계 고도화
• 정보서비스 품질관리 체계 고도화</td></tr>
<tr><td>인프라</td><td>• 망 통합 및 지리넷 보안 강화
• 재난복구시스템 구축</td></tr>
</table></td></tr>
</table>

<table>
<tr><td rowspan="2">방안 설명</td><td>방안과 상세내용</td><td>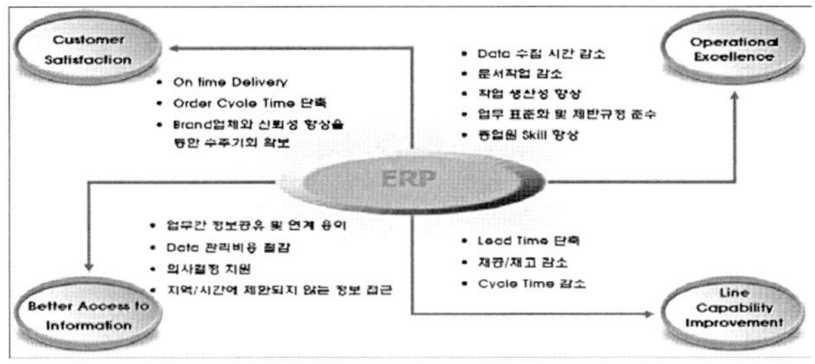
</td></tr>
<tr><td>전략과 상세내용</td><td>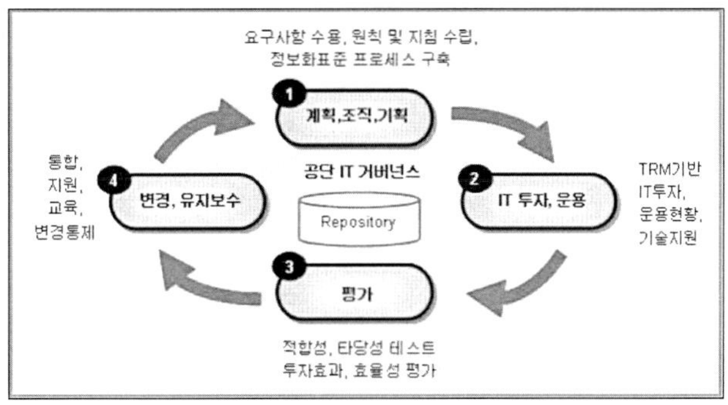
</td></tr>
<tr><td>비교</td><td>원인과 결과,
현황과 목표</td><td>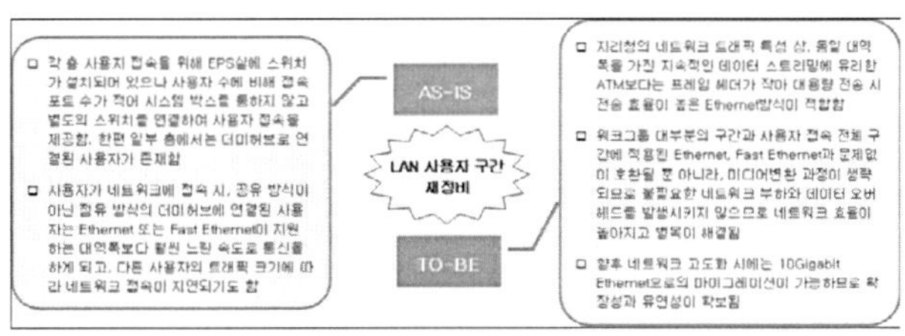
</td></tr>
<tr><td rowspan="2">매핑</td><td>문제점과 개선방안</td><td>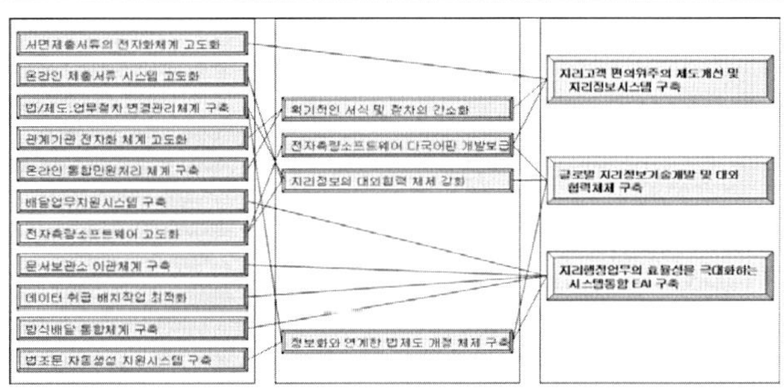
</td></tr>
<tr><td>개선방안과 이행과제</td><td>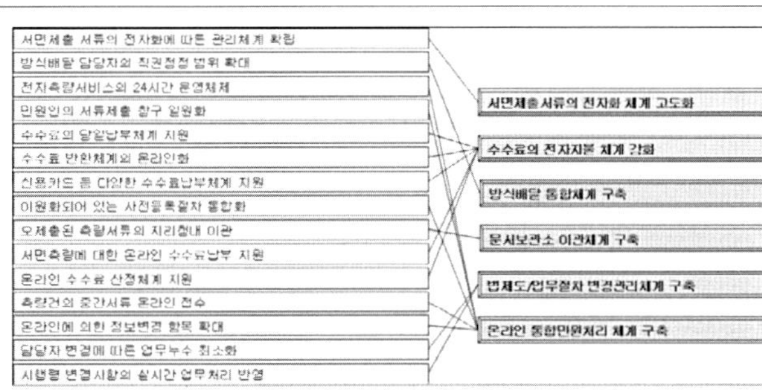
</td></tr>
</table>

<table>
<tr><td>순차
흐름</td><td>활동들간의 순서</td><td>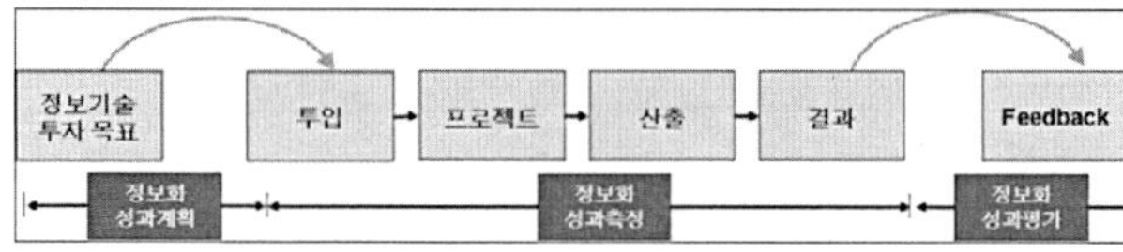
</td></tr>
<tr><td>단계별 활동</td><td>단계별 흐름의 표현</td><td>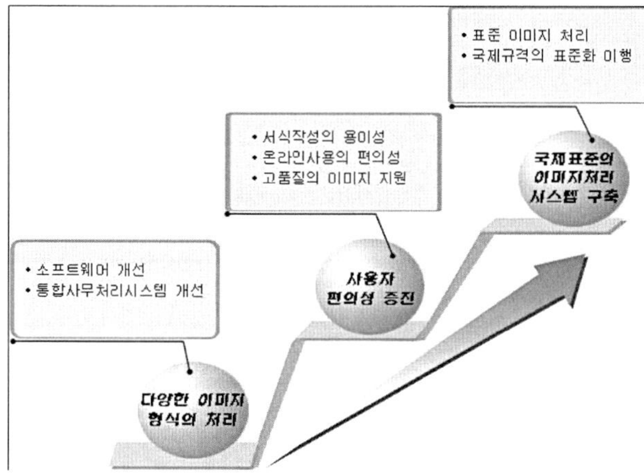
</td></tr>
<tr><td>확대 설명</td><td>확대하여 상세설명</td><td>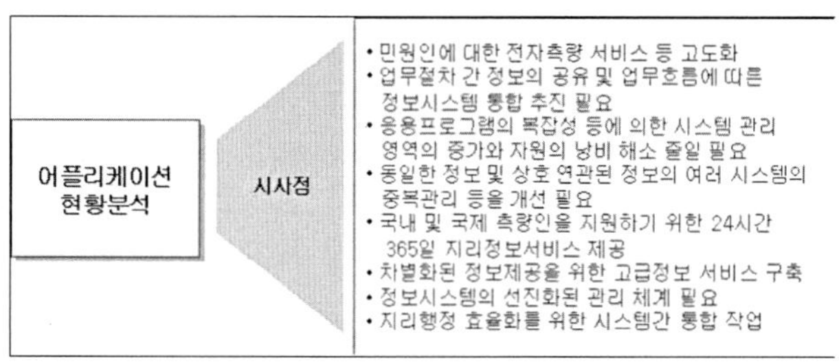
</td></tr>
<tr><td>강조</td><td>특별한 부분의 강조</td><td>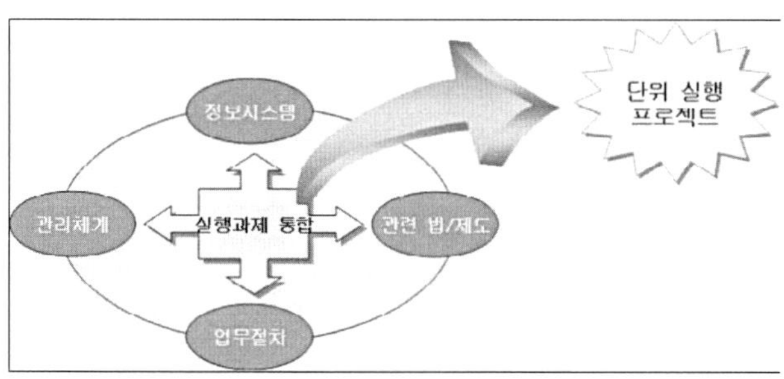
</td></tr>
</table>

8.2.3 표준제안서 DB 진화관리

표준제안서 DB를 구축하고 지속적으로 진화관리를 함으로써, 축적된 DB를 이용하여 제안서 작성 기간의 단축과 함께 높은 품질을 확보할 수 있어서 결과적으로는 프로젝트 수주율을 높이고, 회사의 경쟁력을 향상시킬 수 있게 된다.

특정 프로젝트에 대한 제안요청서에서 제안서 작성지침과 평가서를 근거로 제안서 작성을 위한 스토리보드를 제작한다. 스토리보드를 근거로 제안서가 작성되는데, 제안서의 최종 작성이 완료되는 시점에 스토리보드를 현행화하여 DB에 저장한다.

기 작성된 제안서나 벤치마킹할 필요가 있는 외부 제안서에 대하여 표준제안서 DB에 구축되어 있는 도식화 패턴에 따라 분류하고, 표준제안서 DB를 업그레이드한다. 도식화 방법의 추가나, 도식화 패턴이 추가되거나 세분화되는 경우가 발생하면 변경관리를 해준다.

제안서를 작성해야 할 필요가 발생하면 표준제안서 DB를 이용하여 작성표준과 작성지침, 필요한 도식화 방법과 도식화 패턴을 결정하여 활용한다.

제 III 부

부록

제1장

논리적 사고 기법

논리적 사고기법(Logical Thinking Techniques)은 SI 컨설팅에서 많이 사용하는 기법으로서 제안 관련 자료를 작성할 때나 제안 관련 기획을 하는 데 있어서 도움이 되는 기법들이다.

각 기법들에 대해서는 시중 서점과 인터넷에 정보가 풍부하게 있으므로, 본서에서는 간략하게 소개와 제안 관련 자료를 기획하고 작성하는 데 있어서 도움을 주는 사항이 무엇인지에 대해서만 언급하기로 한다.

표 Ⅲ-1 논리적 사고기법

No.	기법	내용/특기사항
1	Logical Thinking	1) 정의 - 상대방의 입장에서 이해하기 쉬운 논리로 자신의 생각을 표현함 - 일상 업무에서 나타나는 감에 의한 판단 또는 상식과 편견에서 벗어나 "객관적 사실"에 근거하여 판단하는 사고 및 활동
		2) 특징 - 문제를 구조화할 수 있음 - 사실에 바탕을 두고 있음 - 근거가 명확함 - 시나리오로 연결되어 있음 - 결론이 명확함 - 넘쳐나는 정보를 정리하여 본질을 이끌어냄 - 과제 해결의 중심적 요소 - 리더의 절대적 조건이자 훌륭한 조직의 필요조건
		3) 구성요소 - 논리적 사고, 논리적 기반 스킬, 논리적 도구
		4) 체계 - 논리적 사고와 논리적 기반 스킬로 구성됨 - 논리적 사고 : 제로베이스 사고, 프레임 워크 사고, 옵션 사고 - 논리적 기반 스킬 : 커미트먼트(Commitment), 스트럭처(Structure), 콘셉트(Concept)

		5) 도구 - 로직트리, 매트릭스, 프로세스
		6) 효과 - 항상 상대방의 입장에 서서 가장 쉬운 논리를 명확하게 제시하기 위해 자신의 생각을 구조화하고 조직화하기 때문에 불필요한 생각과 행동의 비효율성을 제거 - 문제해결을 위해서는 근본적인 해결책과 아이디어를 증진 - 객관적 사실을 바탕으로 하기 때문에 설득력 있는 자료와 시나리오를 작성함으로써 이해 당사자와의 교섭력을 강화 ※ 사고방법 : 목적을 확인하고 목표를 정한 다음에 결과를 형상화하기 위해 생각하기 시작함, 높은 수준에서 목적을 달성하기 위한 과제를 해결하고 전략을 책정하며 계획을 작성하는 근원 ※ 기반 스킬 : 기반Skill을 자유자재로 다룰 수 있을 때 보다 전문적인 사고, 표현이 가능함. 목적을 향하여 사고방법을 보다 구체적, 전문적, 경험적으로 파생시키는 기술 ※ 도구(Tool) : 세 가지 Tool을 습득하면, 보다 체계화된 사고가 가능함. 체계적으로 정리하여 보기 용이하게 만드는 분석방법, 형식 등
2	제로베이스 사고	1) 정의 - 고정관념을 버리고, 관점을 바꾸어 생각함 2) 특징 - 다양하고 창조적인 사고가 가능함 3) 예시 - 현재 상황에서는 해답을 구할 수 없을 때, 새로운 조건/환경에서 생각해보거나 Best Practice를 만들어냄
3	프레임워크 사고	1) 정의 - 틀(프레임워크)을 사용하여 생각함 - 모든 문제는 엄격한 구조를 바탕으로 해결 가능한 작은 단위로 나누어서 분석함 - 혼돈상태에 질서를 부여
		2) 특징 - 빈틈없는 사고가 가능함
		3) 종류 - 분석 프레임워크 : 목적에 따라 어떤 관점으로 정보를 수집하고 분석해야 하는가를 제시 - 표현 프레임워크 : 어떤 식으로 보고나 제안을 정리하고 구성해야 효과적으로 전달할 수 있는 가를 제시
4	옵션 사고	1) 정의 - 결론에 대해 복수의 안건을 만들어 놓고 선택함 - 선택의 여지를 생각하고 논리적으로 토론을 벌여 속도감 있게 결론을 이끌어내는 것 2) 특징 - 객관적인 결론이 가능함 3) 종류 - How to 옵션 사고 - What 옵션 사고

5	커미트먼트	1) 정의 - 상대방의 입장에서 생각하는 자세 2) 특징 - 상대방이 요구하는 것을 쉽게 파악할 수 있음
6	스트럭처	1) 정의 - 구조화(기준을 정하고, 순위를 부여하여 중요도를 설정하는 것) 2) 특징 - 상대방이 이해하기 용이함
7	콘셉트	1) 정의 - 구조화(기준을 정하고, 순위를 부여하여 중요도를 설정하는 것) 2) 특징 - 상대방이 이해하기 용이함
8	로직트리	1) 정의 - Top-Down 분류가 가능한 도구 2) 특징 - 인간의 사고체계를 쉽게 적용함, 문제에 대한 해결방안 등의 분류가 용이함 - 혼돈상태에 있는 문제를 엄격한 프레임워크를 바탕으로 다루기 쉬운 단위로 나눌 수 있음 3) 종류 - What Tree : 구조나 체크리스트를 찾는 경우 - How Tree : 과제에 대해서 해결책을 찾는 경우 - Why Tree : 과제에 대해서 원인을 찾는 경우
9	매트릭스	1) 정의 - x, y의 2개의 축으로 분석하는 도구 2) 특징 - 2개의 축으로 이루어진 셀의 내용을 이해하기 쉬움 - 서로 다른 관점과 시각을 가진 구성원들의 의사소통 가능함
10	프로세스	1) 정의 - 흐름에 따라 분석하는 도구 2) 특징 - 과정, 공정, 시계열을 표현하기 용이함
11	5W2H1T	1) 정의 - 6하 원칙 + Target + How much - 기존의 6하 원칙에 타깃과 가격을 더한 개념으로 기획서의 뼈대를 잡아 짜임새 있게 구성하기 위해 만든 체계 2) 특징 - 애매한 개념을 구체적으로 표현할 수 있도록 함 3) 예시 - Why(목적), What(콘셉트/주제), Target(목표), How(절차), Who(실행주체), When(일정), Where(장소), How much(기대효과/투자)

12	MECE	1) 정의 - Mutually Exclusive, Collectively Exhaustive - 중복과 누락이 없는 단계로 대상을 잘게 쪼개 생각하는 논리
		2) 특징 - 구조적, 체계적으로 문제가 구체화되고 분할을 통하여 전체가 해결됨
		3) 종류 - 연역적 방법(Top-down) · 가장 큰 기준을 두어 쪼갠 다음 계속해서 2차 3차로 쪼개어 나가는 방법 · 처음부터 완벽한 논리를 구축해서 시작되기 때문에 그 논리에 허점이 생기기 어려움 · 모든 단계를 동일 수준으로 쪼개나가기가 어려움 - 귀납적 방법(Bottom-Up) · 일단 쪼갤 수 있는 한 최대한으로 쪼개놓은 이후에 이를 MECE하게 분류하는 방법 · 일단 분류할 최종 대상들을 먼저 확인하고 분류하기 때문에 좀더 현실성 있는 분류가 이루어질 수 있음 · 명확한 기준이 부재하다는 측면에서 논리적인 전개가 상대적으로 힘듦
13	피라미드 구성법	1) 정의 - 피라미드 꼭대기에서 밑으로 논리를 전개하는 방식 2) 특징 - 상대방을 설득하고 싶은 부분, 즉 결론을 먼저 제시하고 이어 그 이유를 설명해 나감 - 상대방을 쉽게 이해시킬 수 있음
14	디베이트 (토론)	1) 정의 - 특정 안에 대하여 플러스 요인과 마이너스 요인의 양 측면에서 충분한 논의가 이루어질 수 있는 지적인 투쟁행위 2) 특징 - 여러 가지 해결방안들과 아이디어 도출이 용이함 3) 원칙 - 어느 하나의 논제를 다룸 - 긍정파와 부정파로 나누어짐 - 일정한 원칙에 따라 토론이 이루어짐 - 마지막에는 판정관에 의해 승패가 결정됨
15	브레인스토밍	1) 정의 - 많은 의견과 문제점을 제안하여 분류하고 정리하는 기법 2) 원칙 - 고정관념과 상식을 버리고, 부끄러워하지 않음 - 가급적 많은 의견 제안 - 무엇이든 비판하지 않고, 논쟁하지 않고, 구구하게 설명하지 않음 - 타인의 아이디어를 적극적으로 도용함 - 아이디어를 항목별로 기록함

		3) 절차 - 화제가 될 만한 의견을 많이 제안 - 정보정리 : 그룹별 분류 및 우선순위 부여 - 해결책 정리 : 개선안 작성
16	KJ법	1) 정의 - Kawakita Jiro가 창안한 기법 2) 특징 - 브레인스토밍을 통해 제안된 문제점을 그룹별로 분류하여 정리
17	SWOT분석	1) 정의 - 기업의 내부환경, 외부환경(경쟁사, 고객, 정부 등)을 분석하여 자사의 강점, 약점, 시장진입 기회, 위협요인을 분석하는 경영분석 기법 2) 특징 - 기업의 경쟁전략 수립에 도움이 됨
18	WBS	1) 정의 - Work Breakdown Structure 2) 특징 - 일정계획 수립 시 수행 작업을 로직 트리 구조를 활용하여 분할 - 체계적인 작업단위의 분할이 가능해짐
19	ABC	1) 정의 - 중요도가 높은 대상을 중점적으로 관리하여 효과를 높이는 기법 2) 특징 - 최중점 관리대상, 중점 관리대상, 비중점 관리대상 등으로 과제, 업무 등에 대해서 우선순위를 부여하여 관리가 용이함
20	PERT/CPM	1) 정의 - Program Evaluation and Review Techniques/Critical Path Method 2) 특징 - 작업의 전후 관계보다 최단 경로를 식별하여 계획단계부터 완료시점까지를 단축하도록 하는 방법을 제시함

제 2 장

프로젝트 유형별 제안서 목차 및 작성지침 사례

제안서를 작성할 때 가장 어렵고 중요한 작업은 제안할 내용을 도식화하는 작업이다.

발주사가 제안요청서에서 요구한 요구사항들에 대하여 해결방안들을 찾는 방법을 논리적 사고기법을 통해서 논리적으로 구성하는 방법을 습득했다.

논리적으로 구성된 제안 내용들은 도식화를 통해 알기 쉬운 형태로 포장이 된다.

도식화를 쉽고 편하게 기왕이면 DB를 구축하여 이전 작성된 제안서들을 재활용하여 제안서를 작성한다면 빠른 시간 내에 어려움이 없이 제안서를 작성할 수 있게 된다.

따라서 다수의 제안요청서를 분석하여 프로젝트 유형별로 제안서 목차와 내용을 분석하여 그에 대한 도식화 패턴을 정리할 필요가 있다.

최근에 발주된 과제에 대하여 제안요청서를 분석하기로 한다.

다음 표는 정보시스템 구축사업에 관련된 제안서 목차 및 작성지침이다.

표 Ⅲ-2 K원 운영 · 관리시스템 구축 사업 (2010.4.) 제안서 목차 및 작성지침

작성 항목	세부 목차 및 작성요령	비고
Ⅰ. 제안 개요	1. 목적 및 배경 2. 제안 범위 - 제안요청내용과의 부합성, 전제조건 등 사업수행 관련 제안 범위 제시 3. 추진 방향 및 주요 내용 4. 추진 전략 및 목표 5. 제안의 특징 및 장점 6. 기대 효과 - 제안내용을 추진할 경우 수반되는 기대효과 제시	
Ⅱ. 제안업체 일반	1. 일반 현황 - 제안사의 일반현황 및 주요 연혁, 최근 3년간의 자본금 및 부문별 매출액 등 제시(기업신용평가서 첨부) 2. 조직 및 인원 - 제안사의 조직도, 조직별 업무기능, 인원현황 등 제시	※서식참조

	3. 주요사업 내용 - 제안사 주요사업 내역을 분야별 구분하여 제시 4. 주요사업 실적 - 본 사업과 관련이 있는 주요사업실적 제시(증빙서류 첨부)	
Ⅲ. 기술부문	1. 정보인프라(HW, SW) 구축 방안 - 정보시스템 구성방안 및 운용 방안 제시 - 제안 장비의 세부 기능 및 성능, 표준, 사용자편의성 제시 2. 소프드웨어 개빌빙법론 - 방법론의 특징 및 장단점, 선정사유 및 적용방안 등 제시 3. 프로젝트 수행 절차 및 활동내역 - 단계별 수행 공정의 목표 및 세부 추진절차와 활동내역에 대해 설명하고, 후속 단계와의 연관성을 논리적으로 제시 4. 사업수행방안 - 사업수행 도구의 확보, 관계기관과의 의사소통 등 사업수행을 위한 구체적인 방안 제시 5. 산출물 내역 - 제출할 산출물의 종류 및 내역, 제출시기 제시	
Ⅳ. 사업관리부문	1. 품질보증계획 - 품질보증을 위한 조직, 방법, 절차, 내용 등 제시 2. 사업관리계획 - 위험 · 자원 · 진도 · 보안 · 형상 · 문서 등의 관리를 위한 조직, 방법, 절차, 내용 등 제시 3. 추진일정계획 - 사업추진일정을 상세히 제시 4. 보고 및 검토계획 - 사업기간 동안의 보고 및 검토계획을 상세히 제시(월간, 주간, 일일, 수시보고 및 단계별 검토회의 등) 5. 수행조직 및 업무분장 - 사업수행조직 및 업무분장 내용을 상세히 제시 · 용역책임자는 임원급으로 하며, 실무책임자는 개발기간 중 100% 투입가능한 자로 하여야 함 · 투입되는 인력은 주사업자의 인력 위주로 편성 · 컨소시엄으로 구성한 경우에는 공동수급표준협정서 제8조에 명시한 공동수급업체별 참여비율을 명시하여야 함 6. 투입인력 및 이력사항 - 사업을 수행할 인력을 작업 단위 별로 제시 - 투입인력에 대한 이력사항 제시 ※ 유의사항 - 투입인력은 컨소시엄 구성원의 자사인력으로 구성하여야 함 · 다만, 파견근로자는 자사인력으로 간주함 (원 소속사를 반드시 명기하여야 하며, "파견근로자보호 등에 관한 법률" 등 관계법령을 준수하여야 함	※서식 참조

	· 컨소시엄 소속외의 인력은 하도급으로 간주하며, 컨소시엄 구성원의 자사 인력으로 대체하여야 함 (단, 상용S/W, 패키지 등의 서비스 지원인력, 외부자문인력 등 통상적인 참여 인력이 아닌 경우는 도급으로 간주하지 않음) - 사업자 선정 이후 주관기관의 요구 등 특별한 사유가 없는 한 투입인력을 교체변경 할 수 없음	
Ⅴ. 지원부문	1. 교육훈련계획 - 교육내용, 교육기간, 인원 등을 상세히 제시 2. 기타 지원 사항 - 본 사업과 관련하여 지원 가능한 사항에 대한 내용 제시	
Ⅵ. 기타	※ 위 항목에서 제시되지 않은 기타 내용 제시	
별첨 : 가격산출근거서	가격산출근거서의 기준은 소프트웨어사업대가의 기준(정보통신부 고시)을 기준으로 작성 ※ 입찰서(밀봉)에 제시된 금액 산정 이전의 기초자료로서, 원가계산 차원의 사업규모 산정자료(공개 가능한 정보)	※서식참조

다음 표는 컨설팅 용역 사업에 관련된 제안서 목차 및 작성지침이다.

표 Ⅲ-3 S공단 고객관리시스템 구축 컨설팅 용역 (2010.4.)의 제안서 작성목차

작성 항목	세부 목차 및 작성요령	비고
Ⅰ. 제안 개요	1. 수행 목표 및 필요성 2. 수행범위 3. 추진체계 및 전략 4. 제안의 특징 및 장점 5. 향후 발전방향 및 기대효과	
Ⅱ. 제안업체 일반	1. 일반현황 <별지 서식 제1호, 제2호> 2. 조직 및 인원 3. 주요사업내용 4. 주요사업실적 <별지 서식 제3호>	
Ⅲ. 기술부문	1. 과업수행 방안 2. 과업수행 단계 및 절차 3. 과업 내용 4. 결과물 활용방안	
Ⅳ. 사업관리 부문	1. 추진일정계획 2. 산출물 관리계획 3. 보고 및 검토계획 4. 수행조직 및 업무분장 <별지 서식 제4호>	

	5. 참여인력 및 이력사항 <별지 서식 제5호, 제6호> 6. 품질보증방안	
V. 지원부문	1. 교육 및 기술이전 2. 유지보수방안 3. 기밀보안 4. 기타사항	

다음 표는 컨설팅 용역 사업에 관련된 제안서 목차 및 작성지침이다.

표 Ⅲ-4 N공사 중장기 정보전략계획 수립(EA/ISP 구축) (2010.4.)의 제안서 작성목차

작성 항목	세부 목차 및 작성요령	비고
Ⅰ. 제안 개요	제안사는 본 사업의 제안내용을 명확하게 이해하고, 본 제안의 목적, 범위, 목표 및 전략, 전제조건 및 제안내용의 핵심 기술전략, 제안의 특징 및 장점을 요약하여 기술	
Ⅱ. 기술부문	1. 세부사업 수행내용 및 수행방안 · 본 사업을 성공적으로 추진하기 위한 사업수행방법론과 단계별 추진절차, 수행내용 등을 제시 2. 각종 분석기법, 접근방안 · 현황 분석, 수준 진단 및 과제 도출 등을 위한 각종 기술적, 과학적 접근방법을 제시 3. 벤치마킹 범위 및 방법 · 외부 선진사례, 공사와 유관기관 등에 대해 조사대상기관의 범위, 분야별(조직, 인력, 자원, 시스템 등) 벤치마킹 범위 제시 4. 최신 기술 적용에 대한 사항 · 공사의 정보화수준 향상을 위한 최신 기술(모바일, GIS, 영상 등)의 접목에 대한 제안, 관련 기술 보유, 구축사례 등 5. RFP 제공 수준 · 단기, 중기 과제들의 RFP 수준(기능점수 산정, 분석, 설계 등)에 대한 제시	
Ⅲ. 사업관리 부문	1. 프로젝트 관리방안 · 구축체계, 보고체계, 구성요소, 위험요소, 변경 등의 프로젝트 관리 방안 및 절차에 관한 방안 제시 2. 추진일정계획 · 단계별 일정, 우선순위, 소요자원 분배계획 제시 3. 업무보고 및 검토계획 · 사업 기간 동안 이루어질 보고 및 검토계획을 상세하게 제시(주간보고, 월간보고, 수시보고 등) 4. 산출물 제출계획 · 제안사의 컨설팅방법론에 근거한 공정 단계별 산출물의 종류, 내역, 제출시기, 부수 등 기술	

	※ 공사 방법론에 의한 산출물은 계약 후 협의 5. 품질 보증계획 · 용역 사업의 품질을 보증할 수 있도록 조직, 방법, 절차, 내용 등 제시 6. 수행조직 및 업무분장 · 본 사업을 수행할 조직 및 업무분장 사항을 상세하게 제시 7. 투입인력 및 이력사항 · 본 사업을 수행할 인력을 공정 단계별로 제시하고, 인력의 이력사항 첨부	
Ⅳ. 지원부문	1. 교육훈련 · 사업 관련 교육내용, 기간, 방법, 인원 등을 상세히 제시 2. 기타 지원 사항 · 기타 사업과 관련된 지원 가능한 사항 기술(환경 및 장비 등)	
Ⅴ. 제안업체 일반현황	1. 일반현황 · 제안사는 일반현황 및 주요연혁, 최근 3년간 자본금 및 부문별 매출액, 사업실적 등을 명료하게 제시 ※ 최근 3년 : 2007년, 2008년, 2009년 2. 조직 및 인원 · 제안사의 조직 및 인원현황 제시 3. 주요 사업내용 · 제안사의 주요 사업내용을 분야별로 구분하여 제시 4. 주요 사업실적 · 해당사업과 관련이 있는 최근 3년간 주요 사업실적 제시	서식1~2, 서식7 서식 3~5 서식 6
Ⅵ. 기타	· 기타 제안사가 사업과 관련되어 필요한 내용 기술	

정보시스템 구축 사업과 컨설팅 사업에 대한 제안서 작성목차 및 작성지침을 살펴보았다.

제안서 작성목차 중 제안개요, 제안업체 일반현황, 사업관리 부문, 사업지원 부문은 일반적으로 그 내용이 유사하다.

기술부문이 사업(여기서는 과제, 프로젝트) 유형에 따라 세부 목차뿐만 아니라, 내용도 많이 달라진다.

제안서를 작성하면서 가장 어려운 부분이 기술부문이고, 다음이 제안개요가 된다.

특히 제안개요는 제안내용 전체를 이해한 이후에 작성을 해야 하는 부분이어서 논리적인 사고와 전략에 따른 도식화 패턴이 요구되는 부분이다.

기술부문은 제안 요청된 내용을 기술적으로 어떻게 해결할 것인가를 구체적이고 상세하게 작성해야 하는 반면에, 요약된 내용을 도식화를 통해서 강하게 심사위원들에게 보여주게 될 부분이 된다.

따라서 도식화 패턴에 많이 사용되는 목차와 내용은 다음 표와 같이 정리될 수 있다.

표 Ⅲ-5 도식화 패턴에 많이 사용되는 목차와 내용

작성 항목	세부 목차	도식화 패턴
Ⅰ.제안개요	1.제안 목표 및 필요성	목적설명
	2.제안 목적 및 배경	목적설명
	3.제안 범위	목적설명,구분설명,확대설명,강조
	4.추진체계 및 전략	목적설명,강조
	5.추진 방향 및 주요 내용	목적설명,분류,방안설명,확대설명,강조
	6.추진 전략 및 목표	목적설명,방안설명,확대설명,강조
	7.제안의 특징 및 장점	목적설명,확대설명,강조
	8.향후 발전방향 및 기대효과	목적설명,방안설명,강조
	9.기대 효과	방안설명,강조
Ⅱ. 제안업체 일반	1.일반현황	방안설명
	2.조직 및 인원	방안설명
	3.주요 사업내용	분류,확대설명,강조
	4.주요 사업실적	분류,확대설명,강조
Ⅲ.기술부문	1.과업/세부사업 수행방안	구분설명,방안설명,확대설명,강조
	2.과업수행 단계 및 절차 -과업 수행 방법론 -소프트웨어 개발방법론 -컨설팅 방법론	분류,구분설명,단계별활동설명
	3.과업 내용	구분설명,방안설명,확대설명,강조
	4.결과물 활용방안	구분설명,방안설명,확대설명,강조
	5.분석기법, 접근방안, 구축방안, 개발방안	구분설명,방안설명,비교,매핑,확대설명,강조
	6.벤치마킹 방안	5와 동일 패턴
	7.최신 기술 적용방안	5와 동일 패턴
	8.산출물 내역	분류,구분설명,단계별활동설명
Ⅳ. 사업관리 부문	1.추진일정계획	강조
	2.산출물 관리계획 -산출물 제출계획	분류,구분설명,단계별활동설명
	3.업무보고 및 검토계획	구분설명,방안설명,비교,강조
	4.수행조직 및 업무분장	구분설명,확대설명,강조
	5.참여/투입인력 및 이력사항	강조
	6.품질보증계획	목적설명,구분설명,방안설명,비교,확대설명,강조

	7. 프로젝트 관리계획 - 위험 · 자원 · 진도 · 보안 · 형상 · 문서 등의 관리	목적설명, 구분설명, 방안설명, 비교, 확대설명, 강조
V. 지원부문	1. 교육훈련	목적설명, 구분설명, 방안설명, 비교, 확대설명, 강조
	2. 기술이전	목적설명, 구분설명, 방안설명, 비교, 확대설명, 강조
	3. 유지보수방안	목적설명, 구분설명, 방안설명, 비교, 확대설명, 강조
	4. 기밀보안	목적설명, 구분설명, 방안설명, 비교, 확대설명, 강조
	5. 기타 지원 사항	목적설명, 구분설명, 방안설명, 비교, 확대설명, 강조

제 3 장

제안 관련 자료 작성 시 도식화 패턴 사례

3.1 제안개요 부문의 도식화 패턴 사례

제안개요는 제안서 전체의 내용과 구조를 빠른 시간 내에 파악할 수 있도록 논리적 사고 기반에서 도식화 패턴을 효과적으로 사용해야 하는 부분이다.

제안 요청된 내용이 적거나, 수행 대상 과제의 규모가 작은 경우에는 비교적 단순하고 간단한 도식화 패턴이 요구되나, 그렇지 않을 경우에는 복잡한 도식화 패턴이 요구된다.

특히, 이 부분은 제안요약서를 제작할 때에도 특별한 경우가 아닌 한 기 제작된 제안서 자료를 그대로 활용하는 경우가 대부분이므로 신경을 많이 써야 한다.

사례로 들은 도식화 패턴은 실제로 제안 작업에 사용된 패턴으로서, 해당 프로젝트의 내용은 표현하지 않고 도식화 형식을 설명하기 위해서 인용했다.

대부분의 도식이 조금은 세련되지 않은 형태로 사용되었는데, 본서에서는 사례 자체보다는 예로 들은 도식화 패턴들을 이용하여 독자들이 새로운 패턴이나 복잡한 패턴을 만들 수 있도록 아이디어를 제공하려는 목적으로 인용을 하였다.

독자들이 새로운 프로젝트를 위한 제안 작업 시에 이전 제안서를 단순히 베끼기 보다는 창의적으로 도식을 만들어서 활용하기를 바란다.

다음 표는 제안개요 부문의 도식화 패턴 사례로서, 제안서 작성 작업을 할 때 도움이 될 수 있도록 범용적인 제안서 목차에 따라 자주 사용되는 도식화 패턴을 예시하고, 설명을 하였다.

표 Ⅲ-6 제안개요 부문의 도식화 패턴 사례

<table>
<tr><th>목차</th><th>도식화 패턴</th><th>도식화 패턴 사례</th><th>도식화 패턴 사례 설명</th></tr>
<tr><td rowspan="3">1. 제안 목표 및 필요성</td><td rowspan="3">목적설명</td><td>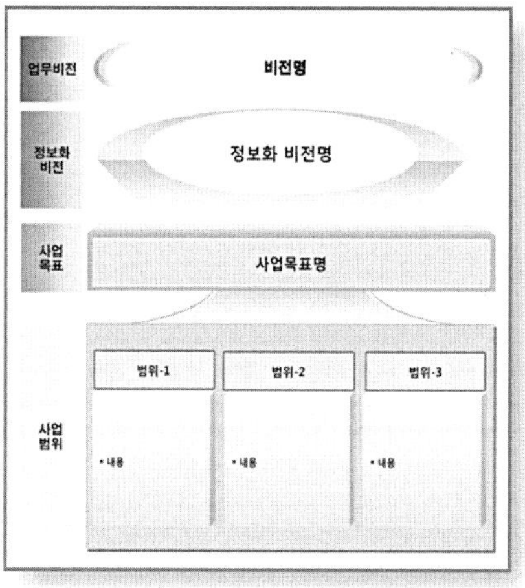
</td><td>• 사업범위 – 사업목표 – 정보화비전 – 업무비전에 대하여 Bottom-Up 패턴을 사용하여 상호간의 연계 관계를 가지게 함</td></tr>
<tr><td>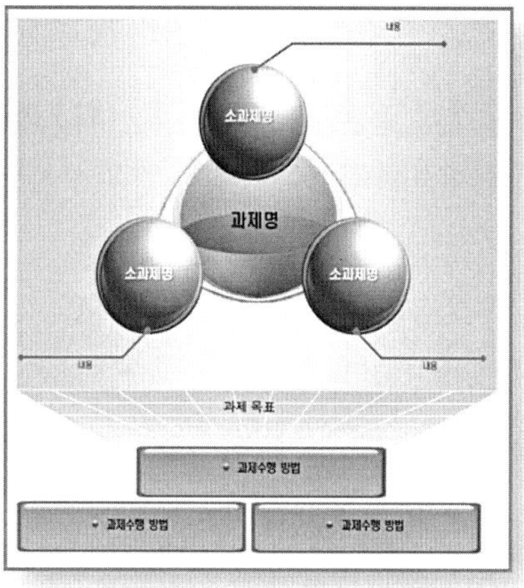
</td><td>• 과제명 – 소과제명(설명부분 포함)부분과 과제수행방안에 대하여 Bottom-Up 패턴을 사용하여 상호간의 연계관계를 가지게 함</td></tr>
<tr><td>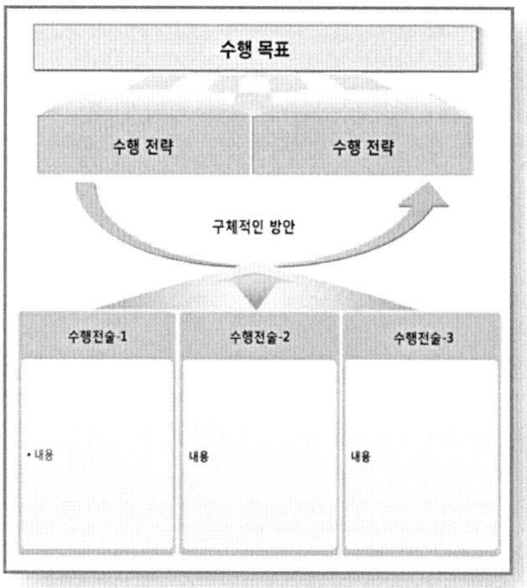
</td><td>• 과제수행목표 – 수행전략 – 수행전술(구체적인 수행방안)에 대하여 Bottom-Up 패턴을 사용하여 상호간의 연계관계를 가지게 함</td></tr>
</table>

목차	도식화 패턴	도식화 패턴 사례	도식화 패턴 사례 설명
2. 제안 목적 및 필요성	목적설명	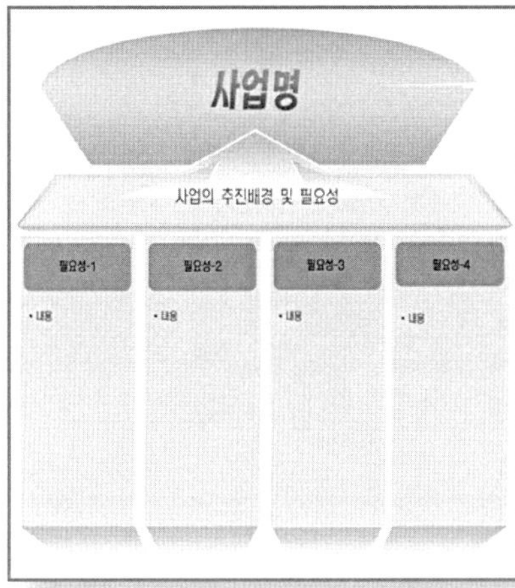	• 사업추진배경 및 필요성을 간략하게 표현함
		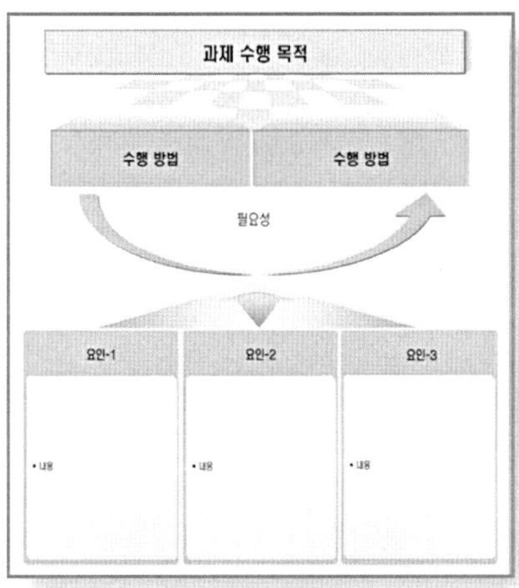	• 사업목표 – 수단(목표를 이루기 위한 방안 등) – 요인(사업이 필요하게 된 원인/배경)에 대하여 Bottom-Up 패턴을 이용하여 연관관계를 가지게 함
		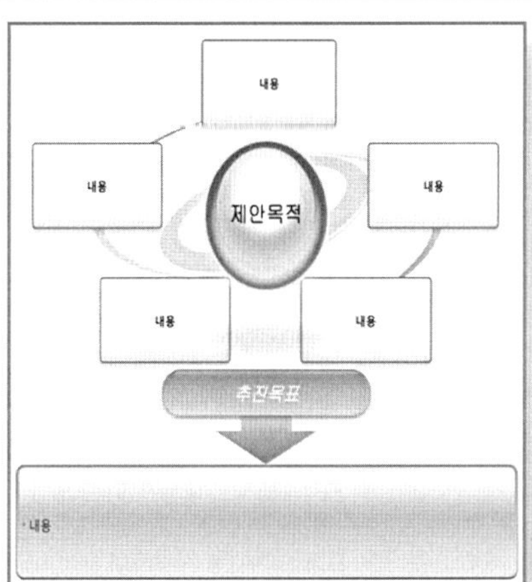	• 제안목적 – 추진방안에 대하여 Top-Down 패턴을 이용하여 연관관계를 가지게 함 • 제안목적을 달성하기 위하여 어떠한 목표를 설정하고 과제를 수행할 것인지에 대한 논리적 사고 체계를 갖춤

목차	도식화 패턴	도식화 패턴 사례	도식화 패턴 사례 설명
		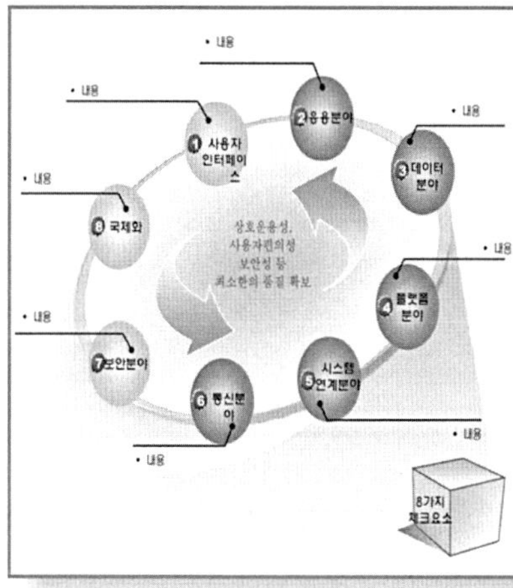	• 제안배경 부분만 독립적으로 분석했는데, 제안배경을 토대로, 분석대상들에 대하여 현황을 분석하고 이슈 등을 파악하여 대응을 하는 논리적인 사고체계와 추진체계를 설명하고 있음
		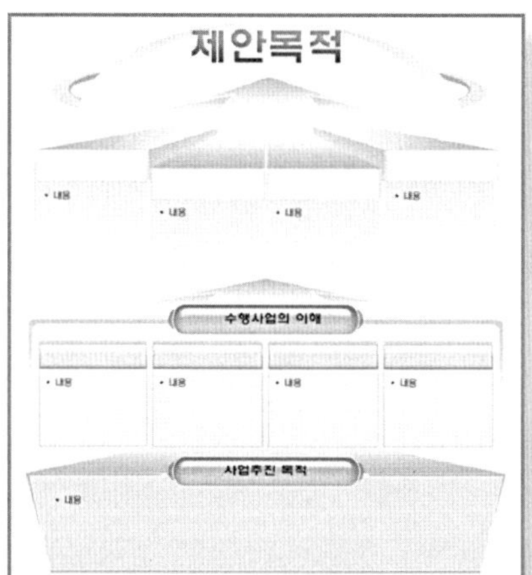	• (발주사의)사업추진목적 – 수행사업이해 – 제안내용(도출) – 제안목적에 대하여 Bottom-Up 목적설명 패턴을 이용하여 연관관계를 가지게 함 • 논리적 구성이 다소 복잡한 것 같지만 한 페이지 내에 의도하는 내용을 모두 표현할 경우 효과적임
3. 제안 범위	목적설명, 구분설명, 확대설명, 강조	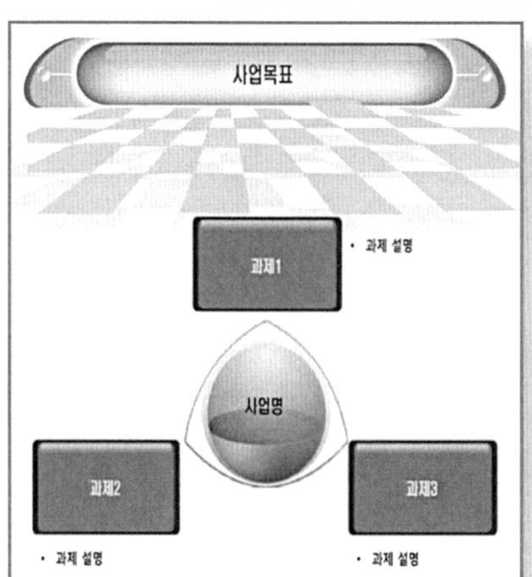	• 사업목표 – 사업명 – 실행과제에 대하여 Top-Down 목적설명패턴을 이용하여 연관관계를 가지게 함

목차	도식화 패턴	도식화 패턴 사례	도식화 패턴 사례 설명
			• 과제(명) – 제안요청 소과제에 대하여 구분설명 패턴을 이용하여 연관관계를 가지게 함 • 단독적으로 사용하기보다는 다른 패턴과 병행하여 사용하는 것이 효과적임
		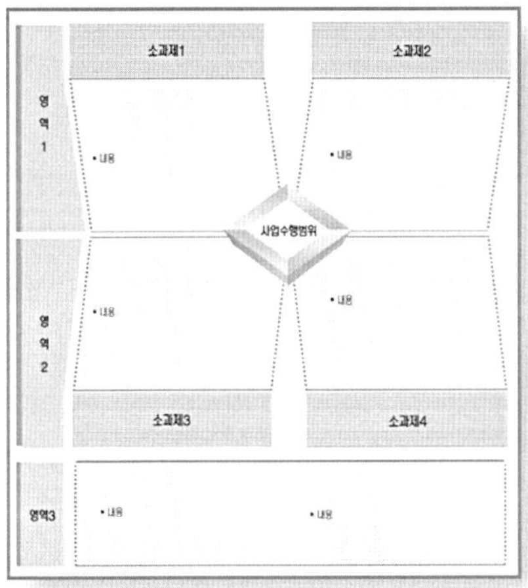	• 사업영역(부문)에 대하여 소과제(제안요청서에서 요구하는 부문)의 내용을 구분설명, 방안설명 패턴을 이용하여 연관관계를 가지게 함 • 사업관리 및 지원부문의 내용을 함께 포함시킴으로써 전체적인 과제수행 범위를 이해할 수 있게 함
		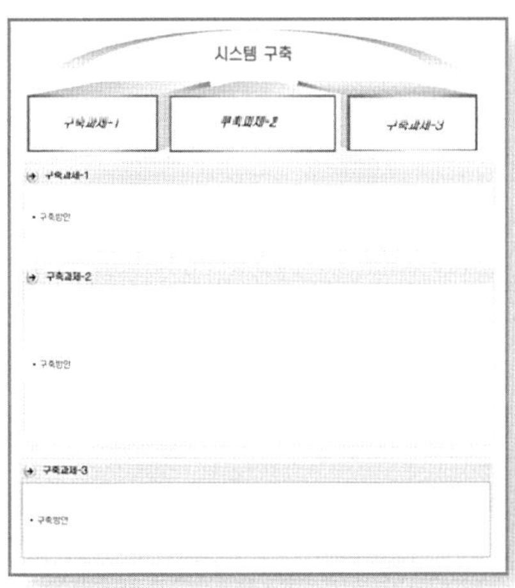	• 과제명 – 세부구축과제 – 세부구축과제에 대한 설명을 구분설명 패턴을 이용하여 연관관계를 가지게 함 • 확대설명 및 강조 패턴을 사용하여 특정한 내용을 강조할 수 있음

목차	도식화 패턴	도식화 패턴 사례	도식화 패턴 사례 설명
		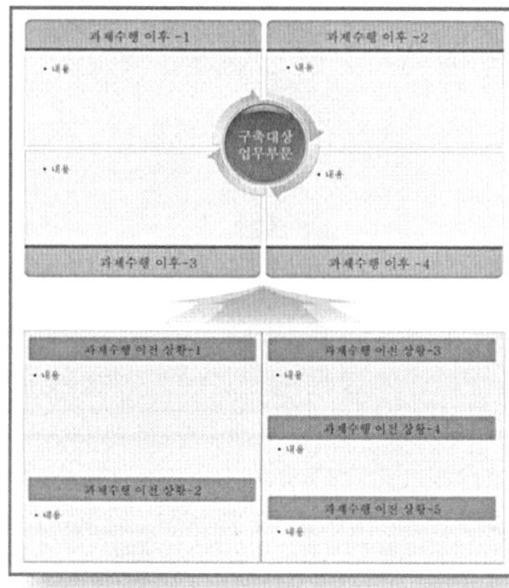	• 과제수행 이전의 상황과 수행 이후의 상황을 비교하는 형태로 구분설명과 강조 패턴을 이용하여 연관관계를 가지게 함 • 부문은 업무, 응용시스템, 정보, 기술 인프라 등이 있을 수 있으며제안요청서에서 요청하는 부문에 대해 기술하면 효과적임
4. 추진체계 및 전략	목적설명, 구분설명, 방안설명, 강조	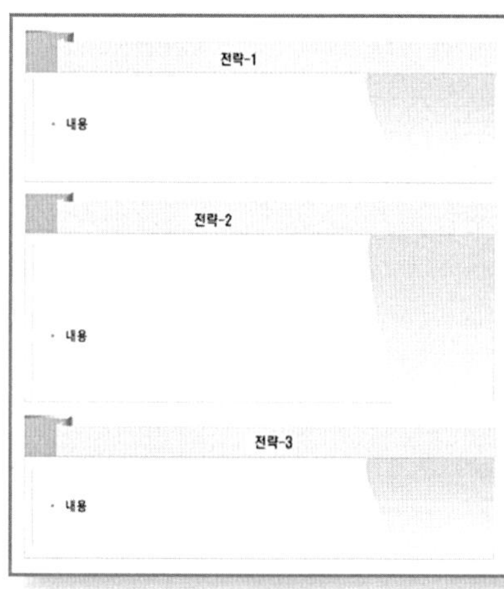	• 추진전략에 대하여 목적설명, 구분설명, 강조 패턴을 이용하여 연관관계를 가지게 함 • 과제의 추진전략은 필수성공요소(CSF; Critical Success Factor)와 연관되어 있으며, 비교 및 매핑 패턴을 사용하여 강조하는 경우도 있음
		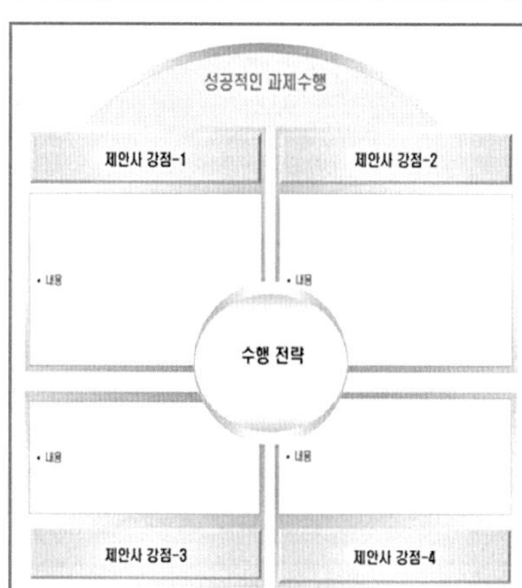	• 과제를 성공적으로 수행하기 위한 추진전략 – 제안사 강점에 대하여 목적설명, 구분설명 패턴을 이용하여 연관관계를 가지게 함 • 각각의 전략에 대해서 제안사 강점을 강조하는 것도 효과적임

목차	도식화 패턴	도식화 패턴 사례	도식화 패턴 사례 설명
		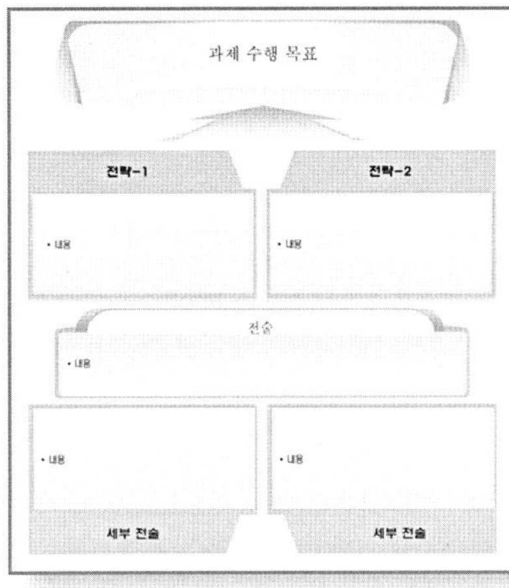	• 과제 수행목표 – 수행전략 – 수행전술에 대하여 Bottom-Up 목적설명패턴과, 구분설명, 방안설명 패턴을 이용하여 연관관계를 가지게 함
5. 추진방향 및 주요 내용	목적설명, 분류, 방안설명, 확대설명, 강조	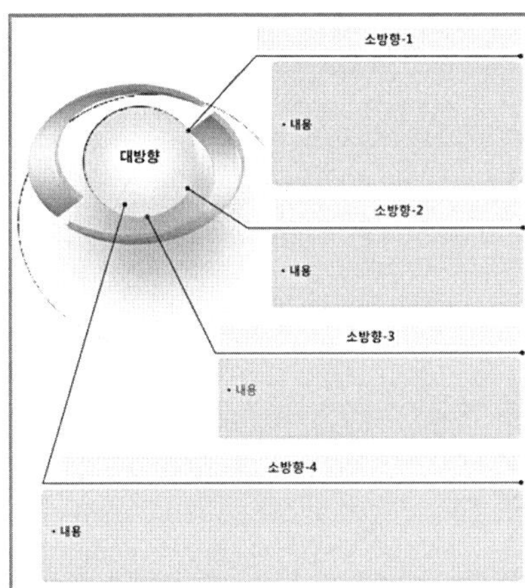	• 과제 추진방향에 대하여 Top-Down 목적설명 패턴과, 구분설명 패턴을 이용하여 연관관계를 가지게 함 • 과제 추진방향에 대하여 세부 추진방향과 해당 내용을 요약하되, 강조 패턴을 사용하여 특별한 내용을 부각시킬 수 있음
		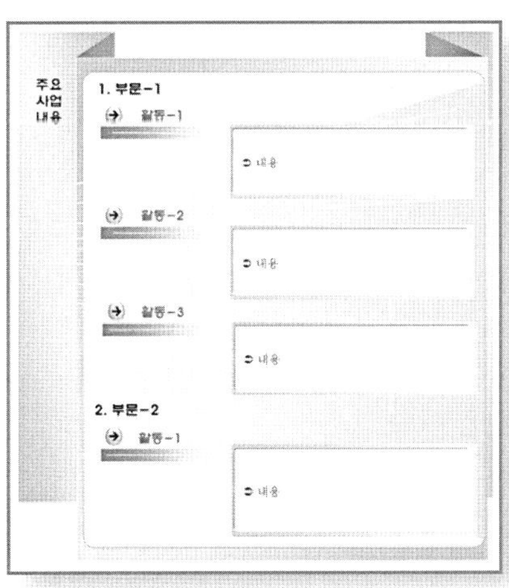	• 과제 추진방향에 대하여 Top-Down 목적설명 패턴과, 구분설명 패턴을 이용하여 연관관계를 가지게 함 • 주요 사업(과제)내용에 대하여 대상 부문에 대해 관련된 사업을 나열하고 상세한 내용을 기술함

목차	도식화 패턴	도식화 패턴 사례	도식화 패턴 사례 설명
			• 과제 추진방향에 대하여 Top-Down 목적설명 패턴과 구분설명, 방안설명, 패턴을 이용하여 연관관계를 가지게 함 • 시스템을 구축하는 제안요청의내용에 대해 제안사의 핵심역량을 강조하는 데 효과적임
6. 추진 전략 및 목표	목적설명, 구분설명, 방안설명, 확대설명, 강조	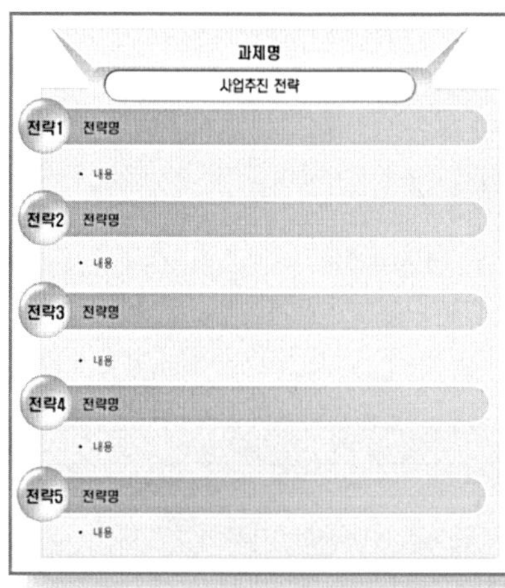	• 과제 추진전략에 대하여 Top-Down 목적설명 패턴과 구분설명, 방안설명 패턴을 이용하여 연관관계를 가지게 함 • SI 대기업들에서는 이러한 형태의 추진전략과 이에 대한 설명 형태로 논리적 사고체계를 따라 전략적인 제안내용의 전개를 펼침
		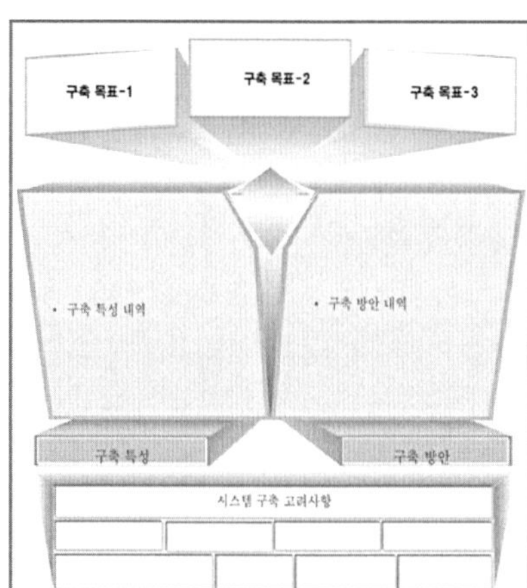	• 과제 추진전략에 대하여 Top-Down 목적설명 패턴과 구분설명, 확대설명, 강조 패턴을 이용하여 연관관계를 가지게 함 • 시스템 구축과제에 대하여 핵심이 되는 단위시스템에 대하여 키워드방식으로 과제수행 전반적인 절차를 효과적으로 나타낼 수 있음

목차	도식화 패턴	도식화 패턴 사례	도식화 패턴 사례 설명
		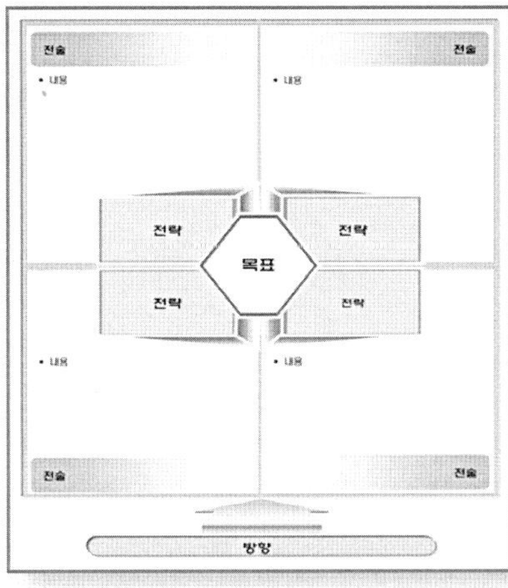	• 추진목표 – 추진전략-추진전술 – 추진방향에 대해서 Top-Down 목적설명 패턴과, 구분설명, 방안설명, 확대설명, 강조 패턴을 이용하여 연관관계를 가지게 함 • 다양한 구성요소를 효과적으로 표현할 수 있음
7. 제안의 특징 및 장점	목적설명, 구분설명, 방안설명, 확대설명, 강조	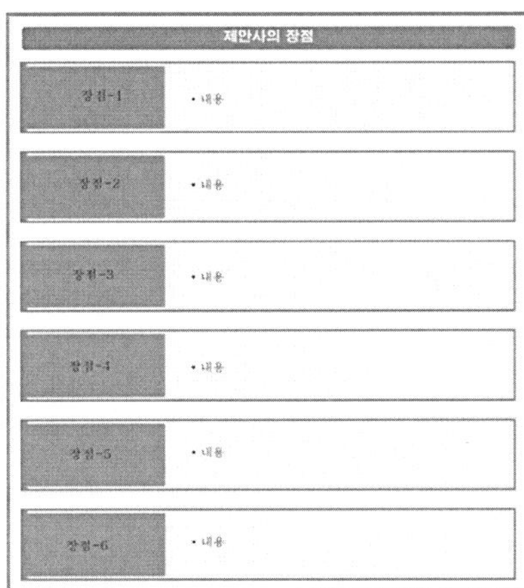	• 제안사의 장점에 대해서 구분설명 패턴을 이용하여 연관관계를 가지게 함 • 다른 내용과 복합적으로 사용하는 것이 효과적임
			• 제안의 특징에 대해서 구분설명 패턴을 이용하여 연관관계를 가지게 함 • 다른 내용과 복합적으로 사용하는 것이 효과적임

목차	도식화 패턴	도식화 패턴 사례	도식화 패턴 사례 설명
			• 제안의 특징에 대해서 Top-Down목적설명, 방안설명 패턴을 이용하여 연관관계를 가지게 함
		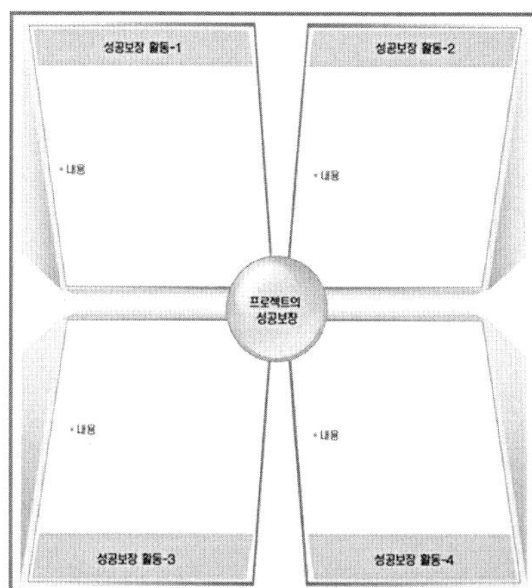	• 제안사의 장점에 대해서 방안설명 패턴을 이용하여 연관관계를 가지게 함 • 다른 내용과 복합적으로 사용하는 것이 효과적임
8. 향후 발전방향 및 기대효과	목적설명, 구분설명, 방안설명, 강조	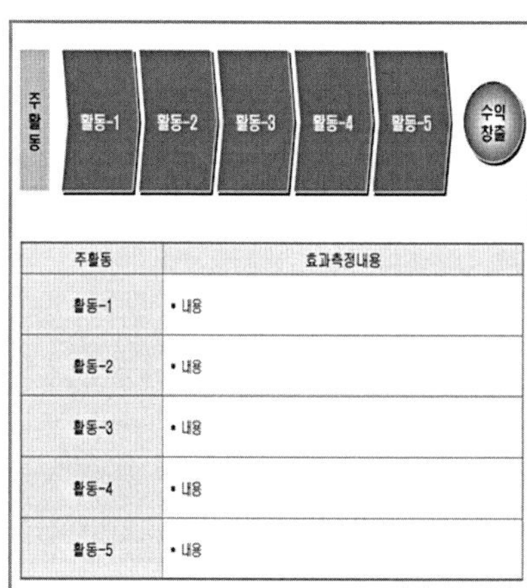	• 수행활동에 대해서 Left to Right목적설명, 방안설명 패턴을 이용하여 연관관계를 가지게 함

목차	도식화 패턴	도식화 패턴 사례	도식화 패턴 사례 설명
		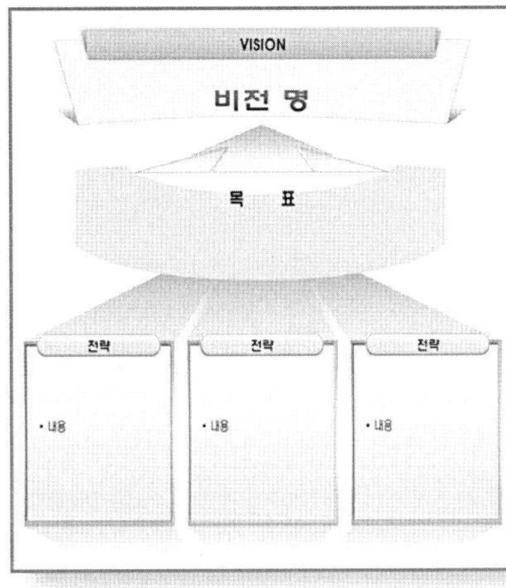	• 기업비전 – 과제수행목표 – 세부과제에 대해서 Bottom-Up 목적설명, 구분설명 패턴을 이용하여 연관관계를 가지게 함 • 세부과제에 대해 발전방향과 기대효과를 설명할 수도 있음
9. 기대효과	목적설명, 구분설명, 방안설명, 강조	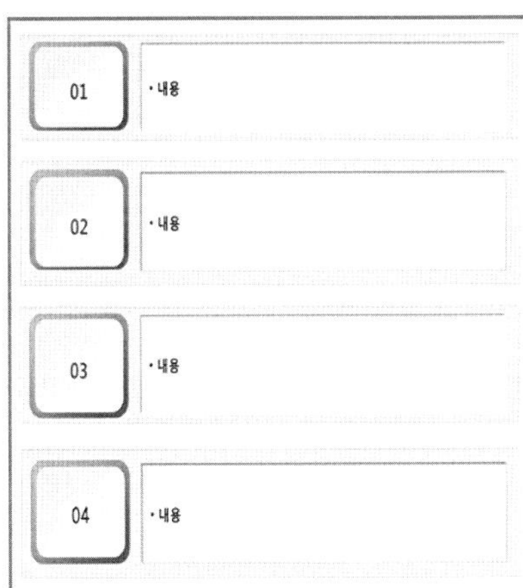	• 기대효과에 대하여 구분설명 패턴을 이용하여 설명하고, 강조 패턴을 이용하여 특정 내용을 강조할 수 있음
		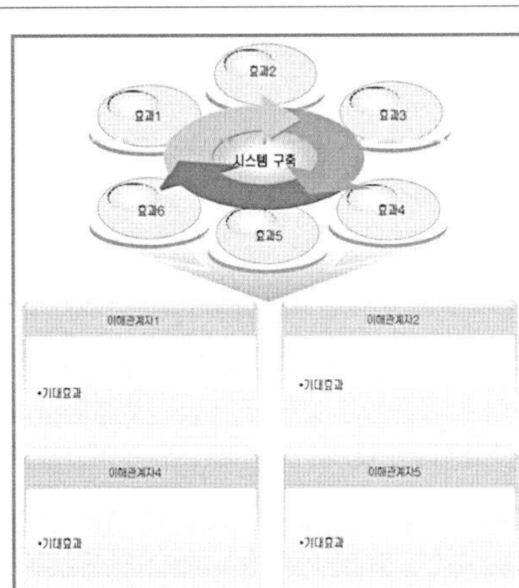	• 이해관계자 – 시스템구축효과에 대해서 Top-Down 목적설명, 방안설명 패턴을 이용하여 연관관계를 가지게 함 • 시스템구축효과에 대해서 특정 내용을 강조할 수도 있음

목차	도식화 패턴	도식화 패턴 사례	도식화 패턴 사례 설명
		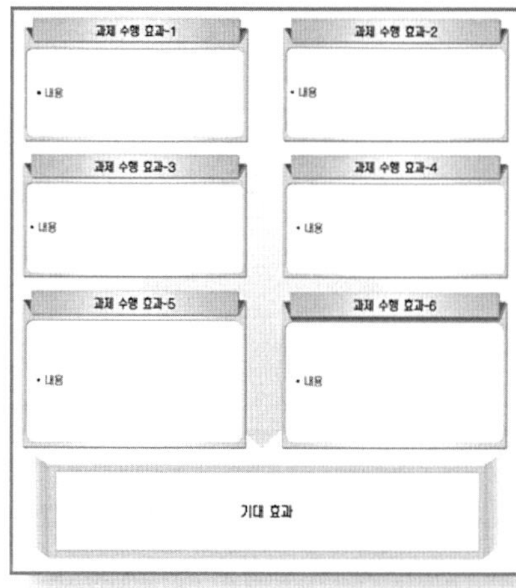	• 과제수행결과 – 기대효과에 대해서 Top-Down 목적설명, 구분설명 패턴을 이용하여 연관관계를 가지게 함

3.2 제안업체 일반 부문의 도식화 패턴 사례

제안업체 일반 부문은 작성된 제안서에서는 크게 강조되지 않는 경우가 대부분이다.

흔히 이 부분의 분량이 많아지면 심사위원들에게 좋지 않은 인상을 줄 수도 있다.

따라서 필요한 부분, 예를 들면, 유사 프로젝트를 수행한 실적이 많다든가 우수한 인력을 많이 보유하고 있다는 부분을 강조하는 것이 효과적일 수 있다.

다음 표는 제안업체 일반 부문의 도식화 패턴 사례로서, 제안서 작성 작업을 할 때 도움이 될 수 있도록 범용적인 제안서 목차에 따라 자주 사용되는 도식화 패턴을 예시하고, 설명을 하였다.

표 Ⅲ-7 제안업체 일반 부문의 도식화 패턴 사례

목차	도식화 패턴	도식화 패턴 사례	도식화 패턴 사례 설명
1. 일반현황	방안설명, 강조		• 연혁을 표현하는 데 연도별로 특정내용에 대하여 방안설명, 강조 패턴을 사용하여 상호간의 연계관계를 가지게 함
2.조직 및 인원	목적설명, 구분설명, 방안설명, 강조	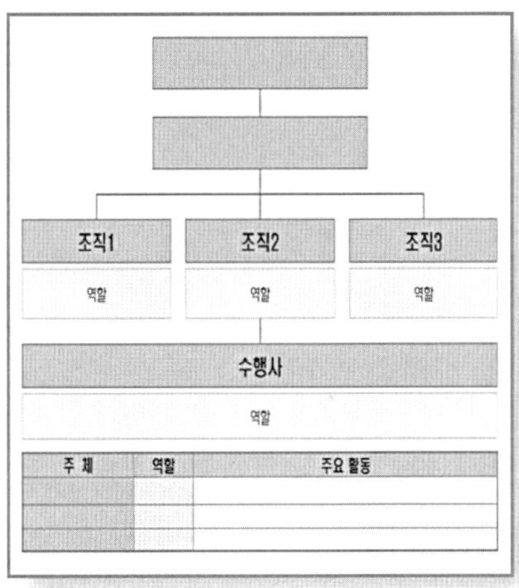	• 과제 수행조직을 표현하는 데 구성인원(또는 협력업체)과 역할 및 수행활동을 Top-Down 목적설명, 구분설명, 방안설명, 강조 패턴을 사용하여 상호간의 연계관계를 가지게 함
3. 주요 사업내용	분류, 구분설명, 확대설명, 강조	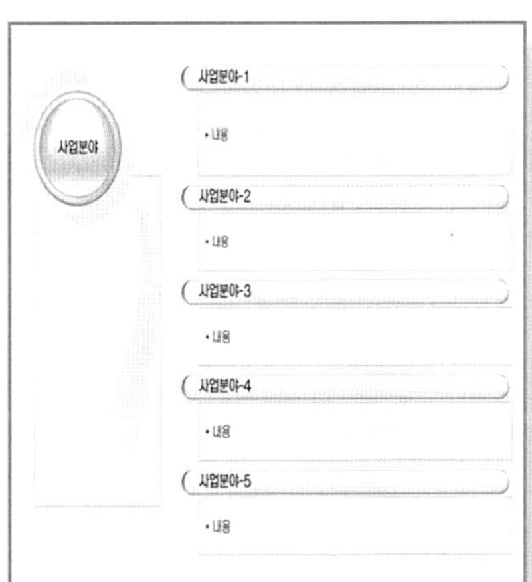	• 사업 분야에 대하여 분류, 구분설명 패턴을 사용하여 상호간의 연계관계를 가지게 함

목차	도식화 패턴	도식화 패턴 사례	도식화 패턴 사례 설명
		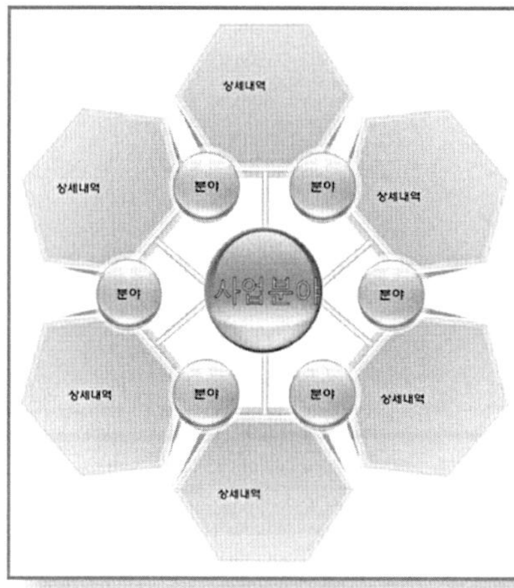	• 사업 분야에 대하여 구분설명 패턴을 사용하여 상호간의 연계관계를 가지게 함 • 다른 내용과 같이 사용함으로써 효과를 극대화할 수 있음
4. 주요 사업실적		N/A	• 다양한 형태의 도식을 사용하여 표현할 수 있음

3.3 기술 부문의 도식화 패턴 사례

기술 부문은 제안서에서 가장 중요하고 다양한 부분으로서 과제의 특성에 따라 형상화하는 방법과 내용이 다를 수 있으며, 도식화 패턴도 다양하다.

정보화전략계획 수립과 같은 일반적인 컨설팅 분야에서는 다양하고 논리적인 사고에 기반을 둔 전략적인 체계를 나타내는 도식들이 많이 사용되는 데 비하여, 시스템 아키텍처 수립, 정보시스템 구축, 데이터베이스 구축 등의 분야에서는 좀 더 단순한 도식들이 많이 사용된다.

후자는 목표시스템의 설계 내용들에 대하여 구체적이고 상세한 표현이 요구되기 때문이다.

A3 페이지를 이용하여 많은 부분에 대한 요약 형태의 제안서 작성을 요구하는 것이 많고, 다양한 종류의 클립아트와 형상 패턴을 활용해야 하는 경우가 많아서 종류는 단순한데 시간이 많이 걸리는 작업이 이 부문의 작업이다.

다음 표는 기술 부문의 도식화 패턴 사례로서, 제안서 작성 작업을 할 때 도움이 될 수 있도록 범용적인 제안서 목차에 따라 자주 사용되는 도식화 패턴을 예시하고, 설명을 하였다.

표 Ⅲ-8 **기술 부문의 도식화 패턴 사례**

목차	도식화 패턴	도식화 패턴 사례	도식화 패턴 사례 설명
1. 과업/세부 사업 수행방안	목적설명, 구분설명, 방안설명, 확대설명, 강조	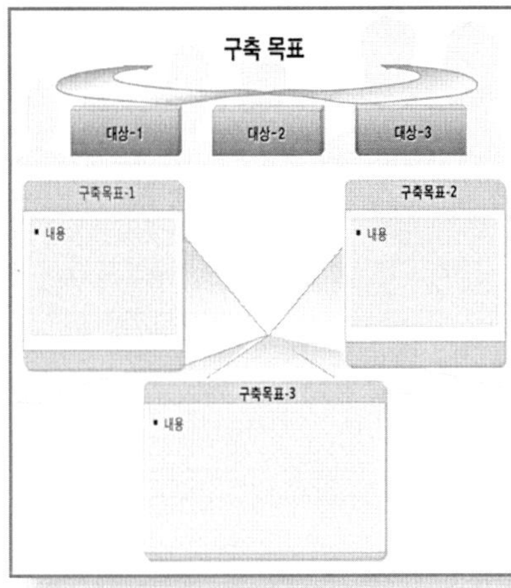	• 구축목표 – 이해관계자 – 소구축목표에 대하여 Top-Down 목적설명, 구분설명, 강조 패턴을 사용하여 상호간의 연계관계를 가지게 함 • 소구축목표는 구축목표를 구축하기 위한 수단이자 방안을 설명하고 있으며 구체적인 방안을 강조할 수 있음
		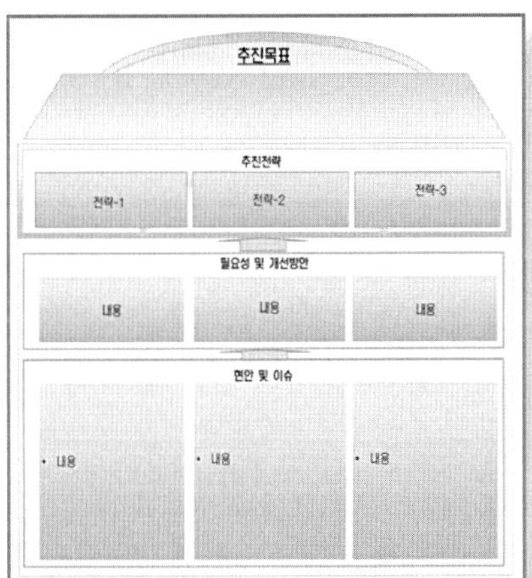	• 추진목표 – 추진전략 – 필요성 및 개선방안 – 현안 및 이슈에 대하여 Bottom-Up 목적설명, 구분설명, 방안설명, 강조 패턴을 사용하여 상호간의 연계관계를 가지게 함 • 제안 요청된 내용들에 대한 해결과정을 전략적으로 형상화하는데 효과적임
		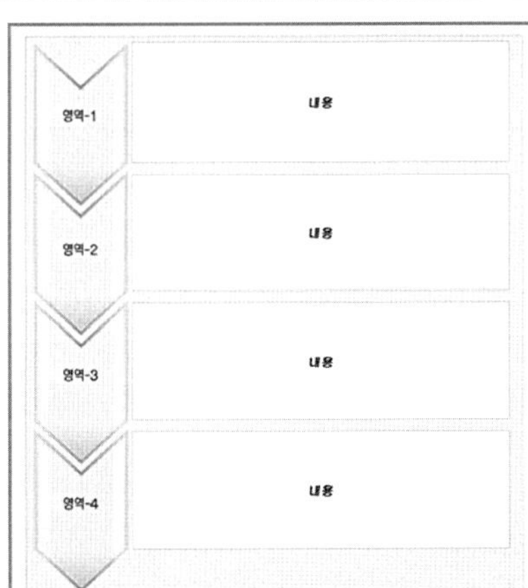	• 수행영역(업무, 정보, 기술 인프라, 응용시스템, 보안) 등에 대하여 Top-Down 목적설명, 구분설명, 강조 패턴을 사용하여 상호간의 연계관계를 가지게 함 • 수행영역간의 순차적인 진행관계를 전략적으로 형상화하는 데 효과적임

목차	도식화 패턴	도식화 패턴 사례	도식화 패턴 사례 설명
		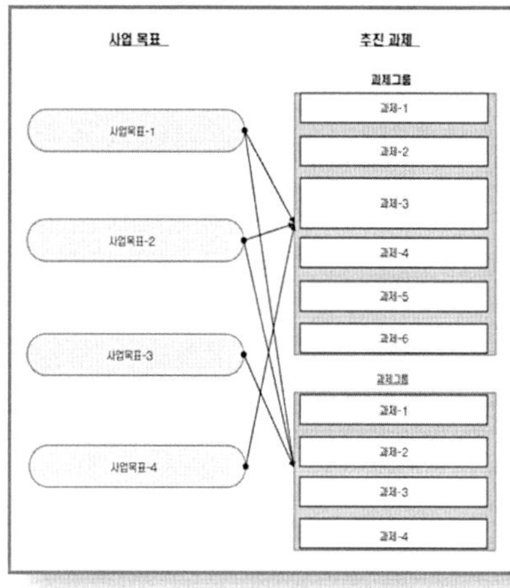	• 사업목표 – 추진과제에 대하여 매핑 패턴을 사용하여 상호간의 연계관계를 가지게 함
2. 과업수행 단계 및 절차	분류, 구분설명, 방안설명, 단계별활동설명	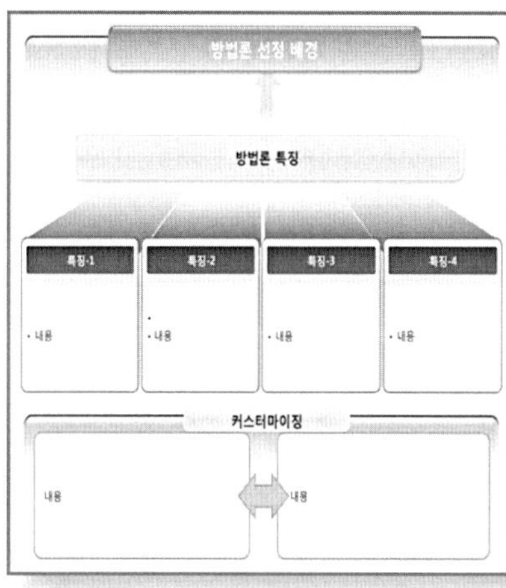	• 방법론선정배경 – 방법론 특성 – 커스터마이징에 대하여 Bottom-Up 목적설명, 구분설명, 강조 패턴을 사용하여 상호간의 연계관계를 가지게 함 • 대규모의 다양한 방법론 및 커스터마이징이 요구되는 과제에 효과적임
		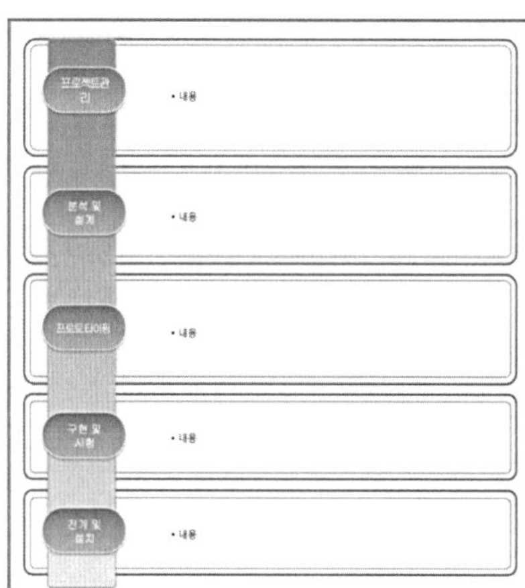	• 단계와 활동사항에 대하여 Top-Down 목적설명, 방안설명 패턴을 사용하여 상호간의 연계관계를 가지게 함

목차	도식화 패턴	도식화 패턴 사례	도식화 패턴 사례 설명
		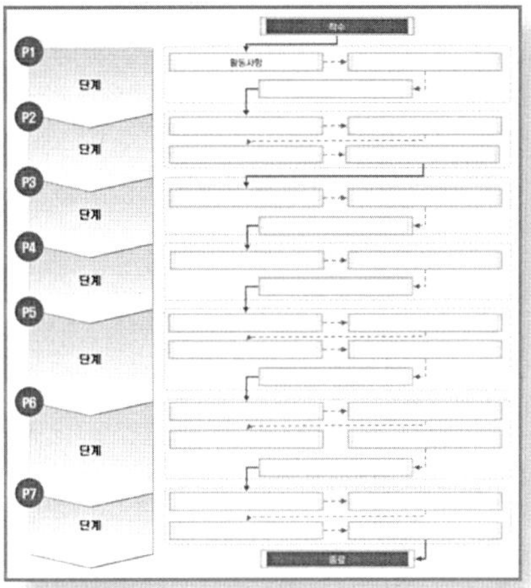	• 단계와 활동사항에 대하여 Top-Down 목적설명 패턴을 사용하여 상호간의 연계관계를 가지게 함
		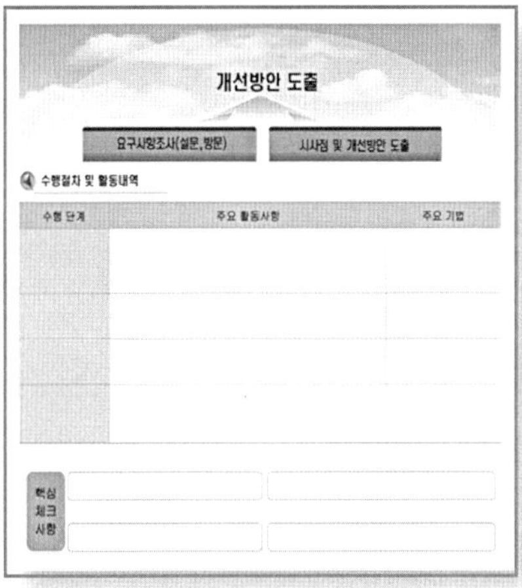	• 개선방안 도출과제에 대하여 조사방법 – 수행단계 및 활동 – 핵심체크사항에 대하여 Bottom-Up, Top-Down 목적설명 패턴을 사용하여 상호간의 연계관계를 가지게 함 • 핵심체크사항을 삽입함으로써 방법론을 알고 적용한다는 인상을 심사위원에게 제공하는 데 효과적임
		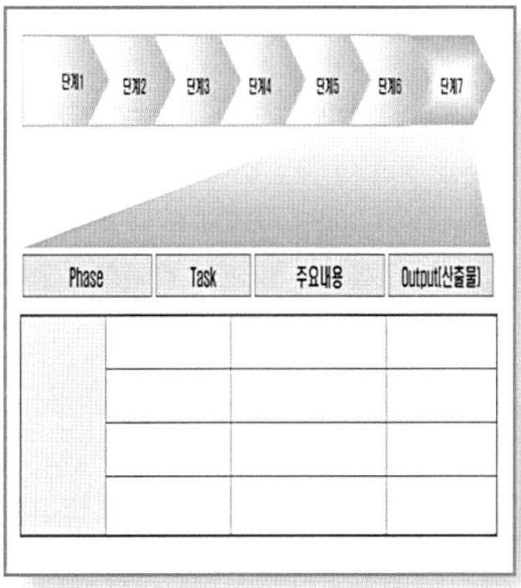	• 방법론 – 단계(구성) – 태스크에 대하여 Left to Right 목적설명, 방안설명 패턴을 사용하여 상호간의 연계관계를 가지게 함 • 대규모 과제의 방법론 설명에 많이 사용됨

목차	도식화 패턴	도식화 패턴 사례	도식화 패턴 사례 설명
		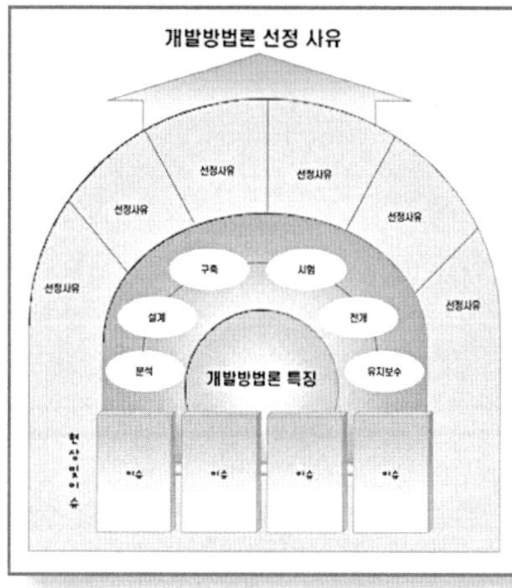	• 방법론특징 – 단계(구성) – 활동사항에 대하여 Top-Down, Bottom-Up 목적설명, 방안설명 패턴을 사용하여 상호간의 연계관계를 가지게 함 • 개발방법론 선정사유를 설명하는 데 있어서 효과적으로 많은 내용을 설명할 수 있음
		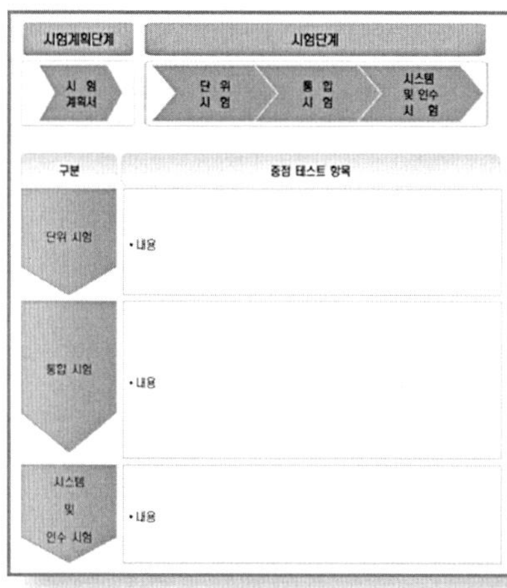	• 단계 – 활동사항 – 중점항목에 대하여 Top-Down, Left to Right 목적설명, 방안설명 패턴을 사용하여 상호간의 연계관계를 가지게 함 • 특정 단계를 강조하고 싶을 때 사용하면 효과적임
		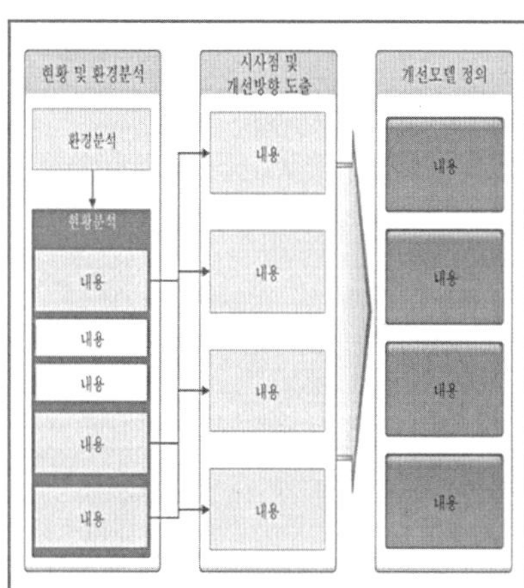	• 단계 – 활동사항 – 상세활동사항에 대하여 Top-Down, Left to Right 목적설명 패턴을 사용하여 상호간의 연계관계를 가지게 함 • 특정 활동사항을 강조하고 싶을 때 사용하면 효과적임

목차	도식화 패턴	도식화 패턴 사례	도식화 패턴 사례 설명
3. 과업 내용	목적설명, 구분설명, 방안설명, 확대설명, 강조	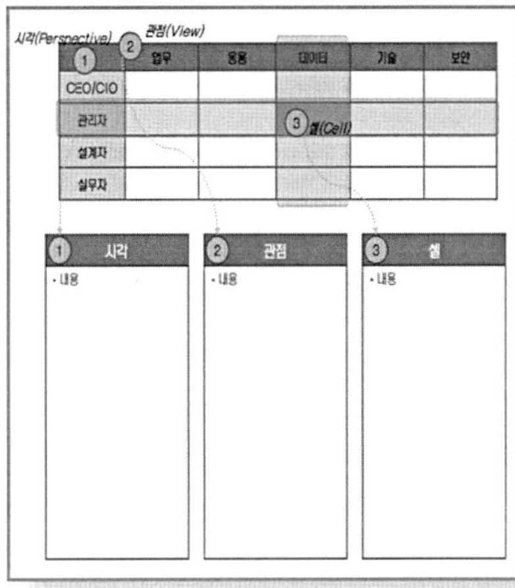	• 특정내용에 대하여 방안설명, 강조 패턴을 사용하여 상호간의 연계관계를 가지게 함 • 특정 부분을 강조하고 싶을 때 사용하면 효과적임
		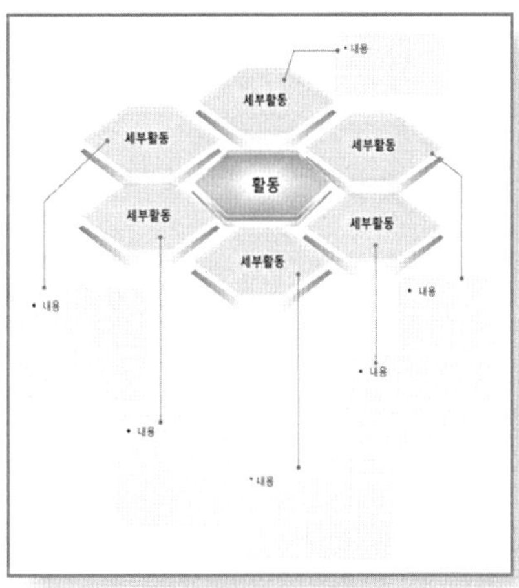	• 활동 – 세부 활동에 대하여 방안설명 패턴을 사용하여 상호간의 연계관계를 가지게 함
		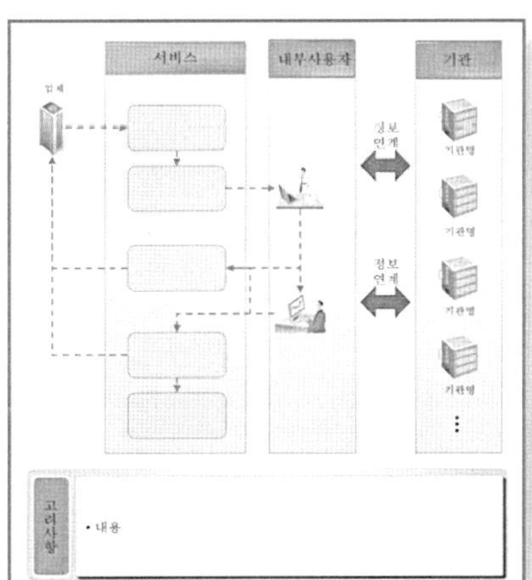	• 서비스 – 내부사용자 – 외부사용자 – 고려사항에 대하여 Left to Right 목적설명, 구분설명 패턴을 사용하여 상호간의 연계관계를 가지게 함 • 시스템 연계 및 이용 관련한 이해관계자들 간의 연관관계를 효과적으로 형상화함

목차	도식화 패턴	도식화 패턴 사례	도식화 패턴 사례 설명
4. 결과물 활용 방안	구분설명, 방안설명, 확대설명, 강조, 단계적 흐름설명	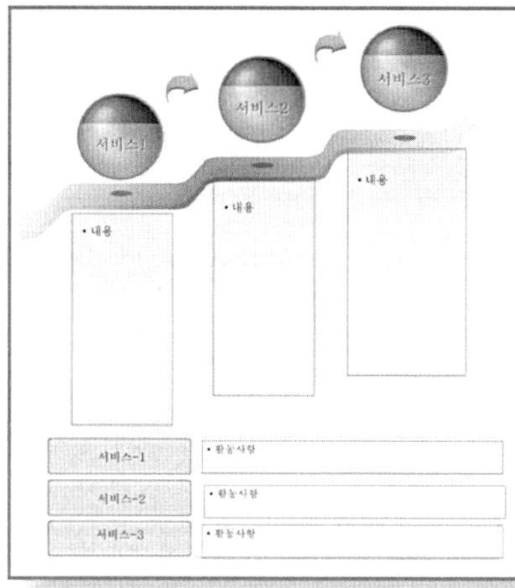	• 서비스 – 활동사항에 대하여 단계적 흐름설명, 방안설명 패턴을 사용하여 상호간의 연계관계를 가지게 함 • 서비스들이 진화되어 가는 내역을 형상화하는 데 효과적임
5. 분석기법, 접근방안, 개발방안	목적설명, 구분설명, 방안설명, 비교, 매핑, 확대설명, 강조	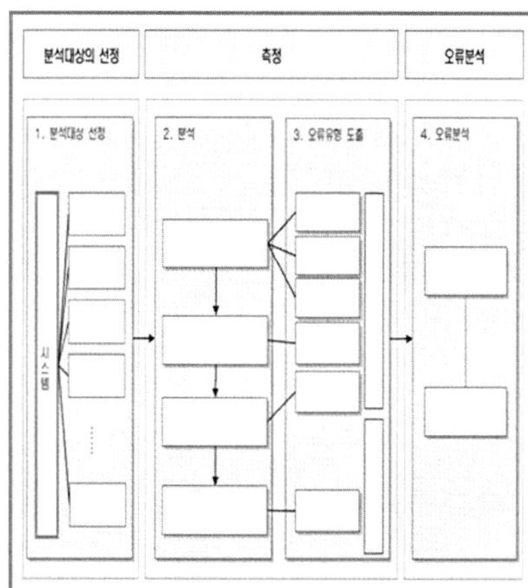	• 분석대상선정 – 측정 – 오류분석에 대하여 Left to Right, Top-Down 목적설명 패턴을 사용하여 상호간의 연계관계를 가지게 함 • 각 활동들간의 연관관계를 정의하는데 효과적임
		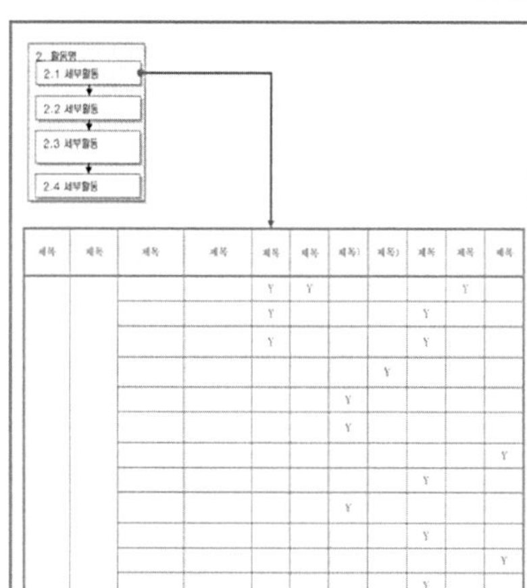	• 특정 활동에 대하여 확대설명 패턴을 사용하여 상호간의 연계관계를 가지게 함 • 특정 활동을 확대하여 설명하는데 효과적임

목차	도식화 패턴	도식화 패턴 사례	도식화 패턴 사례 설명
		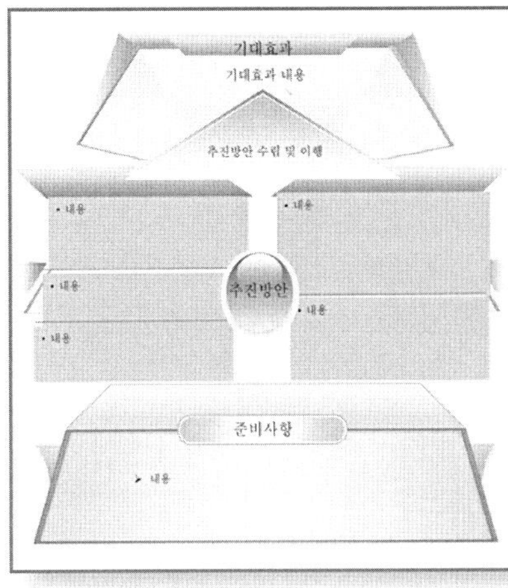	• 기대효과－추진방안－준비사항에 대하여 Bottom-Up 목적설명, 방안설명 패턴을 사용하여 상호간의 연계관계를 가지게 함 • 한 페이지에 관련된 다양한 내용을 논리적 사고 기반의 전략적 구성으로 형상화하는 효과가 있음
		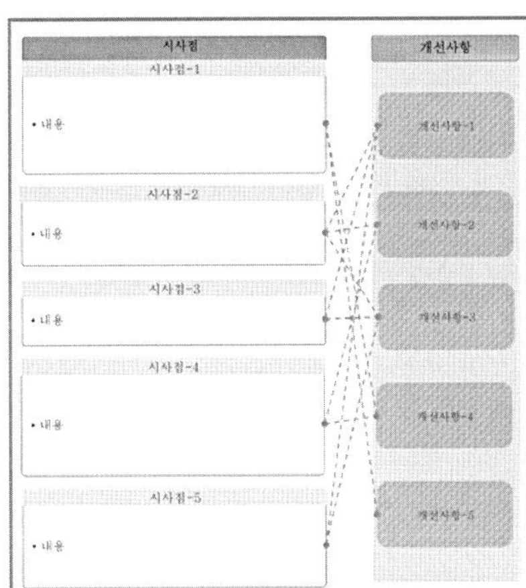	• 시사점－개선방향에 대하여 구분설명, 매핑 패턴을 사용하여 상호간의 연계관계를 가지게 함
		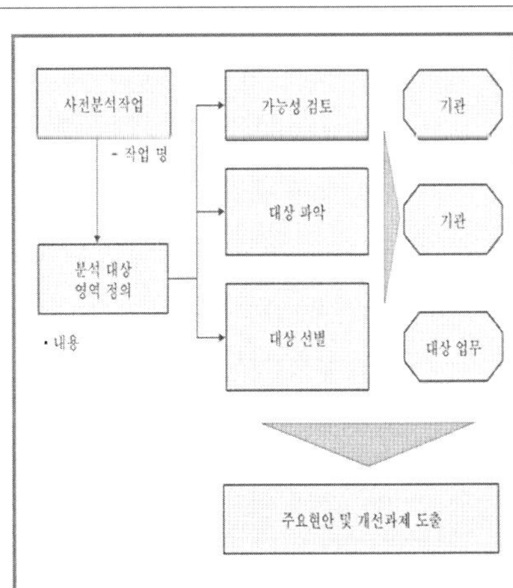	• 특정활동－관련기관－타 특정활동에 대하여 Left to Right, Top-Down 목적설명 패턴을 사용하여 상호간의 연계관계를 가지게 함

목차	도식화 패턴	도식화 패턴 사례	도식화 패턴 사례 설명
		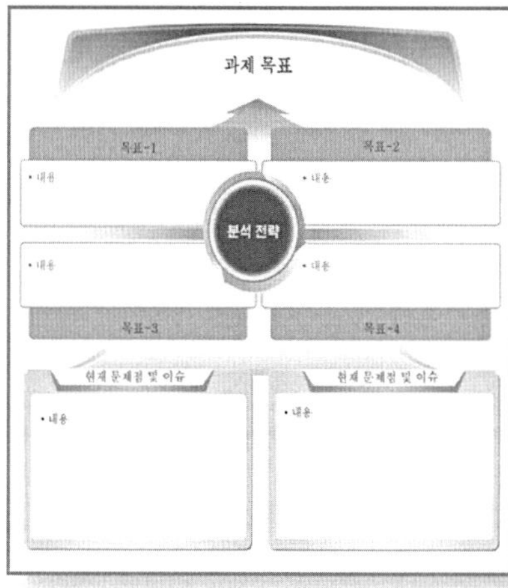	• 과제목표 – 분석전략 – 사업내용에 대하여 Bottom-Up 목적설명, 구분설명 패턴을 사용하여 상호간의 연계관계를 가지게 함
		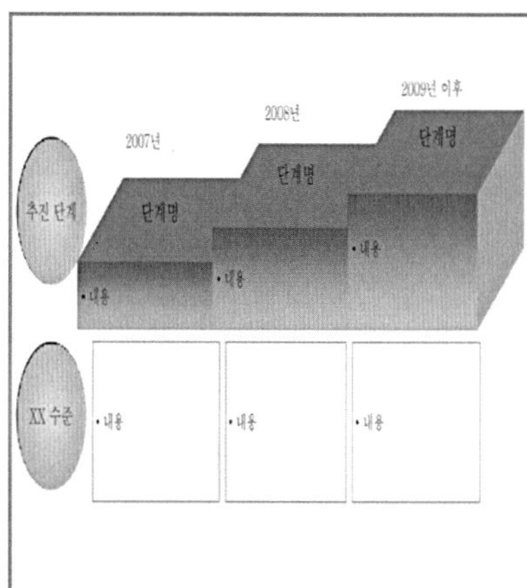	• 추진단계 – 수준에 대하여 단계적 흐름, 구분설명 패턴을 사용하여 상호간의 연계관계를 가지게 함
		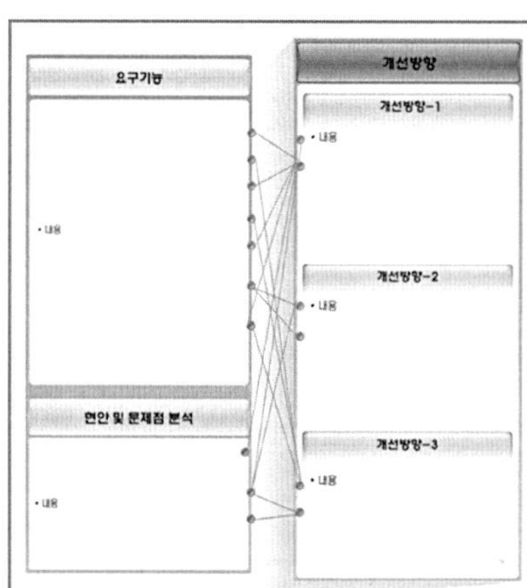	• 요구기능 – 현안및문제점 분석 – 개선방향에 대하여 Left to Right 목적설명, 구분설명 패턴을 사용하여 상호간의 연계관계를 가지게 함 • 컨설팅 제안서에서 많이 사용되는 형태로서 제안요약서에 사용되면 효과적임

목차	도식화 패턴	도식화 패턴 사례	도식화 패턴 사례 설명
6. 제안 목표 및 필용성	목적설명	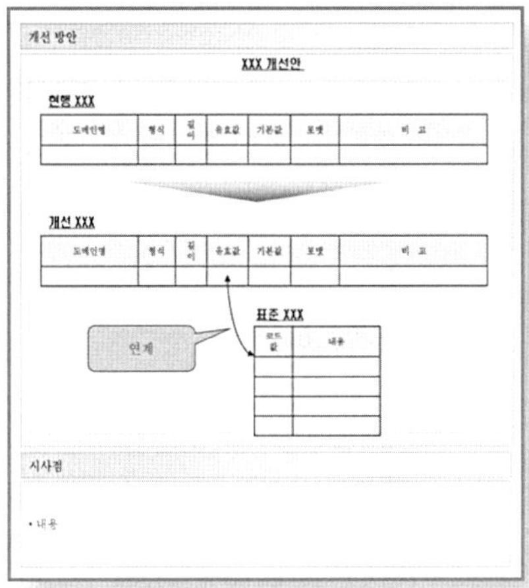	• 특정 방안에 대하여 Top-Down 목적설명, 강조 패턴을 사용하여 상호간의 연계관계를 가지게 함 • 제안서에서 핵심이 되는 중요 기술에 대하여 형상화하는 아이디어를 제공함
7. 산출물 내역	분류, 구분설명, 단계별활동설명	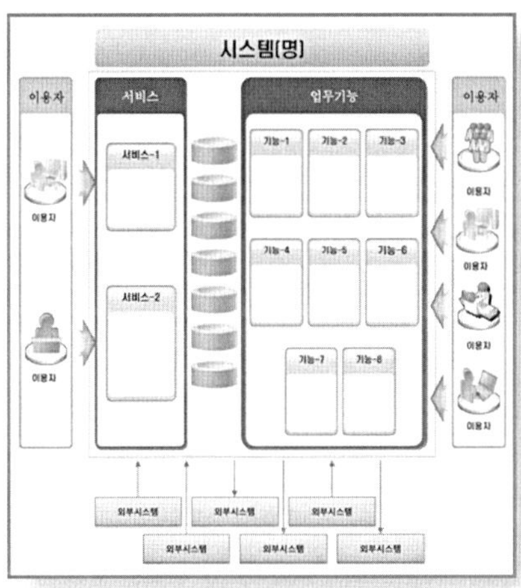	• 특정 시스템과 이용자에 대하여 Left to Right 목적설명 패턴을 사용하여 상호간의 연계관계를 가지게 함 • 시스템 운영계획과 같은 산출물에서 사용하면 효과적임

3.4 사업관리 부문의 도식화 패턴 사례

사업관리 부문은 모든 유형의 과제에 대하여 공통적으로 요구되는 부분이다.

내용은 거의 대동소이하다.

사업의 규모에 따라 관리활동과 산출물의 양이 많아지고 적어지는 정도로 제안서를 작성하면 좋다. 특히, 표준제안서는 각 사업관리 부문에 대해 약 10여 쪽 정도의 분량으로 가지고 있다가 제안요청서에서 요구하는 분량과 내용을 재사용할 수 있도록 하면 된다.

심사위원들이 간혹 질문을 하는 내용들은 구체적인 부분에 관련된 사항들이다.

제안서에서 표현이 안 된 부분을 질문할 정도이다.

각 사업관리 부문에 대해 1장짜리 요약서, 2~3쪽 분량, 상세한 내역이 포함된 10여 쪽 분량을 준비하면 되고, 실행 프로젝트에서 어떻게 각 관리업무가 수행되는 가를 인식하고 제안 설명회에 대비하는 것으로 충분하다고 생각한다.

다음 표는 사업관리 부문의 도식화 패턴 사례로서, 제안서 작성 작업을 할 때 도움이 될 수 있도록 범용적인 제안서 목차에 따라 자주 사용되는 도식화 패턴을 예시하고, 설명을 하였다.

표 Ⅲ-9 사업관리 부문의 도식화 패턴 사례

목차	도식화 패턴	도식화 패턴 사례	도식화 패턴 사례 설명
1. 추진일정계획	목적설명, 방안설명, 강조	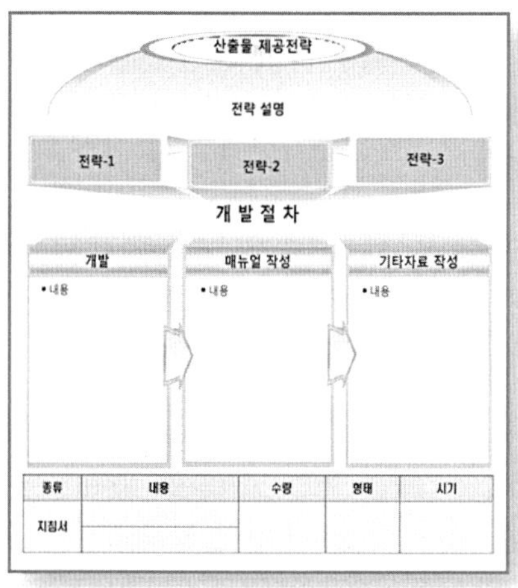	• 구축목표 – 이해관계자-소구축목표에 대하여 Top-Down 목적설명, 방안설명, 강조 패턴을 사용하여 상호 간의 연계관계를 가지게 함 • 소구축목표는 구축목표를 구축하기 위한 수단이자 방안을 설명하고 있으며 구체적인 방안을 강조할 수 있음
2. 업무보고 및 검토계획	구분설명, 방안설명, 비교, 강조	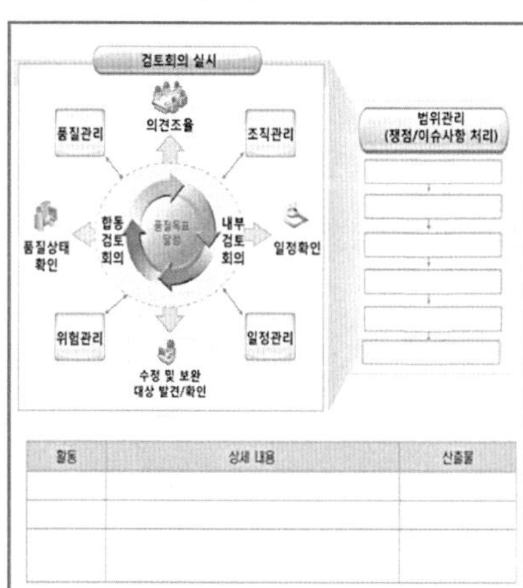	• 검토회의 목표 – 절차및내역 – 핵심제안에 대하여 Top-Down 목적설명, 방안설명, 패턴을 사용하여 상호간의 연계관계를 가지게 함 • 제안요청서에서 강조하는 사항들을 특별하게 형상화하는 데 효과적임

목차	도식화 패턴	도식화 패턴 사례	도식화 패턴 사례 설명
3. 품질보증계획	목적설명, 구분설명, 방안설명, 비교, 확대설명, 강조		• 특정 사업관리활동의 단계 – 활동및내역 – 산출물에 대하여 Top-Down 목적설명, 방안설명 패턴을 사용하여 상호간의 연계관계를 가지게 함 • 여러 페이지의 내용을 한 페이지로 형상화하는 데 효과적임
			• 특정 사업관리활동의 목표 – 활동 – 추진체계 – 품질관리항목, 품질관리조직, 품질인증/관리기준에 대하여 Top-Down, Left to Right 목적설명, 방안설명 패턴을 사용하여 상호간의 연계관계를 가지게 함 • 여러 페이지의 내용을 한 페이지로 형상화하는 데 효과적임
		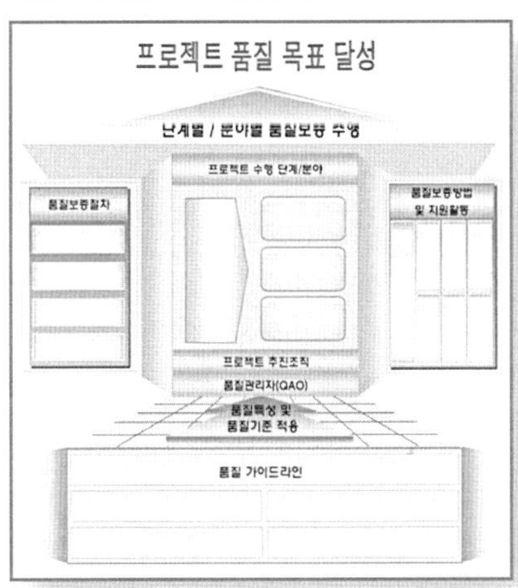	• 특정 사업관리활동의 목표 – 절차-수행단계/분야 – 지원활동 – 조직 – 품질특성 및 기준에 대하여 Bottom-Up, Left to Right 목적설명, 방안설명 패턴을 사용하여 상호간의 연계관계를 가지게 함 • 여러 페이지의 내용을 한 페이지로 형상화하는 데 효과적임

목차	도식화 패턴	도식화 패턴 사례	도식화 패턴 사례 설명
4. 프로젝트 관리계획	목적설명, 구분설명, 방안설명, 비교, 확대설명, 강조		• 특정 사업관리활동의 도구활용 – 버전관리 – 역할 및 절차 – 관리기준에 대하여 Bottom-Up, Left to Right 목적설명, 구분설명 패턴을 사용하여 상호간의 연계관계를 가지게 함 • 여러 페이지의 내용을 한 페이지로 형상화하는 데 효과적임
		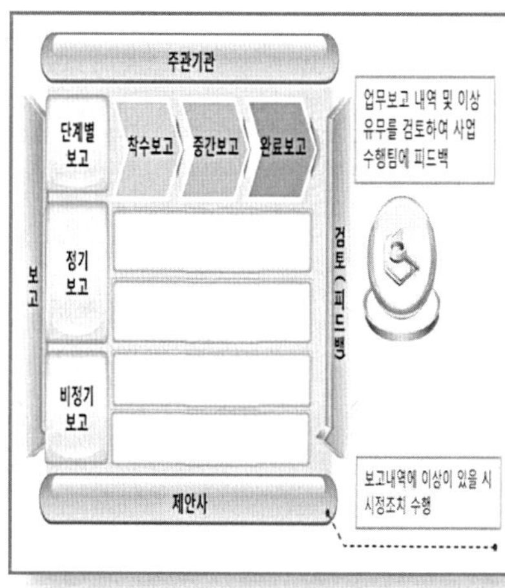	• 특정 사업관리활동의 보고 – 검토에 대하여 Bottom-Up, Left to Right 목적설명, 방안설명 패턴을 사용하여 상호간의 연계관계를 가지게 함
			• 특정 사업관리활동의 검토회의실시 – 타 관리 – 상세 절차 및 내용에 대하여 Bottom-Up, Left to Right 목적설명, 방안설명, 강조 패턴을 사용하여 상호간의 연계관계를 가지게 함 • 여러 페이지의 내용을 한 페이지로 형상화하는 데 효과적임

목차	도식화 패턴	도식화 패턴 사례	도식화 패턴 사례 설명
		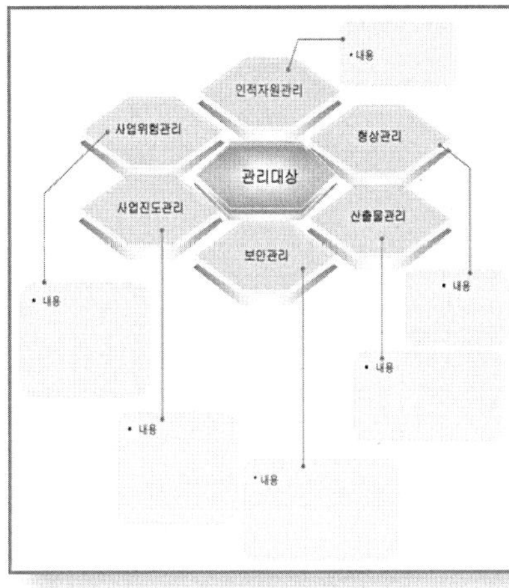	• 사업관리활동의 종류에 대하여 방안설명 패턴을 사용하여 상호간의 연계관계를 가지게 함
		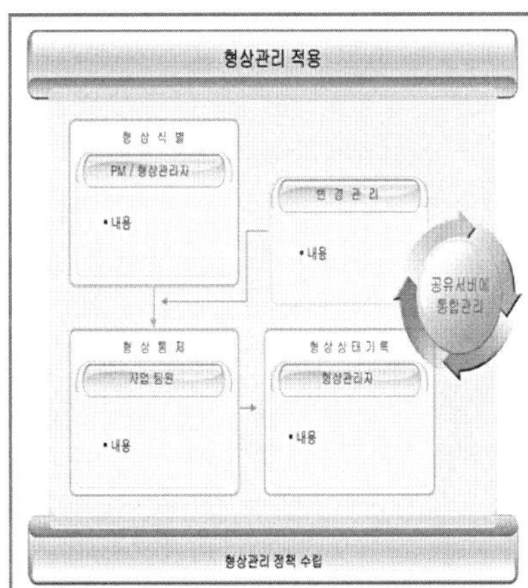	• 특정 사업관리활동의 절차에 방안설명 패턴을 사용하여 상호간의 연계관계를 가지게 함
		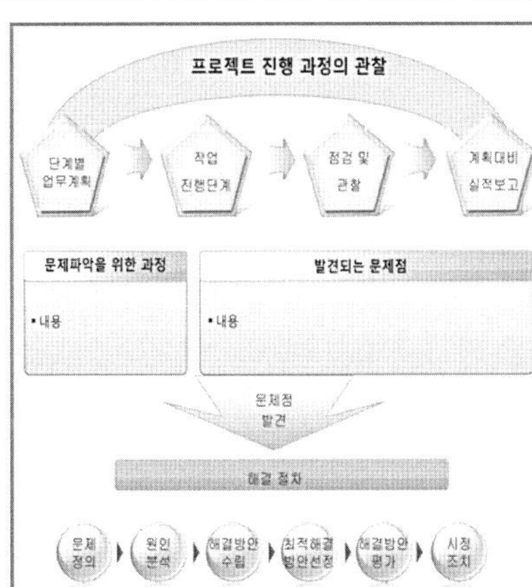	• 특정 사업관리활동의 절차 – 문제파악 – 해결절차에 Left to Right, Top-Down 목적설명, 방안설명 패턴을 사용하여 상호간의 연계관계를 가지게 함

목차	도식화 패턴	도식화 패턴 사례	도식화 패턴 사례 설명
		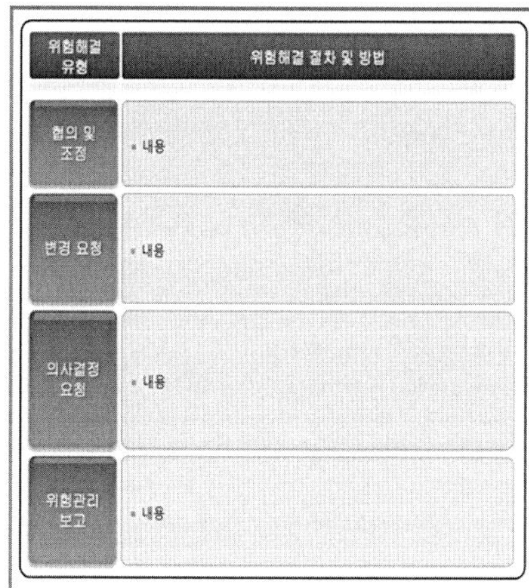	• 특정 사업관리활동의 위험 유형 – 해결절차에 Top-Down 목적설명, 방안설명 패턴을 사용하여 상호간의 연계관계를 가지게 함
		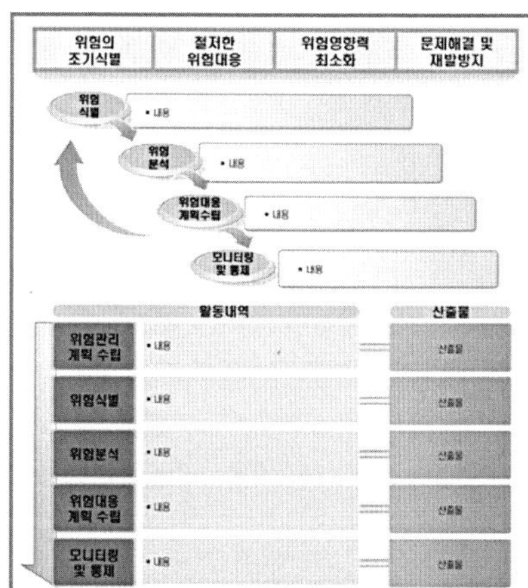	• 특정 사업관리활동의 해결절차 – 활동내역 – 산출물에 대하여 Top-Down, Left to Right 목적설명, 방안설명, 매핑 패턴을 사용하여 상호간의 연계관계를 가지게 함
		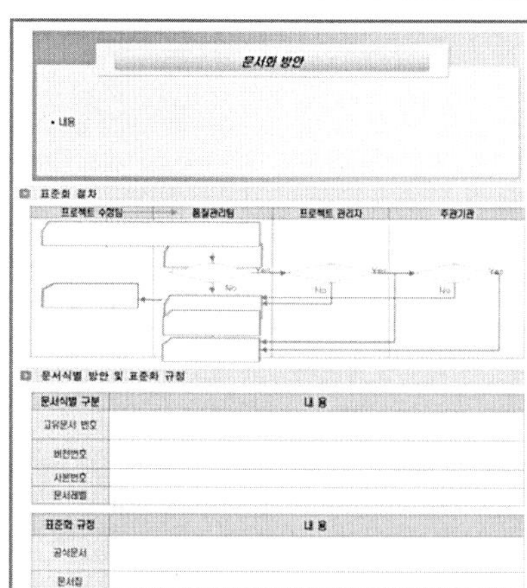	• 특정 사업관리활동의 방안 – 절차 – 규정에 대하여 Top-Down, Left to Right 목적설명, 방안설명 패턴을 사용하여 상호간의 연계관계를 가지게 함

<table>
<tr><th>목차</th><th>도식화 패턴</th><th>도식화 패턴 사례</th><th>도식화 패턴 사례 설명</th></tr>
<tr><td></td><td></td><td>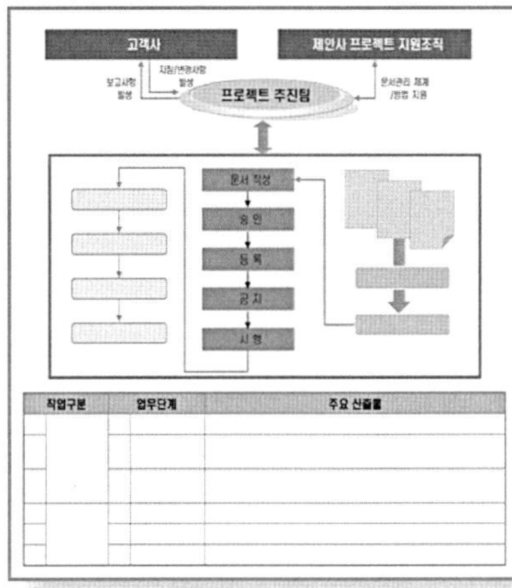
</td><td>• 특정 사업관리활동의 조직–절차–산출물에 대하여 Top-Down, Right to Left 목적설명, 구분설명 패턴을 사용하여 상호간의 연계관계를 가지게 함</td></tr>
<tr><td></td><td></td><td>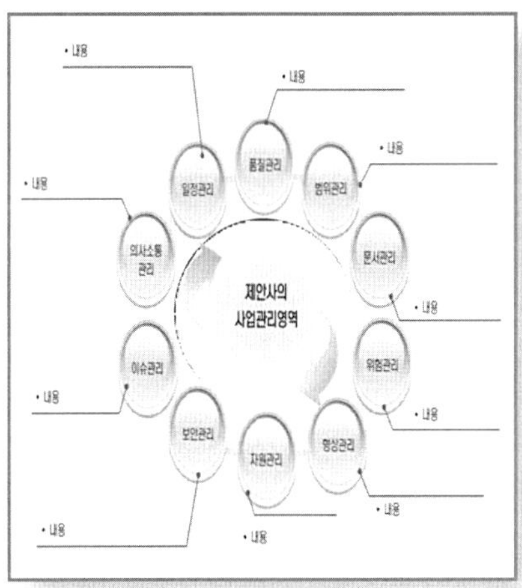
</td><td>• 사업관리 영역에 대하여 방안설명 패턴을 사용하여 상호간의 연계관계를 가지게 함</td></tr>
<tr><td></td><td></td><td>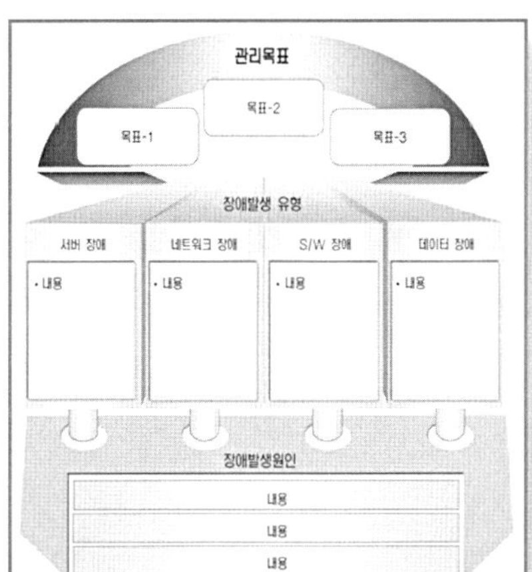
</td><td>• 특정 사업관리 영역의 관리목표–유형–원인에 대하여 Top-Down 목표설명, 구분설명 패턴을 사용하여 상호간의 연계관계를 가지게 함</td></tr>
</table>

목차	도식화 패턴	도식화 패턴 사례	도식화 패턴 사례 설명
		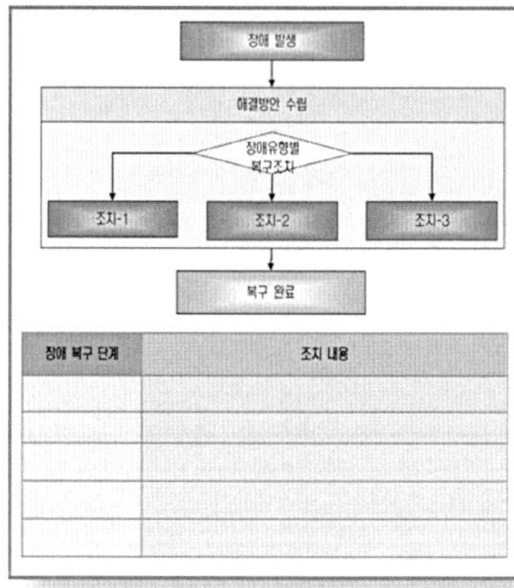	• 특정 사업관리 영역의 문제 발생 – 해결방안 – 조치에 대하여 Top-Down 목표설명, 방안설명 패턴을 사용하여 상호간의 연계관계를 가지게 함

3.5 사업지원 부문의 도식화 패턴 사례

사업지원 부문은 사업관리 부문과 대동소이하게 표준제안서를 제작하여 도식화 패턴이나 형상화된 형태와 문장들을 재활용하는 것이 효과적이다.

다음 표는 사업지원 부문의 도식화 패턴 사례로서, 제안서 작성 작업을 할 때 도움이 될 수 있도록 범용적인 제안서 목차에 따라 자주 사용되는 도식화 패턴을 예시하고, 설명을 하였다.

표 Ⅲ-10 사업지원 부문의 도식화 패턴 사례

목차	도식화 패턴	도식화 패턴 사례	도식화 패턴 사례 설명
1. 교육훈련	목적설명, 구분설명, 방안설명, 비교, 확대설명, 강조	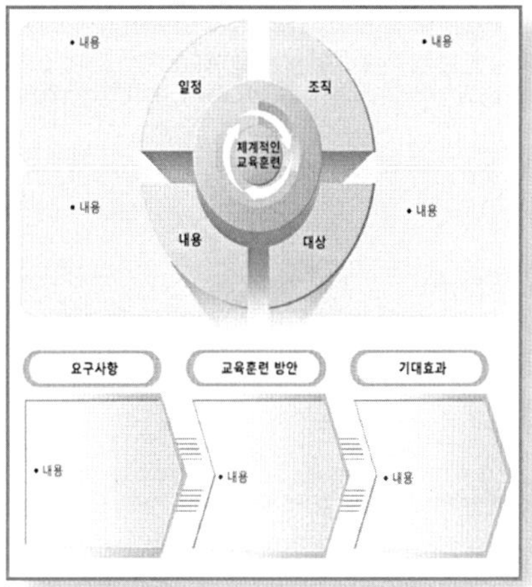	• 특정 사업지원 부문의 체계 – 제안요청사항 – 해결방안 – 기대효과에 대하여 구분설명, Left to Right 목적설명 패턴을 사용하여 상호간의 연계관계를 가지게 함
		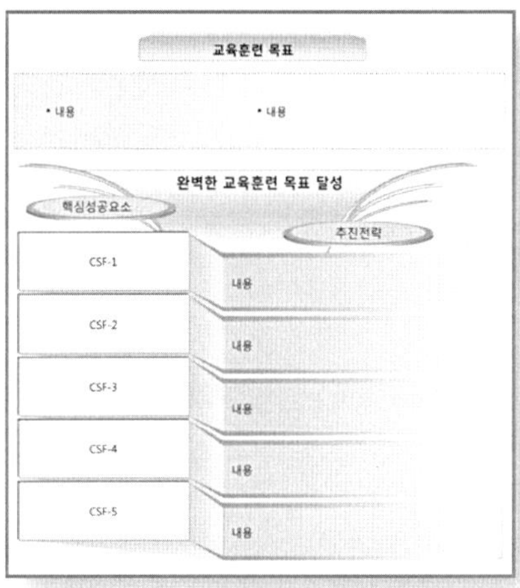	• 특정 사업지원 부문의 목표 – 핵심성공요소-추진전략에 대하여 방안설명, Top-Down 목적설명, 매핑 패턴을 사용하여 상호간의 연계관계를 가지게 함 • 여러 페이지의 내용을 한 페이지에 보여주는 효과가 있음
		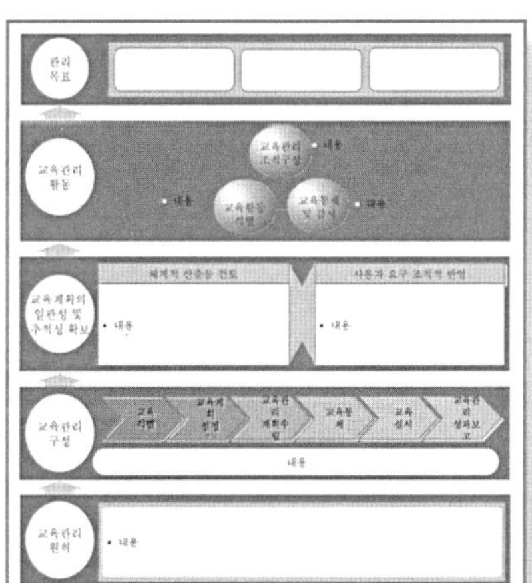	• 특정 사업지원 부문의 관리목표 – 관리활동 – 일관성 및 추적성 확보 방안 – 구성 – 원칙에 대하여 Bottom-Up, Left to Right 목적설명, 방안설명 패턴을 사용하여 상호간의 연계관계를 가지게 함 • 여러 페이지의 내용을 한 페이지에 보여주는 효과가 있음

<table>
<tr><th>목차</th><th>도식화 패턴</th><th>도식화 패턴 사례</th><th>도식화 패턴 사례 설명</th></tr>
<tr><td rowspan="3">2. 기술이전</td><td rowspan="3">목적설명, 구분설명, 방안설명, 비교, 확대설명, 강조</td><td>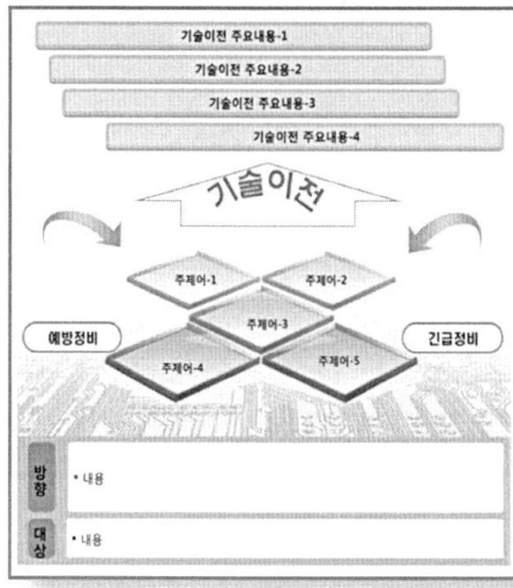
</td><td>• 특정 사업지원 부문의 방향 – 대상 – 지원유형 – 내용에 대하여 Bottom-Up 목적설명, 방안설명 패턴을 사용하여 상호간의 연계관계를 가지게 함
• 여러 페이지의 내용을 한 페이지에 보여주는 효과가 있음</td></tr>
<tr><td>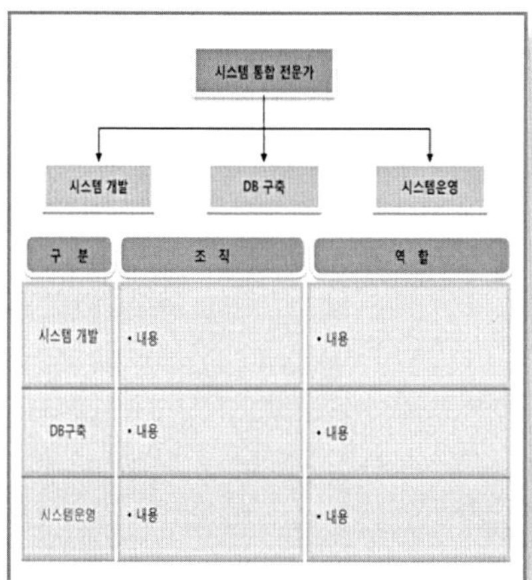
</td><td>• 특정 사업지원 부문의 조직도 – 역할과 책임에 대하여 Top-Down 목적설명, 매핑 패턴을 사용하여 상호간의 연계관계를 가지게 함</td></tr>
<tr><td>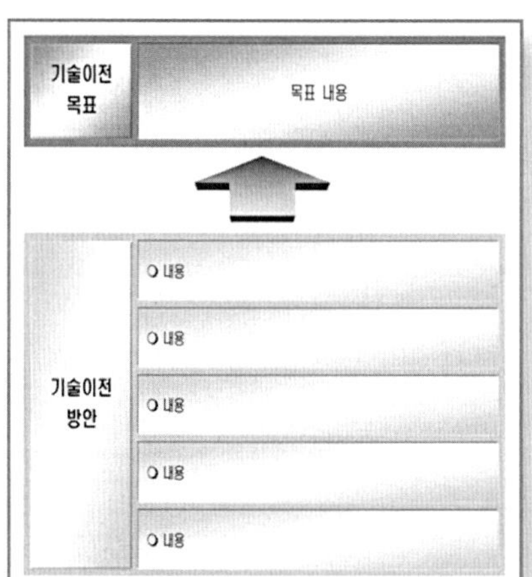
</td><td>• 특정 사업지원 부문의 방안 – 목표에 대하여 Bottom-Up 목적설명, 방안설명 패턴을 사용하여 상호간의 연계관계를 가지게 함</td></tr>
</table>

<table>
<tr><th>목차</th><th>도식화 패턴</th><th>도식화 패턴 사례</th><th>도식화 패턴 사례 설명</th></tr>
<tr><td rowspan="2">3. 유지보수 방안</td><td rowspan="2">목적설명, 구분설명, 방안설명, 비교, 확대설명, 강조</td><td>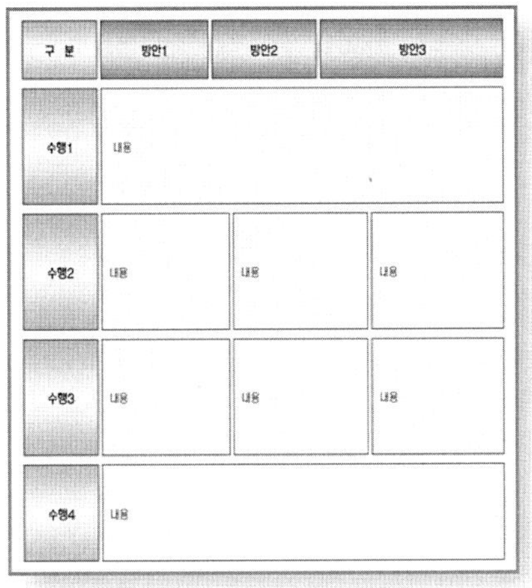
</td><td>• 특정 사업지원 부문의 방안–수행내용에 대하여 방안설명 패턴을 사용하여 상호간의 연계관계를 가지게 함</td></tr>
<tr><td>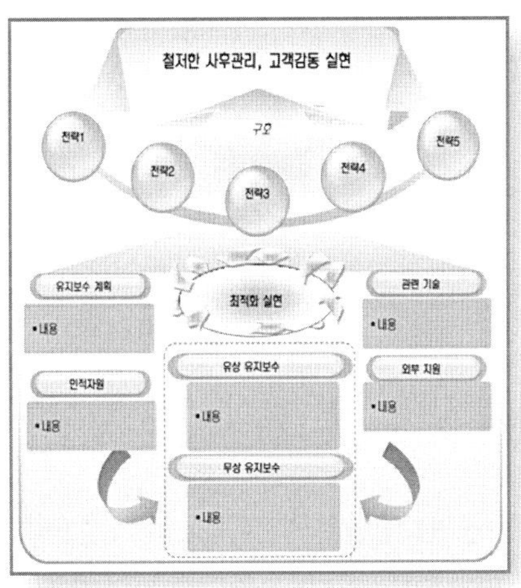
</td><td>• 특정 사업지원 부문의 지원활동 목적–지원전략–지원활동에 대하여 Bottom-Up 목적설명, 방안설명 패턴을 사용하여 상호간의 연계관계를 가지게 함
• 여러 페이지의 내용을 한 페이지에 보여주는 효과가 있음</td></tr>
<tr><td>4. 기밀보안</td><td>목적설명, 구분설명, 방안설명, 비교, 확대설명, 강조</td><td>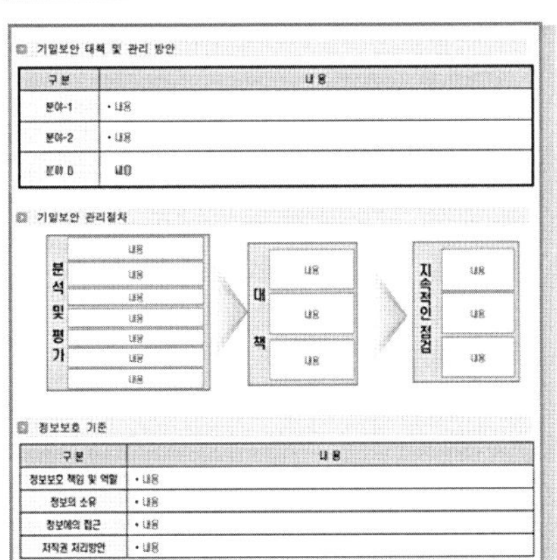
</td><td>• 특정 사업지원 부문의 관리방안–관리절차–기준에 대하여 Left to Right 목적설명, 방안설명, 매핑 패턴을 사용하여 상호간의 연계관계를 가지게 함</td></tr>
<tr><td>5.기타지원 사항</td><td></td><td>N/A</td><td></td></tr>
</table>

찾아보기

저자 약력

김 상 하

연세대학교 공과대학 학사
고려대학교 경영대학원 경영학석사

한국과학기술원 시스템공학연구소
세화회계법인 경영자문부
포스데이타㈜ SI사업부
기흥데이타시스템 개발부
㈜으뜸정보기술 대표이사
투이컨설팅㈜ 이사
현재 ㈜씨에이에스매튜아이텍(약칭 씨엠) 대표이사

전 서울시립대학교, 유한대학교 강사
삼성멀티캠퍼스, 썬교육센터, 비트교육센터 등 IT 교육 200여 회

관계형 데이터베이스 모델링 및 설계구축실무(광문각 간) 외 6권 저술
사이버 이러닝 콘텐츠 다수

연락처) 모바일 : 011-353-0196
전자우편 : fithigh@hanmail.net

정가 15,000원

역발상 SI제안서 작성 실무

2011년 1월 5일 초판 인쇄
2011년 1월 15일 초판 발행

저자와의 협의하에 인지생략

저 자 | 김 상 하
발행자 | 우 명 찬 · 송 준
발행처 | 홍릉과학출판사
주 소 | 서울시 강북구 인수동 455-60
142-885
등 록 | 1976년 10월 21일 제5-66호
전 화 | (02) 999-2274~5, 996-8341, 903-7037
팩 스 | (02) 905-6729
ISBN | 978-89-7283-907-1

hongpub@hongpub.co.kr
www.hongpub.co.kr

※ 낙장 및 파본은 본사나 구입처에서 교환하여 드립니다.
※ 판권 소유에 위배되는 사항(인쇄, 복제, 제본)은 법에 저촉됩니다.